岐路に立つ
震災復興

地域の再生か消滅か

長谷川公一　保母武彦　尾崎寛直 [編]

東京大学出版会

本書は公益財団法人日本生命財団の助成を得て刊行された

Rebirth or Extinction?:
Post-quake Recovery Process at a Crossroad
Koichi Hasegawa, Takehiko Hobo, and Hironao Ozaki, Editors
University of Tokyo Press, 2016
ISBN978–4–13–056110–5

岐路に立つ震災復興──目　次

第1章　岐路に立つ震災復興
　　──地域の再生か消滅か …………………………………長谷川公一　1

　はじめに　1
　1. 東日本大震災の構造的特質　5
　2. 沿岸被災地は社会問題の最先端に　9
　3. あるべき復興とは　17

第2章　震災復興5年の評価と教訓 ………………保 母 武 彦　25

　はじめに　25
　1. 東日本大震災からの復興の到達点　26
　2. 復興事業を歪める「復興便乗型」成長至上主義　28
　3. 震災復興への評価　32
　4. 震災復興の教訓と今後への提言　33

第3章　人口減少下における「復興」と地域の持続可能性
　　──「よそ者」受け入れの視点から……………………尾 崎 寛 直　39

　はじめに　39
　1. 人口減少社会における「復興」　40
　2. 災害ボランティアの現在と災害復興　43
　3. 外部の移住者の力を活かした地域再生：島根県海士町における事例から　51
　4. 三陸沿岸被災地における「復興」の再検討　56

第4章　被災地における復興行財政と住民参加
　　──自治と自律の復興に向けた政策課題………………関　耕 平　63

　はじめに　63
　1. 取り組むべき課題は何か：被災地の声を手引きに　63
　2. 震災復興財政の全体概況　65
　3. 復興の「格差」：被災地における住民生活再建と地域の衰退　69

ii

 4. 被災地における復興の「遅れ」とその要因としての制度の硬直性　71

 5. 復興の現場から見た行財政制度の課題：制度の硬直性と時間軸の齟齬　74

 6. 復興基金制度の活用と自治と自律の復興行財政制度に向けた改革課題　80

 7. 南三陸町における住民参加型の復興行財政運営に向けた主体形成とその
可能性　86

第5章　被災地漁業の復興………………………………片山知史　91

 はじめに　91

 1. 資源と資本と漁業　92

 2. 水産特区と漁港集約化　94

 3. 流通・加工の問題　96

 4. 労働：地元漁業者の生活と漁村コミュニティの問題　98

 5. 集落の将来：人口流出の実態　101

 6. まずは復旧すべきだった　103

 7. 被災地漁業の復興のための課題　104

第6章　津波被災漁村における住民主体の復興活動とソーシャル・キャピタル
──気仙沼市唐桑地区の事例から　 …………………帯谷博明　107

 はじめに　107

 1. 災害からの復興：レジリエンスとソーシャル・キャピタル　108

 2. 唐桑の地域特性と震災被害　110

 3. 「森は海の恋人」運動の展開と復興活動　114

 4. 震災ボランティアと被災漁業者による「コミュニティ」形成の試み：唐
桑創生村　120

 結論：コミュニティの「受援力」を高めるために　124

第7章　被災地農業の復興 ………………………………石田信隆　131

 はじめに　131

 1. 農業被害の状況　132

 2. 農業の復旧・復興の状況　134

 3. 調査対象地域における復興への取り組み　137

 4. 被災地農業の復興のための課題　147

目　次　　　　　　iii

第8章　震災以後の生産者・消費者関係
　　　　——いかにして放射能汚染を乗りこえるか ………中 川　　恵　153

はじめに　153
1. 放射性物質の測定体系　154
2. 「放射線測定室てとてと」設立と消費者との新たな関係性構築　157
3. 「生活協同組合あいコープみやぎ」における検査体制の早期確立と生産者の反応　162
まとめ　168

第9章　域内外のネットワークを通じた被災地の新たな森林管理と山村復興
　　　　——南三陸町を事例に ……………………………立 花　　敏　173

はじめに　173
1. 宮城県の森林・林業への東北地方太平洋沖地震の影響　173
2. 域内外のネットワークを通じた南三陸町の森林管理　182
3. 被災地の林業復興・山村復興のための課題　190

第10章　被災地復興とエネルギー自律
　　　　——自律・分散型エネルギーシステムを地域コミュニティにつくるには
　　　　…………………………………………………中 田 俊彦　193

はじめに　193
1. 自律・分散型エネルギーシステムとは　194
2. エネルギー需給のフローを把握する　196
3. 地域コミュニティが直面する課題　198
4. 被災地におけるエネルギー自律の試み　200
5. 地域エネルギーシステムをつくるために　208
6. 被災地復興への道筋　210

第11章　住民主体の福祉コミュニティづくり
　　　　——南三陸町民が取り組む被災者支援の事例から…本 間 照 雄　215

はじめに　215

iv

1. 街が消え町が造られている　215
2. 南三陸町被災者生活支援センターの制度設計　220
3. 町民を主役にする被災者生活支援　223
4. あたりまえの生活に戻るために　230
まとめにかえて　234

第12章　被災生活における健康支援と保健活動
──岩手県大槌町から転出した高齢者の事例を中心に
………………………………………………………板倉有紀　239

はじめに　239
1. 自然災害と「支援の社会学」　240
2. 緊急時の健康支援としての災害対応　243
3. 保健師によるボランティアでの健康支援の事例　247
4. 被災者支援における保健師の地区担当制の意義　255

第13章　「弱者」から「地域人材」への移行は可能か
──気仙沼市在住フィリピン出身者グループによる生活再建の試み
………………………………………………………土田久美子　263

はじめに　263
1.「災害弱者」と「外国人」　264
2. 東北地方の定住外国人たち　266
3. 気仙沼市の地域社会と外国出身者たち　271
4. ネットワークの拡大　276
結論：「弱者」から「地域人材」へのシフトは可能か？　282

あとがき（長谷川公一）　289

索　引　293
執筆者一覧　297

第 1 章　岐路に立つ震災復興
──地域の再生か消滅か

長谷川公一

はじめに

　東日本大震災から 5 年目，震災復興の「遅れ」がいわれてきたが，2014 年
の夏頃から，津波被災地は日々急速に変わりつつある。かさ上げ工事が進行し，
付け替え道路が出来，移転用地のために森林伐採が進み，高台が切り拓かれ，
生々しい傷跡のような光景があちこちに広がっている。

　被災地では，津波と復旧・復興工事によって，町の様子が，二重，三重に激
変しつつある。日本のたいていの町で 20〜30 年かけて起きた以上の大変化が，
この 5 年間で一気にしかも大量の国家予算が流れ込んで起きている。

　2015 年度で 5 年間の国の集中復興期間は終了する。この間大量の復興資金
が流入し，大型の土木工事があだ花のように目白押しという状況である。ハー
ド優先の復興や防災関連の土木工事の象徴が巨大な防潮堤である。宮城県の場
合，仙台市以南ではほぼ完成している。沿岸部では，海の見えない，海から遠
ざけられた暮らしが始まっている。基本的には高さ 7 m，土台部分の断面の幅
が 21 m の，コンクリートの長城が延々と続いている。宮城県の海岸線総延長
約 830 km のうち，牡鹿半島の海岸線など人家の少ない地域を除いて，
243.9 km に防潮堤が建設される[注1]。

　災害公営住宅や防災集団移転事業が徐々に進捗しつつはあるが，まのあたり
にするのは，津波で流された「ふるさと」はもはや永遠に戻ってはこない，と
いう現実である。「復興災害」（塩崎，2014）という言葉があるが，「復興」の名
の下に日々，目の前で進展しているのは，自然破壊も含む，2 次的・3 次的な
「災害」であるかのようだ。ふるさとは復興の名の下に破壊されつつある。

表 1　東日本大震災による避難者等の推移 [1]

	2011 年 12 月	2012 年 12 月	2013 年 12 月	2014 年 12 月	2015 年 12 月
岩手県内	43,812	41,626	35,925	30,289	23,525
宮城県内	123,927	112,008	92,290	73,796	50,206
福島県内	95,546	98,235	87,712	75,440	57,775
福島県から県外へ [2]	59,933	57,954	48,944	45,934	43,497
その他	11,568	11,610	9,217	8,053	6,997
全国計	334,786	321,433	274,088	233,512	182,000

注 1）復興庁「全国の避難者等の数」より作成。
注 2）福島県から県外へ避難等している人の数。

　恒久的な住宅に移れていない避難者の推移を表 1 に示した。2015 年 12 月現在で，全国でなお約 18.2 万人である。プレハブ型仮設住宅の入居者は約 7 万人である（2015 年 8 月時点）。避難者の 55％ にあたる，約 10.1 万人は福島第一原発事故にともなう福島県内での避難者約 5.8 万人と県外への避難者約 4.3 万人である（復興庁調べ）。2012 年 12 月時点では，避難者は約 32.1 万人だった。宮城県は約 11.2 万人，岩手県は約 4.2 万人だった。2015 年 12 月現在，宮城県では，約 5 万人へと 3 年間で半減している。岩手県も約 2.4 万人へと半減近くに減っている。一方，福島第一原子力発電所事故にともなう約 15.5 万人（県内での避難者 9.8 万人，県外への避難者 5.7 万人）の避難者は，3 分の 2 程度に減少したにとどまる。

　なお本書では，宮城県を中心とする津波被災からの復興に焦点をあてている。福島県のような原発震災の被災地と，福島県を除く津波被災地では，被害状況や復興の基本的な条件が大きく異なるからである。

　沿岸の被災地では，確実に人口流出が加速しようとしている。岩手県では，2010 年と 15 年の国勢調査の比較で，大槌町では 23.2％，陸前高田市では 15.2％，山田町では 15.0％ と，被害の大きかった地域ほど，人口減が著しい（表 2 参照）。宮城県でも同様である（表 3 参照）。

　インフラ整備およびハード面での復興は表面上進みつつあるが，被災地が地域崩壊の方向に進みつつあることをどうすれば食い止めることができるのか。被災地の現実を直視したうえで，どのように地域再生の展望を描きうるのか。集中復興期の終了が近づきあるものの，津波被災地を覆っているのは，先の見

第 1 章　岐路に立つ震災復興　　3

表 2　岩手県国勢調査人口（2010 年と 15 年の比較）

	人　口	2010 年との比較	増減率（%）
県　　計	1,279,814	▲50,333	▲ 3.8
盛 岡 市	297,669	▲　679	▲ 0.2
宮 古 市	56,569	▲ 2,861	▲ 4.8
大船渡市	38,068	▲ 2,669	▲ 6.6
花 巻 市	97,771	▲ 3,667	▲ 3.6
北 上 市	93,591	453	0.5
久 慈 市	35,644	▲ 1,228	▲ 3.3
遠 野 市	28,071	▲ 1,260	▲ 4.3
一 関 市	121,625	▲ 6,017	▲ 4.7
陸前高田市	19,757	▲ 3,543	▲15.2
釜 石 市	36,812	▲ 2,762	▲ 7.0
二 戸 市	27,637	▲ 2,065	▲ 7.0
八幡平市	26,371	▲ 2,309	▲ 8.1
奥 州 市	119,465	▲ 5,281	▲ 4.2
滝 沢 市	55,487	1,630	3.0
雫 石 市	16,967	▲ 1,066	▲ 5.9
葛 巻 市	6,340	▲　964	▲13.2
岩 手 町	13,699	▲ 1,285	▲ 8.6
紫 波 町	32,626	▲　662	▲ 2.0
矢 巾 町	27,683	478	1.8
西和賀町	5,880	▲　722	▲10.9
金ケ崎町	15,909	▲　416	▲ 2.5
平 泉 町	7,869	▲　476	▲ 5.7
住 田 町	5,723	▲　467	▲ 7.5
大 槌 町	11,732	▲ 3,544	▲23.2
山 田 町	15,826	▲ 2,791	▲15.0
岩 泉 町	9,839	▲　965	▲ 8.9
田野畑村	3,461	▲　382	▲ 9.9
普 代 村	2,796	▲　292	▲ 9.5
軽 米 町	9,333	▲　876	▲ 8.6
野 田 村	4,127	▲　505	▲10.9
九 戸 村	5,861	▲　646	▲ 9.9
洋 野 町	16,694	▲ 1,219	▲ 6.8
一 戸 町	12,912	▲ 1,275	▲ 9.0

（注）▲はマイナス，網掛けは，沿岸被災地 12 市町村。

表3 宮城県国勢調査人口 (2010年と15年の比較)

	人口	2010年との比較				人口	2010年との比較	
		増減数	増減率				増減数	増減率
仙 台 市	1,083,185	36,199	3.46		亘 理 町	33,598	▲ 1,247	▲ 3.58
青 葉 区	310,181	18,745	6.43		山 元 町	12,314	▲ 4,390	▲26.28
宮 城 野 区	194,930	4,457	2.34		亘 理 郡 計	45,912	▲ 5,633	▲10.94
若 林 区	133,419	1,113	0.84		松 島 町	14,424	▲ 661	▲ 4.38
太 白 区	226,687	6,099	2.76		七 ヶ 浜 町	18,651	▲ 1,765	▲ 8.65
泉 区	216,968	5,785	2.74		利 府 町	35,881	1,887	5.55
石 巻 市	147,236	▲13,500	▲ 8.45		宮 城 郡 計	68,956	▲ 539	▲ 0.78
塩 竈 市	54,195	▲ 2,295	▲ 4.06		大 和 町	28,252	3,358	13.49
気 仙 沼 市	64,917	▲ 8,572	▲11.66		大 郷 町	8,371	▲ 556	▲ 6.23
白 石 市	35,274	▲ 2,148	▲ 5.74		富 谷 町	51,592	4,550	9.67
名 取 市	76,719	3,585	4.90		大 衡 村	5,705	371	6.96
角 田 市	30,193	▲ 1,143	▲ 3.65		黒 川 郡 計	93,920	7,723	8.96
多 賀 城 市	62,128	▲ 932	▲ 1.48		色 麻 町	7,240	▲ 191	▲ 2.57
岩 沼 市	44,704	517	1.17		加 美 町	23,741	▲ 1,786	▲ 7.00
登 米 市	81,989	▲ 1,980	▲ 2.36		加 美 郡 計	30,981	▲ 1,977	▲ 6.00
栗 原 市	69,906	▲ 5,026	▲ 6.71		涌 谷 町	16,707	▲ 787	▲ 4.50
東 松 島 市	39,518	▲ 3,385	▲ 7.89		美 里 町	24,965	▲ 325	▲ 1.29
大 崎 市	133,430	▲ 1,717	▲ 1.27		遠 田 郡 計	41,572	▲ 1,112	▲ 2.61
蔵 王 町	12,324	▲ 558	▲ 4.33		女 川 町	6,334	▲ 3,717	▲36.98
七 ヶ 宿 町	1,458	▲ 236	▲13.93		牡 鹿 郡 計	6,334	▲ 3,717	▲36.98
刈 田 郡 計	13,782	▲ 794	▲ 5.45		南 三 陸 町	12,375	▲ 5,054	▲29.00
大 河 原 町	23,800	270	1.15		本 吉 郡 計	12,375	▲ 5,054	▲29.00
村 田 町	11,505	▲ 490	▲ 4.09		市 部 計	1,922,394	▲ 487	▲ 0.03
柴 田 町	39,533	192	0.49		町 村 部 計	411,821	▲13,463	▲ 3.17
川 崎 町	9,167	▲ 811	▲ 8.13		県 計	2,334,215	▲13,950	▲ 0.59
柴 田 郡 計	84,005	▲ 839	▲ 0.99					
丸 森 町	13,984	▲ 1,517	▲ 9.79					
伊 具 郡 計	13,984	▲ 1,517	▲ 9.79					

(注) ▲はマイナス，網掛けは，沿岸被災地15市町。

通しの立てにくい不安感であり，出口の見えない，希望を持ちにくい閉塞感で
あるように見える。

　被災地は，今文字どおり大きな岐路に立っている。その岐路とは，第1に，
地域のスクラップ化が進むのか。あるいは小さくとも個性と活力のある地域づ
くりが可能になるのか。第2に，自然との共生を含む，地域資源や地元の人材
を活かした持続可能な地域づくりが可能になるのか。第3に，地元の人びとと，

地域内の少数者，ボランティアや支援者など「よそ者」との交流による，積年の閉鎖性を打破するような，多層的で実験的な地域づくりが拡大するのか，という岐路である。

1. 東日本大震災の構造的特質

最初に，東日本大震災の特質を，直下型地震による都市型災害という性格の強かった阪神・淡路大震災（1995 年）と比較意識しながら整理しておきたい。

第 1 は東日本大震災の災害の規模の大きさと広域性である。3 つの巨大地震が連続して起こり，マグニチュード 9.0，世界の観測史上でも 4 番目の大きさの地震だった。とくに津波被害は甚大かつ広域的であり，戦後日本，最大の災害となった。死者・行方不明者計 1 万 8458 人（2015 年 12 月 10 日現在，警察庁発表）のほとんどは津波による犠牲者である。阪神・淡路大震災の死者・行方不明者 6437 人の約 3 倍である。

被害総額は約 16.9 兆円と推定されている（2011 年 6 月内閣府発表）。阪神・淡路大震災の兵庫県の推計被害額約 9.9 兆円の 1.7 倍にあたる。

宮城県の女川町，南三陸町，岩手県の大槌町など，町の中心部が壊滅的な被害を受け，役場機能が一時完全に失われた市町村すらある。

震災直後，被災地に立つと，3 月 11 日に津波が襲う直前までは続いていたはずの生活と賑わいが，忽然と流出した衝撃は大きかった。がれきだらけの，まったく「戦場」のような惨状が続き，言葉を失った。

第 2 の特徴は「原発震災」との複合性である。東京電力福島第一原子力発電所で，地震学者の石橋克彦氏が「原発震災」として警告してきたような，地震および津波による全電源喪失，冷却機能の喪失，メルトダウンという過酷事故が起き，福島県を中心に広域にわたって深刻な放射能汚染をもたらした（石橋, 1997）。

第 3 の特徴は，長年周辺的な地域とされてきた一帯が集中的に被災したことにある。この周辺性は，明治以来の中央集権的な国土政策，一極集中による地域間格差の拡大，新全国総合開発計画（1969 年）が推しすすめた国土経営の

6

効率化と地域間の機能的分業，高速交通網の整備から取り残されるなど，中山間地や沿岸部に冷淡な「国土のグランドデザイン」の帰結だったともいえる。

1982 年に東北新幹線の大宮―盛岡間が開業し，1987 年には東北自動車道全線が開通した。空港も含め，高速交通網は内陸側に重点的に整備された。阿武隈山地や北上山地によって内陸部から隔てられた沿岸部は，1980 年代以降の水産業の衰退もあいまって，相対的に取り残されることになった。北上川の河川交通と海運との結節点として石巻地域がもっとも繁栄したのは江戸期であり，藩政時代の石巻は，仙台藩の経済の中心だった。

たとえば，1982 年の東北新幹線の開通前は，仙台駅と東京駅間の所要時間は，上野乗換を含めて 4 時間半だった。現在では最短で 1 時間 32 分。この 33 年間で，約 3 分の 1 に時間距離は短縮された。他方，仙台駅と気仙沼駅間の時間距離にはそれほど大きな変化はない。新幹線を利用し，一関乗換で合計約 1 時間 50 分。高速バスで約 2 時間 50 分。仙台～石巻間の所要時間にもそれほど大きな変化はない。仙台からみると，東京が近づいた分だけ，石巻，気仙沼等，沿岸部は時間距離にして相対的に 2 倍以上遠くなったのである。仙台駅からは，新幹線などを利用して，東北の主要都市まで 3 時間以内で行くことができる。長野駅までも可能である。しかし気仙沼から 3 時間以内で行ける主要駅は，仙台駅・盛岡駅にとどまる。

郡山市，福島市，仙台市，盛岡市などの拠点性は高まったが，これら内陸部の拠点都市と沿岸部の地域間格差は拡大した。沿岸部のスクラップ化が進みつつあった。そのシンボルが，福島県の双葉地方・相馬地方への原子力発電所の集中立地であり，青森県六ヶ所村への核燃料サイクル施設の立地であり，下北半島全体の原子力半島化だった。スクラップ化された地域に，危険施設が集中的に立地されてきたのである（舩橋ほか，2012）。

地域社会学的な研究や農村社会学的な研究も内陸部が中心であり，漁村の研究は竹内利美（竹内，1991）などに限られてきた。

第 4 に，過疎化し高齢化した地域が集中的に被災した。そのためもあって，死者の 55.4% が 65 歳以上の高齢者と報じられている（2011 年 4 月 9 日付朝日新聞）。

宮城県北の拠点都市で，県内で 4 番目に大きな気仙沼市は，1980 年の人口 9

万 2246 人をピークとして，2010 年には 7 万 3894 人と，30 年間に 20% も減少した。2015 年には 6 万 9417 人と，2010 年との比較で 6.1%，80 年との比較で 24.7% も減少している（国勢調査による。広域合併後の現在の市域に相当する人口で比較）。65 歳以上の高齢者の割合，高齢化率も 34.2% と高く，宮城県内 35 市町村のなかで 6 位である。「増田レポート」（増田編, 2014）の基礎となった国立社会保障・人口問題研究所（2013）の人口推計では，気仙沼市の 2040 年の総人口は 4 万 2656 人と推計されている（表 4）。2010 年比で 42% の減少が見込まれている。80 年との比較では 54% の減少である。日本全体では 2040 年には 2010 年と比較して 16% 減と推計されていることから，日本全体の平均と比較して 2.6 倍もの急減が予想されている。2040 年の高齢化率はなんと 47.5% にもおよぶ。

　表 4 は，宮城県沿岸 15 市町村を北から南へ並べ，国勢調査人口と国立社会保障・人口問題研究所（2013）による 2015 年，30 年，40 年の人口推計と高齢化率を表にしたものである。前述の気仙沼市に加えて，南三陸町，女川町，松島町，山元町で，2040 年には 2010 年と比較して 40% 以上の人口減少が推計されている。これらの 5 市町では，震災前の 2010 年の高齢化率も 30% を超えていたが，女川町をのぞいて 2030 年時点で 40% を超える高齢化率が推計されている。塩竃市・石巻市も 2040 年には，2010 年と比較して 30% 以上の人口減の見込みであり，県平均の倍以上の減少率である。

　利府町から亘理町までは，仙台市の通勤圏であるために，1980 年から 2010 年まで人口が 20% 以上増加していた。しかしこれらの地域でも，2040 年には 30% を超える高齢化率が見込まれている。宮城県全体の高齢化率も，2030 年には 30% を超える見通しである。

　第 5 に，漁業および農業が集中的に打撃を受けたため，生活の再建とともに，なりわいの再建が課題である。漁業の被害と復興の課題については本書第 5 章で，農業については第 7 章で，林業については第 9 章で扱っている。

　第 6 に，広域合併の弊害がある。宮城県石巻市は，2005 年 4 月 1 日に，1 市 6 町が合併して人口約 16 万人の新石巻市となった。旧石巻市は人口 11 万人，残り 5 町は 4000 人から 1 万 7000 人程度である。原発が立地する女川町をのぞく石巻広域圏が新石巻市になったのだが，合併前にあった役場機能は総合支所

表4 宮城県沿岸15市町の人口推計と高齢化率の推移

	国勢調査人口・人口推計と増減割合							高齢化率			
	1980年	2010年	1980年比	2015年	2010年比	2030年	2010年比	2040年	2010年比	2010年	2015年	2030年	2040年
気仙沼市	92,246	73,489	−20.3%	65,804	−10.5%	52,394	−28.7%	42,656	−42.0%	30.8	35.0	43.8	47.5
南三陸町	22,243	17,429	−21.6%	15,436	−11.4%	12,385	−28.9%	10,387	−40.4%	30.1	31.6	41.3	45.4
石巻市	186,094	160,826	−13.6%	149,498	−7.0%	125,906	−21.7%	109,021	−32.2%	27.3	30.1	36.0	38.7
女川町	16,105	10,051	−37.6%	7,469	−25.7%	6,951	−30.8%	5,865	−41.6%	33.5	32.3	38.4	40.7
東松島市	36,865	42,903	16.4%	39,265	−8.5%	37,225	−13.2%	33,865	−21.1%	23.2	25.6	31.5	34.5
松島町	17,246	15,085	−12.5%	14,225	−5.7%	11,067	−26.6%	9,034	−40.1%	30.9	36.4	45.1	48.7
利府町	11,201	33,994	203.5%	35,388	4.1%	36,638	7.8%	36,123	6.3%	16.3	20.0	28.9	32.5
塩竈市	61,040	56,490	−7.5%	53,474	−5.3%	43,640	−22.7%	36,704	−35.0%	27.5	32.1	39.7	43.7
多賀城市	50,785	63,060	24.2%	62,803	−0.4%	59,721	−5.3%	55,841	−11.4%	18.4	22.2	28.4	32.9
七ヶ浜町	16,393	20,416	24.5%	18,759	−8.1%	16,946	−17.0%	14,793	−27.5%	21.6	25.7	36.2	40.6
仙台市	792,036	1,045,986	32.1%	1,060,592	1.4%	1,040,953	−0.5%	988,598	−5.5%	18.6	22.4	29.4	35.2
名取市	49,715	73,134	47.1%	75,360	3.0%	78,203	6.9%	77,561	6.1%	22.4	21.1	26.2	29.9
岩沼市	34,910	44,187	26.6%	43,915	−0.6%	41,826	−5.3%	39,177	−11.3%	19.8	23.4	29.6	33.6
亘理町	27,822	34,845	25.2%	32,493	−6.7%	30,329	−13.0%	27,095	−22.2%	23.4	27.7	35.2	37.5
山元町	17,630	16,704	−5.3%	13,004	−22.2%	12,082	−27.7%	9,952	−40.4%	31.6	35.7	46.5	50.1
宮城県全体	2,082,320	2,348,165	12.8%	2,305,578	−1.8%	2,140,710	−8.8%	1,972,577	−16.0%	22.3	25.7	32.2	36.2

(注) 1980年・2010年は国勢調査人口。1980年については現在の市町村域に対応する人口。
2015年、2030年、2040年は、国立社会保障・人口問題研究所(2013)の人口推計にもとづく。

に代わり，市全体で約 2100 人いた役場職員が 2 割近く減らされた。

2. 沿岸被災地は社会問題の最先端に

2-1 「選択と集中」路線の実験場に

　このように周辺性を強めてきた沿岸部は，大震災によって突如，少子高齢社会・人口縮小社会の到来，地域の存立の危機という，現代日本社会の社会問題の最先端に押し出されることになった。そもそも高齢化と人口流出に悩んできた地域ではあったが，震災は若い世代を中心に都市部・内陸部への人口流出を一気に加速させ，高齢化を加速させている。これまで後進的な地域とみなされてきた被災地は最前線に押し出され，「震災復興」の名の下に，巨額の復興財源が投与され，地域再生か地域解体・消滅かというシビアで「壮大な実験」が進行しつつある。それは，「増田レポート」（増田編，2014）や「国土のグランドデザイン 2050」（国土交通省国土政策研究会，2014）が提起しているような「選択と集中」の実験である。居住地の集約・学校の統廃合・医療施設の統廃合などが進められている。高台移転事業も，今後の全国的な集落再編整備事業のモデルになる可能性が高い。

　岩手県の調査によれば，人口流出地域の人口減は，基本的には首都圏の景気，地元での雇用創出に規定されてきた。岩手県のデータでは，過去 30 年間にもっとも社会減が少なかったのは，バブル崩壊後の 1995 年であり，次いで，2009 年のリーマン・ショックから東日本大震災後の 2013 年にかけてである（岩手県人口問題対策本部，2015: 126）。つまり首都圏の景気が悪くなるほど人口流出は鈍化し，首都圏の景気がいいほど人口流出は加速する。東京へのオリンピック招致やアベノミクスは，むしろ地方からの人口流出を加速する政策である。

　「国土のグランドデザイン 2050」は，全国 60〜70 ぐらいの，圏域人口 30 万人程度以上の高次地方都市連合に着目する。また全国にある集落約 6 万 5000 を，人口 1000 人程度の「小さな拠点」5000 ヶ所に集約することを提案してい

る（国土交通省国土政策研究会編 2014:128）。きわめて壮大な実験であり，震災によってリセットされた地域社会は，再生か地域消滅かの岐路に立たされている。

圏域人口 30 万人程度以上の高次地方都市連合になりうるのは，宮城県の場合には圏域人口約 150 万人の仙台市周辺をのぞくと，石巻市周辺にとどまる。

宮城県の「集中と集約」政策が，漁港の集約化に端的にあらわれている。宮城県内 142 漁港が被災したが，県は，「水産業集積拠点漁港」5 漁港（気仙沼・志津川・女川・石巻・塩竈港）を優先的に整備するとともに，そのほかは，加工場やカキ処理場などを整備する「沿岸拠点漁港 55 港」に集約するとしている。南三陸町にある 23 漁港のうち，「拠点漁港」に選ばれたのは 8 港のみである。県全体で，水産業集積拠点漁港にも拠点漁港にも選ばれなかった残り 82 漁港は，復旧が後回しにされている。

他方，岩手県は，被災した 108 漁港すべてを 2016 年度までに震災前の状況に復旧させる方針である。

宮城県内では，震災前に比べて，津波被災地域の沿岸部で，2011 年度から 2015 年度までに小学校 20 校，中学校 6 校が閉校もしくは統合された（分校も含む）。沿岸部以外では，栗原市を中心に，小学校 42 校，中学校 7 校が閉校・統合になっている。津波被災地域で，小・中学校の統廃合がより進められていることがわかる。「学校の閉校は，社会の撤退を事実上決定する」（山下，2014: 68）と指摘されているように，地域コミュニティの核である小学校・中学校が統合されることは，大きな問題である。統廃合され，通学バスでの登下校になると子どもたちは放課後の時間を奪われることにもなり，外遊びの時間の減少にともなう，子どもの不活発化・肥満児童の増加なども懸念される。

2–2 「平成の広域合併」の問題点

大震災が起きたのは，2005 年の「平成の広域合併」からわずか 6 年後である。地域的なアイデンティティの形成途上で大災害が発生した。広域合併した地域では，地域的な一体感の形成の難しさ，住民・地域と基礎自治体との距離の拡大が表面化している。かつての町役場は総合支所になり，職員数は平均で 2 割減らされ，行政のサービス機能の低下が顕著である。仙台市以北の宮城県

の沿岸部でも，広域合併をしなかった女川町は，被害が甚大であったにもかかわらず，復興が比較的順調に進んでいる。それに対して，1市6町が合併した新石巻市は，広域にわたる多様な地域を抱えて，復興においても難しい課題に直面させられている。

しかも津波震災が実感させたのは，「浜」というもっとも小規模なごく近隣の範囲こそが運命共同体だという現実である。リアス式海岸地域の南三陸町は震災前の人口が約1万7000人の町だったが，23の漁港があり，23の浜がある。広域合併によって，そもそも「割を食った」という感覚がある地域が，震災によって，さらに行政から遠ざけられている。平成の広域合併は，震災復興においても大きな桎梏となっている。

石巻市の場合，旧牡鹿町，旧雄勝町，旧河北町，旧北上町と沿岸部の町はいずれも大きな被害を受けた。旧河北町の大川小学校では，北上川を逆流した津波によって，108名の全校児童のうち74名が，また校内にいた教員11名のうち10名が犠牲になった。指摘されることはないが，大川小の悲劇の背景にも，広域合併の弊害があったと考えられる。合併した2005年以降，大川小では避難訓練がなされていなかった。人口約1万3700人の河北町時代は，町の教育委員会と小学校は，距離的にも精神的にも近い存在だった。広域合併した後，石巻市の中心部から大川小は約22 km，車で35分の距離になった。

旧町の存在感が薄れたことや交通アクセスが不便なこともあって，震災および復興をめぐる報道も石巻市中心部に片寄りがちであり，旧牡鹿町や旧雄勝町，旧北上町の復興は宮城県内でも報じられにくい。

2–3　宮城県の復興推進体制の問題点

宮城県の震災復興計画においては，「抜本的な「再構築」」「創造的な復興」の名のもとに「選択と集中」，拠点集約型の復興という方向性が強く打ち出されている。宮城県震災復興会議[注2]は，2011年5月2日から8月22日までそもそも4回開催したのみであり，第1回と第4回のみを仙台市で開催，第2回と第3回は東京で開催されている。委員12人のうち，宮城県在住者（当時）は東北大学総長（当時）と津波防災工学の研究者の2人のみだった。宮城県と

かかわりが深く，震災前から被災地の実情をよく知っているのは，津波防災工学の研究者のみだった。震災復興会議の下に専門委員会などはなく，議事録は公開されているが，配布資料は公開されていない。野村総研主導で，宮城県が策定した「宮城県震災復興計画」をオーソライズする役割をはたしたのが，この震災復興会議だった。日本学術会議社会学委員会（2014）が指摘しているように，復興過程を検証・モニタリングする機関や回路が重要だが，宮城県の場合は全くこれらを欠いている。宮城県の震災復興計画は内容的にも，策定過程のあり方においてもトップダウン的で，「ショック・ドクトリン」的だった。危機や非常事態に便乗した災害資本主義的な改革が進められてきた。

　宮城県の震災復興を担ってきたのは，知事を本部長とし，課長級以上の幹部職員からなる宮城県震災復興本部であり，ここが「宮城県震災復興計画」の推進・進行管理にあたってきた。

　一方岩手県では，岩手県大震災津波復興委員会[注3] が組織されたが，県内の主要団体の代表者24人で組織され，委員全員が岩手県在住者である。県議会議長，県議会の東日本大震災津波復興特別委員会の正副委員長の3県議，復興庁岩手復興局局長がオブザーバーとして出席している。2011年度は8回，12年度は2回，13年度は3回，14年度は2回，15年度は1回と2015年7月までに計16回開催され，今後も当面存続予定である。

　復興委員会の下に専門委員会が2つ作られ，津波復興委員会の直前に開催され，復興委員会にフィードバックするしくみになっている。総合企画専門委員会は県内の有識者8名からなる。女性参画推進専門委員会は各種団体の女性の代表13名を網羅している。岩手県の場合，この2つの専門委員会が復興委員会のもとで復興過程の進行管理・フォローアップの機関として機能し続けている。県外の全国的に著名な専門家は，復興委員会の専門委員16名として委嘱されている。

　親委員会・専門委員会とも，議事録とともに配布資料も公開し，重要な計5回については，視覚障がい者向けに議事録の録音版も公開している。

　このように岩手県の復興委員会は継続性が高くきめ細かい対応を行っている。

　宮城県が設置した震災関連の審議会等で高い評価を得ているのは，2013年12月に設置された宮城県震災遺構有識者会議[注4] である。委員は9名で，7

市町の 9 施設について，震災遺構として保存する価値や意義，保存にあたっての課題などを検討した。とくに地元で保存について賛否が分かれていた南三陸町旧防災対策庁舎について保存の意義を高く評価するとともに，保存の是非について拙速に判断することを避け，県などの第三者が関与すべきことを提言した。この有識者会議の結論をふまえて，宮城県が南三陸町に提案し，町民へのパブリックコメントの募集，町議会での検討を経て，南三陸町旧防災対策庁舎は 2031 年まで宮城県が管理することになった。

2–4 住宅再建をめぐる諸課題

東日本大震災については，復興の遅れが指摘されてきたが，復興が遅れている制度的要因は，津波による浸水域が原則として建築基準法 39 条の「災害危険区域」に指定され，旧居住地での新築や増改築を禁じられていることにある。日本学術会議社会学委員会（2014:20）は，「元に暮らしていた場所で暮らすという第三の道が可能なようにする」ことを提案しているが，宮城県の場合には，浸水域の場合「元に暮らしていた場所で暮らす」ことは，新築や増改築がともなう場合には，禁じられている。岩手県でも，基本的には同様である。

このため，リアス式海岸地域にある南三陸町などの場合には，住民が高台移転を迫られ，移転できる高台の用地確保に時間がかかった。宮城県では 21 市町村で，計 1 万 5924 戸の災害公営住宅の建設が計画され，約半数が完了している[注5]。しかし，南三陸町では計画の 738 戸のうち，104 戸（計画戸数の 14.1％）しか工事が完了していない（2015 年 11 月末時点）。仙台市，岩沼市，亘理町など仙台市以南で工事完了割合が高いことと対照的である。

プレハブ型仮設住宅は，本来は 2 年間の居住を前提に施工されたものであり，家賃は無償であるものの，狭い，そもそも寒冷地仕様になっていない，隣近所に音が漏れやすい，耐久性など，居住性には多くの問題があった。

災害公営住宅の整備が進み移住環境が整った自治体では，仮設住宅からの退去の期限が原則 5 年までとなっている。しかし家賃負担など経済力に不安のある人ほど，引越の決断ができにくい，などの悩みがある。経済力の乏しい高齢者ほど選択肢は限定される。

被災地はいま，自立再建，災害公営住宅，防災集団移転と，震災前のコミュニティとともに，約4年間培われてきた応急仮設住宅でのコミュニティもいやおうなく分断されていく過程にある。被災直後の1次避難から2次避難へ，2次避難施設から仮設住宅へ，仮設住宅から災害公営住宅へなど，この5年間に4ヶ所もしくはそれ以上の引越を余儀なくされたケースも多い。そのたびに新たな近所づきあいの構築に迫られた人々も少なくない。

住宅再建等の目途が付いた世帯から順に，応急仮設住宅から櫛の歯が欠けるように人々が抜けていく。これまでなら引越しに際して近所の住民に御礼回りなどをするのが通例だったが，今や残る人々への気兼ねや遠慮，場合によっては妬みにも似た感情を感じ取り，静かに仮設をあとにする例も増えているという。出ていく人も残る人も複雑な心境に置かれる。

災害公営住宅の整備が進み，仮設住宅から移転する人が徐々に増えるにつれて，仮設住宅に残された人々の心理的な焦り，取り残されつつあるという孤立感，役員の転出などによって自治会が再編を迫られる，リーダーが不在になるなどの問題が生じている。2013年9月に東京オリンピックの開催が決定した以降は，労働力の首都圏への流出が加速し，労賃や資材など，建設単価の値上がりも深刻である。

災害公営住宅・防災集団移転促進事業などによる新たなコミュニティ形成も大きな課題である。集落単位での移転が可能だった場合にはコミュニティ形成は相対的に容易だが，異なる集落の人々が再編されて入居する場合にはいかに新たなコミュニティを形成するかが課題となる。

なお災害公営住宅・防災集団移転促進事業では仙台市周辺，石巻市，塩竈市，気仙沼市をのぞき，都市ガスの供給がないために，プロパンガスかオール電化住宅を余儀なくされている。

東日本大震災の被災地では，阪神・淡路大震災で多くの孤独死が出たことの反省の上に，被災者の生活や心理面のサポートをする被災者支援センターを設置した自治体がある。第11章で本間が詳述するが，南三陸町では有資格者等の専門職を充てる見守り支援ではなく，被災町民自身を担い手とする被災者支援センターを立ち上げ，100人を超える町民がきめ細かに被災住民に寄り添う生活支援員制度を構築した。センター設置から3年半で延べ90万回に及ぶ見

守り訪問を行い，ひとりの孤独死も生み出さない活動を続けてきた。防災集団移転や災害公営住宅への移行など，今後の再編の過程で，南三陸町の生活支援員制度で構築されたような地域内での「お互い様」の助け合いの仕組みをビルトインし，人々の生活を支えてきた関係性，地域福祉を確立していく必要がある。

尾崎（2015）が詳述しているように，長引く避難生活の中で，要介護高齢者や，持病の悪化をかかえる被災者が増大した。仮設住宅の不自由な生活によるストレスが蓄積し，体調悪化や認知症の発症などにつながって介護度が上昇したり，生きがいでもあり限られた年金収入をカバーする小遣い稼ぎでもあった水産業・農作業へのかかわりが断たれ，生活不活発病と運動機能低下のループに陥る高齢者が増えたことが大きな要因である。さらに，震災を契機に子ども世代との居住の分離が進んだことで家族介護力が低下しており，今後在宅支援機能が強化されないと，高齢者の介護度の進行だけでなく，深刻な孤独死などの問題が発生する危険がある。

震災前から東北6県は医師数が全国平均を下回る水準が続いていたが，三陸沿岸地域はさらに医療過疎といえる状況にあった。震災はまさにそうした地域を直撃した。医療機関の再開率においても復興格差が如実に現れている。医療は住民の生活の安心を基礎づける重要な社会的共通資本であり，復旧復興においてもまちづくりの核として重視する必要がある。

2-5　災害廃棄物問題をめぐって

発災直後は非常に困難視されながら，災害復旧で比較的順調に進んだのは災害廃棄物の処理である。当初宮城県内で発生した災害廃棄物量は1500〜1800万 t，津波堆積物が2073万 t，宮城県内における一般廃棄物の年間排出量の約30年分と推計されていたが，2014年3月末までにすべての処理が終了した。2014年9月末日までに，災害廃棄物処理施設の解体撤去，用地の現状復旧と返地が完了している。総量は災害廃棄物が約1223万 t，津波堆積物が約728万 t，合計1951万 t が宮城県内で処理された。宮城県外で「広域処理」されたのは33万 t（1.7%）にとどまる[注6]。

結局実際の廃棄物の量は当初の推計量の半分にとどまった。結果的には，推

16

計が 2 倍ほど過大だったことになる。広域処理に関しては，放射能汚染の拡散につながりかねないなどの批判や警戒もあったが，そもそも必要性は乏しかったことになる[注7]。

岩手県の場合も，2014 年 3 月末までに合計約 618 万 t の災害廃棄物の処理が完了した。岩手県外で「広域処理」されたのは 33 万 t（5.3%）である。

なお当初懸念されていたアスベスト，ダイオキシン，フロンなどの有害物質の環境への排出は，それほど表面化しなかった。

他方，深刻化しているのは，福島第一原子力発電所事故にともない発生した放射性セシウム濃度が 8000 Bq（ベクレル）/kg を超える汚泥，汚染稲わらや浄水発生土，焼却灰などの「指定廃棄物」の処分場確保をめぐる問題である。処分場を確保できず，当初 2 年の約束で，灰色の遮光性ビニールハウスなどに入れられて，個人の農地などに一時保管（仮置き）されてきたが，なし崩し的に延長され，住民や関係自治体の負担となっている。1 都 11 県で，計 14 万 843 t ある。宮城県内の指定廃棄物の量は，現在 3269 t，稲わらロールの数に換算して 3 万ロールが，ホットスポット的な汚染場所の多かった県北に多くある。県南の白石市の浄水場には，550 t の汚泥が保管されている。ダムの水を浄化する過程で出てきた泥を固めたものだ。強風や風雨で傷みが激しく，管理が負担となっている。

発生量の多い宮城・茨城・栃木・群馬・千葉県の 5 県では県内処理することになっており，各県内で 1 ヶ所最終処分場の建設が予定されている。併設の焼却炉で減容化後，遮断型の施設に埋め立て，コンクリートとベントナイト混合土の二重の壁で，放射性物質を閉じ込める計画である。この 5 県以外の 12 都県では，処分方針が決まっていないが，埼玉県のように，目立たないように焼却処分を進めている県もある。

宮城県の場合には，環境省が候補地の選定を行い，栗原市，加美町，大和町の国有林が候補地となったが，候補地の 3 首長はいずれも水源地と近いなどとして適地ではないとして，反対を表明。住民も断固反対の姿勢で，各地で集会などが開かれている。候補地の詳細調査も，候補地自治体との話し合いもできないまま，2 年が過ぎた。

茨城県・栃木県・千葉県でも，候補地の選考は難航している。「原因者負担」

の考え方と放射性物質をできるだけ拡散させず，一ヶ所に集約すべきだという観点から福島県に持って行くべきだという意見があるが，福島県側は，県内への搬入は認められないと反発している。国への強い不信感，放射性廃棄物の「安全」な管理への危惧，次々と新たな放射性廃棄物関連施設が誘致されるのではないか，他県分がなし崩し的に搬入されることへの危惧などが背景にある。放射性廃棄物問題の厄介さの縮図となっている。

3. あるべき復興とは

3-1 復興の理念はどこに消えたのか

東日本大震災と福島原発事故は先進国を襲った戦後最大級の災害であり，その規模や影響の大きさなどから，国内的にも，国際的にも大きな衝撃と反響をもたらした。

しかしながらインフラ中心に復旧・復興工事は進んだものの，震災の教訓や震災が提起した問題が何だったのかは急速に忘れられ，「風化」しつつある。

東日本大震災を予見し減災できなかったのは，「科学・技術」が足りなかったためなのか。より高度な科学・技術があれば津波被害は予見でき，防げたのか。東日本大震災は，戦後日本に支配的な「技術中心主義」の考え方に対して，根源的な反省を迫っている。1933 年の昭和三陸津波の被災を契機に岩手県田老町（現・宮古市）に建設された海面高 10 m の防潮堤は，東日本大震災では一瞬にして約 500 m にわたって倒壊し，200 人近い死者・行方不明者が出た。「技術中心主義」的な「防災」対策には限界があり，巨大な防潮壁をつくるだけではさまざまな限界がある。

私たちは「自然」を完全にコントロールすることはできない。自然を「征服」したというのは錯覚や幻想であり，自然の声に耳を傾に，「共生」していくことしかできない。東日本大震災と福島第一原子力発電所事故は，自然への怖れを忘れ，驕り高ぶっていた私達への教訓だという声が，震災直後の地元ではよく聞かれた。「大地は我らのものではなく，我らが大地のものなの

だ」[注8]というように。

　結城登美雄のような在野の民俗研究家からは，地域に根ざした，伝統的な
「農の論理」や「浜の論理」,「生活の論理」をふまえることなくして，真の
「復興」はありえないという声が聞かれる（結城，2014）。しかしながらそうし
た声は，震災を契機に集約化をはかり，国際競争力を高めることこそ「創造的
復興」だ，というインフラ整備重視型の村井嘉浩宮城県知事の姿勢の前でかき
消されがちである。

　復興のあるべき理念は，いつのまにか忘れ去られてしまったかのようだ。

3-2　制度的な硬直性からの脱却を

　復興の立ち遅れの背景には，査定庁と揶揄されるような「復興庁」の問題，
中央省庁の縦割行政，個人の資産形成につながることには税金投入ができない
とする既存の被災者支援制度の硬直性など，地域の実情にあわせた柔軟な対応
ができない構造がある。戦後最大規模の災害にもかかわらず，東日本大震災を
契機に誕生した，実質的な意味で内容的に新しい法制度や仕組みはどれだけあ
るのだろうか。

　中央省庁の対応や要求される書類の煩雑さ・膨大さに対する怨嗟の声は，基
礎自治体の関係者から数多く聞かれた。

　「柔軟な制度」とされた復興交付金も，結局のところ既存のメニューを一括
提示したものであり，制度の隙間が多く，その都度要件緩和等を求めて，復興
庁・所管官庁と地元との折衝が繰り返されており，その手間と労力は膨大であ
る。こうした制度の硬直性が復興の遅れをもたらす大きな要因となってきただ
けでなく，2015年度までの「集中復興期間」や年度会計といった行政制度の
制約もまた地元を急かし，地元の将来像について「じっくり，ゆっくりと」住
民参加によって合意形成を図るというプロセスを困難にしている。誰のための
まちづくりなのか。少なくとも住民ニーズに柔軟に対応できるよう，基礎自治
体に決定権限を下ろしていくことや，会計年度等にとらわれない「復興基金制
度」などの活用が考えられるべきだった（第4章・関論文参照）。

3-3　なりわいの復興をどうするのか

　条件不利地域といわれ続けてきた過疎地の地域再生のあり方は，津波被災地の復興を考えるうえでとくに示唆に富む。たとえば，20〜30 代の若者を中心とした I ターン・U ターン者が町人口の 34% を占めるまでになった島根県海士町では，島の総合計画として「島の幸福論」を掲げ，都会出身の若者が都市感覚で地域資源を掘り起こし，地域活性化に貢献している。過疎地であっても，「人が幸せに生きていく地域」づくりは可能である。第 2 章で保母が力説するように，「内発的発展」を促すソフトの手法こそが重要である。寺西ほか編（2014）の諸論考も示唆的である。

　災害復興住宅の建設に際しても，とくに地元産材などの地元の資源，地元企業の活用をはかり，再生可能エネルギーの活用を推奨すべきである。公益財団法人みやぎ・環境とくらし・ネットワーク（MELON）では，2012 年 11 月，宮城県に対して，「宮城県産材を活用した環境にやさしい復興住宅の提案」（MELON 版復興住宅）を行った[注9]。

　小規模だが地域に賦存するさまざまな自然エネルギー資源を隣接地域で相互に利活用するしくみが整えば，その恩恵を受けるのは地域社会である。地域社会で自律制御が可能な分散型エネルギーシステムを内在するようにデザインする必要がある。たとえば，北海道内陸部の下川町は，「低炭素杯 2015」において環境大臣賞を獲得するなど，地元の森林資源を活かした地域づくりで評価の高い地域である。地域資源である森林を活用し，電力購入のため域外に流出していたキャッシュフローや資源を地域循環させ，エネルギー自給型の地域活性化モデルを構築している。第 10 章で中田が説くように，こうした生存に不可欠なエネルギーアクセスを地域内に保障することがレジリエンスの面からも求められる。

　漁業を大きな産業の柱としてきた三陸沿岸の被災地では，漁業復興が漁村の再建の道筋であるにもかかわらず，「創造的復興」の御旗のもと，漁村を新しく創り直すという 10 年スケールの整備が行われている。無論，地盤沈下分のかさ上げや，津波に対する避難道路の確保などは必要だが，本来は「元に戻す」ことが優先されるべきではなかったのか。高い復元力を有する沿岸域は，

環境さえ破壊しなければ，永続的に利用可能な生物資源の宝庫である。そのような資源に依存した漁村や沿岸漁業者の生活の場をできるだけ「元に戻す」ことが優先されるべきだったと第5章で片山は述べている。

村井嘉浩県知事が打ち出した水産業復興特区構想は，宮城県内で大きな論争を引き起こした。漁協に漁業権を優先的に付与するよう定めた漁業法のもとで，宮城県の場合には，漁協の合併によって宮城県漁協が特定区画漁業権をほぼ独占的に持っていた。養殖業者は県漁協の各支所を通じ，漁業権行使料を支払って操業する仕組みである。民間企業にとって参入障壁とされてきたこの規制を緩和し，民間企業も漁業権を得られるようにしようというのが，この水産業特区構想である。村井知事が2011年5月，政府の復興構想会議で提案した。参入企業は，県漁協を通さずに市場へ出荷できるようになるとともに，生産から加工，販売までを一体的に取り組めるようになる。豊富な資金力を使って，津波や水害に強い施設整備が可能になるというのが，知事の主張する利点である。これに対して，県漁連側は自分たちの意見も聞かずになされた頭越しの提案，生産意欲が減退する，大企業は経営がうまくいかないとすぐに撤退してしまう，と反発し，撤回を求めた。一般漁民の間にも，警戒感と不安がひろがった。

結局，2013年，水産卸業者とカキ養殖漁業者が出資した合同会社1社が水産業特区制度の適用を受け区画漁業権を得たが，追随する動きは見られなかった。県漁協も，現在は静観している。

宮城県は，農業についても「農業・農村モデル創出特区」を復興構想会議に提案した。農地所有者や賃借者の個別の土地利用を制限し，被災市町などが一定期間，農地を一括管理して基盤整備を行い，所有者らに再配分する「復興基盤整備事業」を創設するという構想である。土地改良法の規制も緩和し，所有者が行方不明で意思確認ができなかったり，農地以外の所有者の同意が得られなかったりする場合も事業着手できるようにする。農地は「野菜団地」「畜産団地」などに集約し，稲作以外にも，より収益性の高い作物や畜産への転換を図ろうとする構想であり，農地のゾーニングを加速しようとするねらいからである（2011年5月31日付河北新報）。

震災前の生業は，小規模農業＋水産加工・商業での雇用等の兼業で成り立っていた。各産業の復興の遅れは被災農家の生活再建を描きにくくしている。住

宅再建とあわせて，これらを総合的に考える必要がある（第7章・石田論文を参照）。自然とともに生きてきた農林漁業と人々の暮らしの再建，自然環境の保全を一体のものととらえ，被災した農業者や漁業者を勇気づけるような，地域支援型農業（community supported agriculture）や地域支援型漁業（community supported fishery）を積極的に進めるべきである。

第6章で帯谷が詳述しているが，1989年に唐桑町（現・気仙沼市）の漁業者たちが中心となって開始した植林運動（「森は海の恋人」運動）は，上流地域のむらづくりや，子どもを対象にした環境教育などへと展開・拡大し，リーダーを中心とした地域内外との多様なネットワークを形成した。その結果，流域を単位とした6次産業化の動きなど，震災を契機とした新たな関係性も生まれており，従来の集落や行政区域の地理的範囲を超えた「拡大コミュニティ」の創生として注目される。このことが震災からの復旧・復興過程において，漁業（生業）および運動，さらには集落再建のための「レジリエンス（回復力）」を生み出す役割を果たしてきたともいえる。このように，地域力・福祉力・環境力の回復と農林漁業の再生を統合的に推進しなければならない。

三陸地域における森林・林業再生の足がかりとして，東日本大震災を契機に強まった森林整備や木材利用を通じた企業との関係構築にも注目する必要がある。ANAや東芝をはじめとした企業からの森林整備にかかわる資金拠出，社員研修としての森林整備・間伐作業等のボランティア活動，間伐材を利用した木工品等のグッズ製造・販売など，山村コミュニティと企業との結びつきが生まれつつある。それが地元での雇用の創出にもつながり組合員の森林組合の経営への関心を高め，複数の企業同士の新たなコラボレーションに結びつき始めている。このような継続的関係を構築できれば，地域の活性化にも森林等の地域資源の有効利用にもつながりうる。第9章の立花論文を参照されたい。

3-4　閉鎖性からの脱却を

東北沿岸の津波被災地の多くは，長年人口流出と高齢化に悩んできた地域である。「森は海の恋人」運動を提唱し，長期にわたって運動を継続してきた畠山重篤のような例はあるものの，保守性や伝統的な意識が強く，必ずしも進取

の気性に富んだ土地柄とは言えない。震災前の時点で，新しい地域づくりの実験がさかんになされてきた地域というわけではない。地域名望家が長年地域政治を支配してきたような市町村も少なくない。交通も不便で，交流人口に乏しく，同質性が高く，閉鎖性が強かった地域もある。

東日本大震災は，全国的に無名だった被災市町村を一躍有名にした。全国から，海外から，多数の支援者・ボランティア・研究者・学生，メディア関係者などが継続的に被災地を訪れるようになった。

地域づくりのためのさまざまな協議会やフォーラム的な場が作られ，たくさんのNPO・NGOが組織された。従来軽視されてきた女性，若者，子ども，高齢者，障がい者，外国人，セクシャル・マイノリティなど，地域社会の中の存在の多様性があらためて意識されるようになってきた。たとえば震災前，外国人が少ないと見られていた岩手・宮城・福島の被災三県にも，少なくとも約3万2000人の外国出身者が居住していた。これらの人々による被災後の自立的な活動については，第13章で土田が詳述している。

Iターン・Uターン者を増やし，よそもの的な支援者とのかかわりの中で，地域資源を活用した創発的な地域づくりに努めるべきである。

［注1］「宮城県における防潮堤災害復旧・復興の進捗状況」
　（http://www.pref.miyagi.jp/uploaded/attachment/337462.pdf）
［注2］「宮城県震災復興会議」
　（http://www.pref.miyagi.jp/site/ej-earthquake/fukkoukaigi-top.html）
［注3］「岩手県大震災津波復興委員会」
　（http://www.pref.iwate.jp/shingikai/fukkou/tsunamifukko/index.html）
［注4］「宮城県震災遺構有識者会議」
　（http://www.pref.miyagi.jp/site/hukkousien/ikoukaigi.html）
［注5］宮城県土木部復興住宅整備室「災害公営住宅の整備状況について」
　（http://www.pref.miyagi.jp/uploaded/attachment/336207.pdf）
［注6］宮城県環境生活部震災廃棄物対策課「東日本大震災に係る災害廃棄物処理業務総括検討状況の概要」
　（http://www.pref.miyagi.jp/uploaded/attachment/291163.pdf）
［注7］池田こみち「必要なかった災害廃棄物の広域処理──その本質的課題を検証

する」

（http://www.eforum.jp/KomichiIkeda20130413gareki.pdf）

［注8］宮城県栗原市在住の「日本雁を保護する会」会長呉地正行氏の言葉（東北環
境パートナーシップオフィス編 2011 年度版「3.11 あの時」

http://www.epo-tohoku.jp/media/files/pdf/stage2011/Report_18%202011.pdf）

［注9］公益財団法人みやぎ・環境とくらし・ネットワーク「杜に住まうエコな家。」

http://www.melon.or.jp/melon/img/paper14/0307ecohouse.pdf

参考文献

石橋克彦（1997）「原発震災──破滅を避けるために」『科学』10 月号，720–724 頁。

岩手県人口問題対策本部（2015）『人口問題に関する報告──ふるさとを消滅させな
い』。

（http://www.pref.iwate.jp/dbps_data/_material_/_files/000/000/026/546/
jinkoumondainikansuruhoukoku_honbun.pdf）

尾崎寛直（2015）「被災者の暮らしの再建と医療・福祉的課題」『環境と公害』44 巻 3
号，51–54 頁。

国土交通省国土政策研究会（2014）『「国土のグランドデザイン 2050」が描くこの国
の未来』大成出版社。

国立社会保障・人口問題研究所（2013）『日本の地域別将来推計人口』男女・年齢（5
歳）階級別の推計結果・市区町村編（平成 25 年 3 月推計）。

（http://www.ipss.go.jp/pp-shicyoson/j/shicyoson13/3kekka/Municipalities.asp）

塩崎賢明（2014）『復興〈災害〉』岩波書店（新書）。

寺西俊一・井上真・山下英俊編（2014）『自立と連携の農村再生論』東京大学出版会。

日本学術会議社会学委員会東日本大震災の被害構造と日本社会の再建の道を探る分科
会（2014）「東日本大震災からの復興政策の改善についての提言」。

（http://www.scj.go.jp/ja/info/kohyo/pdf/kohyo-22-t200-1.pdf）

舩橋晴俊・長谷川公一・飯島伸子（2012）『核燃料サイクル処理施設の社会学──青
森県六ヶ所村』有斐閣。

増田寛也編（2014）『地方消滅──東京一極集中が招く人口急減』中央公論新社（新
書）。

山下祐介（2014）『地方消滅の罠────「増田レポート」と人口減少社会の正体』
筑摩書房（新書）。

結城登美雄（2014）「地域再生の地元学──被災地を生きる人々の声に耳を傾けよ」
『環境と公害』43 巻 3 号，9–12 頁。

第2章　震災復興5年の評価と教訓

保 母 武 彦

はじめに

2011年3月11日の東日本大震災の発災直後，岩手県陸前高田市の知人から連絡が入った。「被災地に来ないか。救援のためではない。地域・地方自治の研究者として被災の現地を見ておくことが重要だ。是非」という知らせだった。交通手段が切断されているため，秋田空港に飛び，盛岡市経由で現地に入った。全壊した市街地と漁港，海岸の松原に残った奇跡の一本松，海から遠い上流域の田畑まで飲み込んだ巨大津波の痕跡が痛々しかった。この被災現場の強烈な印象は，被災地復興を考える上でも，中山間地域の農山漁村や地方の再生・発展を考察する上でも，貴重な体験となった。その後，本書のもととなったニッセイ財団の学術的総合研究助成「被災地域コミュニティの復興と再生」（研究代表，長谷川公一東北大学教授，本書の共編者となる）の分担研究者として，被災地を何度も訪問することとなった。

東日本大震災の発災から5年数ヶ月。復興庁から震災復興事業の進捗状況が節目ごとに公表され，復興計画10年間の後半計画「復興・創生」も既に発表されている。そこでは，東北の復興を「地方創生のモデル」にする方向性が示されている。地方創生政策は，日本の人口減少に対する対策として，安倍内閣が推進している政策である。

本章では，復興期間の前半期に，全国の地方創生のモデルとなるような，どのような政策が推進され，どのような教訓が引き出せるのか。この点に焦点を当てて被災地の復興政策について検討するとともに，被災地の今後の復興と全国の地方創生に関わって，今後の地域復興・再生政策のあり方を検討すること

とする。

1. 東日本大震災からの復興の到達点

1-1　復興の進捗に関する政府の自己評価

東日本大震災の発災から 4 年 3 ヶ月後の 2015 年 6 月 24 日，第 13 回復興推進会議が開催された。復興推進会議とは，復興庁に置かれ，内閣総理大臣を議長とし，すべての国務大臣が参加する重要政策会議のことである。その第 13回会議が決定した『平成 28 年度以降の復旧・復興事業について』は，復興事業の到達段階を，次のように評価している。

> 「特に地震・津波被災地を中心として，復興は着実に進展している。復興交付金事業計画がある 85 市町村（避難指示等の対象である 12 市町村を除く。）のうち，少なくとも住まいの確保に関する事業が平成 27 年度までに全て完了予定としている市町村が 64 となっているなど，復旧・復興事業の完了に向けた見通しが立ちつつあり，復興は新たなステージを迎えている。」

ただし，この評価は，地域限定付きである。福島第一原子力発電所事故による被災地域については，「避難指示の影響等により長期の事業が予想されるので，10 年以内の復興完了は難しい状況にある」との認識が述べられている。つまり，「復興は着実に進展」したとの評価は，福島原発事故による被災地域を除いた岩手，宮城県等に限った評価にすぎない。

東日本大震災復興対策本部が 2011 年 7 月 29 日に決定した「東日本大震災からの復興の基本方針」は，「復興期間は 10 年間とし，被災地の一刻も早い復旧・復興を目指す観点から，復興需要が高まる当初の 5 年間を「集中復興期間」と位置付ける」としつつも，「福島における原発事故から深刻な影響を受けた地域への対応については，（中略）事故や復旧の状況に応じて，所要の見直しを行うこととする」との文言を添えていたが，「集中復興期間」が終わる前に，福島については早々と 10 年計画を断念したのである。

1-2 「着実に進展した」という復興の虚像と実像

　政府が「復興は着実に進展している」と自己評価する根拠は，正しいのか。復興庁がまとめた「復興の現状と課題」（2015 年 9 月 11 日）から主な事項を拾い出すと，下記のようになる。

　①震災・津波・原発事故の避難者は，発災直後の約 47 万人から減少したが，4 年半経った時点で，まだ約 20 万人が避難生活を余儀なくされている。内訳は，福島県が約 10 万人，岩手県と宮城県が約 10 万人であり，放射能汚染の影響だけではない。

　②公共インフラについては，「道路，鉄道，上下水道，電気，通信等は，一部を除き復旧」。うち直轄国道の復旧は，2012 年 3 月までに 99％ 完了している。

　③住宅再建・まちづくりでは，高台移転は計画の 25％ が完成。災害公営住宅 は，計画 の 2 万 9925 戸 の うち 完成 は 1 万 1793 戸（39％）と 少ない。2015 年度末の見込みは，高台移転が 47％，災害公営住宅が 63％ である。また，民間住宅用宅地の供給は，計画された地区数 405 地区のうち着工は 400 地区，計画戸数 2 万 566 戸のうち完成は 5150 戸（25％）にとどまっている。住まいの確保に関する事業の完成見通しは，発災から 8 年後の 2018 年度末とされている。国の直轄国道の復興完了率の 99％ と比較して，住まいの確保の遅れは歴然としている。

　住宅再建は住民の生活再建の基礎であるが，その再建・整備の緩慢さゆえに，農業，漁業，水産加工業などの安定した生業も定まらず，被災地以外に転出せざるをえないケースも出てくるなど，震災復興全体に影響を及ぼしている。

　④産業・生業では，鉱工業生産は，おおむね震災前水準に回復した，とされている。だが，農業については，津波被災農地面積 2 万 1480ha に対して，営農再開が可能になった面積は，2012 年に 38％，2013 年に 63％，2014 年に 70％，2015 年になっても，まだ 74％ である。また，被災して業務再開を希望する水産加工施設（818 施設）のうち 84％ の施設が再開した。農業と水産加工業を季節的に組み合わせる「合わせ技」の生業としては，安定した復興には

なっていない。

　⑤医療施設では，入院の受け入れができないか制限されていた 182 か所のうち，95％ が回復している。

　⑥学校施設では，被災した 2305 校のうち，復旧が完了した学校は 98％ になっている。

　以上のように，国の直轄国道など公共インフラは「着実に進展」したといえようが，被災住民の生活再建に欠かせない住宅の復興や生業の復興の遅れは，一目瞭然である。ここに，岩手・宮城両県の避難者が多いことの原因があるのではないか。この復興の実態からは，「復興は着実に進展している」といった評価を導き出すには無理がある。

2. 復興事業を歪める「復興便乗型」成長至上主義

2-1 「創造的復興」という名の弱者切り捨て論

　被災者をはじめとした被災地域の住民・事業者・行政も，復興の応援に駆け付けたボランティアも，被災者と被災地域の生活の再生のために必死に努力してきたのに，なぜこのような結果になったのか。

　不均等な復興実績をもたらした「歪み」の根源をさかのぼると，復興の基本方針にたどり着く。発災から 1 ヶ月後，「東日本大震災復興構想会議の開催について」（2011 年 4 月 11 日付）が閣議決定されている。そこには，「復旧の段階から，単なる復旧ではなく，未来に向けた創造的復興を目指していくことが重要である」との記載がある。阪神・淡路大震災の復興理念が「創造的復興」であり，村井宮城県知事が今回の震災・津波被災からの復興の理念として主張し始めていた経緯がある。

　「単なる復旧ではなく」「創造的復興」とはどういうことか。4 年余の復興の到達点で遅れが目立つ住宅，産業・生業および農林水産業の復興について，次のように説明されている。

①住宅，宅地造成の土地利用規制と高台移転――この閣議決定文書は，海岸の地域（類型3）について，「斜面が海岸に迫り平地の少ない市街地や集落」では，「海岸部後背地の宅地造成を行うことなどにより住居などを高台に移転することを基本とする」。また，「平地においては，産業機能のみを立地させ，住居の建築を制限する土地利用規制を導入すべきである」。さらに，「高齢化に伴い，集落維持が困難なケースについては，集落の再編が課題となり得る」としている。

この土地利用規制と高台移転の方式は，就業の場である漁港や水産加工場と住居を分離させる提案であるため，関係者の意見が分かれ，地区の方針決定が長引く原因となった。

②産業・技術集積とイノベーション――「研究開発の促進による技術革新を通じて，『成長の核』となる新産業および雇用を創出する」という方針が提起されている。

新産業の開発を否定するものではないが，ここでは，震災復興が経済成長政策にすり替えられている。復興を全体に波及させる"要"となる業種や地域を「復興の核」と呼ぶことはできるが，なぜ「成長の核」なるものが突如として飛び出してくるのか。さまざまな復興政策が結果として経済成長に資することはあり得るが，復興政策を成長政策の視点・枠組みから遂行すれば，国が成長に役立たないとみなす復興事業は，たとえ市町村の現場の創意であっても，国の復興財政措置から見捨てられることになり，震災復興の趣旨に反する結果をもたらすことになる。「成長の核」なる提起は，経済成長亡者の邪念としか言いようがない。

③農業――農業の復興には，「3つの戦略」が提起されている。高付加価値化，低コスト化，および農業経営の多角化である。一般論としてはあり得る戦略だが，低コスト化の中に「各種土地利用計画の見直しや大区画化を通じた生産コストの縮減」政策が提起されている。

農地の大区画化と農外資本の導入は，TPPと関わって，国際競争力の強化策として登場している政策である。震災・津波災害の混乱に乗じて，大規模農業経営を進める意図が，政府側にあったのではないか。少なくとも，被災地域

の多くを占める中山間地域には当てはまらないし，内陸部で大区画化を進めた被災地域では，その営農をする経営体の確保で混乱が生じてきた。大区画化，大規模農業化の提起が，結局は被災地域農業の復興を遅らせる一因となったのである。

④水産業，とくに沿岸漁業——沿岸漁業の漁港の復興にあたっては，「圏域ごとの漁港機能の集約・役割分担や漁業集落のあり方を一体的に検討する必要がある。この場合，復旧・復興事業の必要性の高い漁港から事業に着手すべきである」との方針が示されている。そして，「地元漁業者が主体的に民間企業と様々な形で連携できるよう，仲介・マッチングを進めるべきである」としている。さらに，「水産業復興特区」の手法によって，「地元漁業者が主体となった法人が漁協に劣後しないで漁業権を取得できる仕組み」と，「民間企業が単独で免許を求める場合にはそのようにせず地元漁業者の生業の保全に留意した仕組みとする」との具体的方法を提案している。

これは，漁港の被災を"好機"と見て，沿岸漁業海域の漁協管理体制に穴を開け，民間資本の導入を図ろうとする政策論である。この民間資本の導入と関わって，前掲の「圏域ごとの漁港機能の集約・役割分担」がなされ，「復旧・復興事業の必要性の高い漁港から事業に着手」すれば，決める権限は国と県に掌握され，拠点機能の格付けの高い漁港に復興資金を集中し，早く復興させ，拠点性の低いまたは無い漁港は集約され，復興事業から外される事態も生じることになる。この方針も，被災からの復興を歪める要素となった。

2-2 「日本経済の再生なくして被災地域の真の復興はない」

東日本大震災復興構想会議が「復興構想7原則」を決めたのは，発災から3ヶ月後のことである。その5番目の原則は，「被災地域の復興なくして日本経済の再生はない。日本経済の再生なくして被災地域の真の復興はない。この認識に立ち，大震災からの復興と日本再生の同時進行を目指す」である。

「被災地域の復興なくして日本経済の再生はない」は真理である。被災住民と被災地域を生活できない惨状に取り残したままでは，いくら他の地域が発展しても，「日本経済の再生」とは言えないからである。だが，逆は必ずしも真

ならず，問題は大震災からの復興の位置づけである。たとえ未曾有の大災害が日本経済の足を引っ張って停滞があろうとも，日本経済が再生するまで復興を待つわけにはいかないのである。復興構想会議と政府は，大量の避難者と止まることのない関連死の状況を，どう考えていたのか。この貧困な発想が，上述したような復興路線から成長戦略への逸脱や歪曲の原因ではなかったのか。

また，東日本大震災復興対策本部が決定した「東日本大震災からの復興の基本方針」（2011年7月29日）には，「高齢化や人口減少等に対応した新しい地域づくり」として，次の基本方針が明記されている。

　　「復興に当たっては，高齢化や人口減少等の経済社会の構造変化を見据え，変化する宅地需要に段階的に対応するとともに，選択と集中の考え方で必要なインフラの整備に重点化を図るなど，地域づくり，インフラ整備を効率的に推進する。」

この文脈は，被災5年後の現状を見据えた方針であったと読めなくもない。

この基本方針の第一の内容は，被災地は全国の先端を行く高齢化，人口減少社会である上，今回の大地震・津波・原発災害で高齢化も人口減少も加速するに違いないから，被災者が大勢いても（見て見ぬ振りをして）慌てずに，人口減少に伴う住宅需要の減少の様子を見て，段階的に対応すればよい。

第二に，地域づくり，インフラ整備を効率化するために，「選択と集中」の考え方で必要なインフラの整備に，施策と資金の配分を重点化する。その際，「必要なインフラ」の優先順位を決定するのは政府だというニュアンスである。

復興期間10年の前半に見られる，インフラの整備は進むが住宅や生業の復興が遅れているという進捗率の不均衡は，この復興の基本方針からすれば当然の帰結といってよいであろう。この総括は，これから始まる復興後半期に影響するとともに，全国の地方創生のあり方をも左右することになる。

3．震災復興への評価

復興期間の前半5年間の「復興期間」が間もなく終了する。後半の復興事業に生かすためにも，また，全国的な地域再生事業や「地方創生」事業などの参考とすべき復興の教訓を，ここで整理しておこう。

東日本大震災は，大津波によって，一瞬にして三陸沿岸部の都市と農村を破壊し尽くした。その復興とは，再びこの地で人間社会が営まれる「社会的装置」を再生・復活させることに他ならない。故・宇沢弘文は，その「社会的装置」を「社会的共通資本」概念によって理論的に整理した。宇沢が著した『社会的共通資本』（宇沢，2000）の「はしがき」に，次の一節がある。

> 「社会的共通資本は一つの国ないし特定の地域に住むすべての人が，ゆたかな経済生活を営み，すぐれた文化を展開し，人間的に魅力ある社会を持続的，安定的に維持することを可能にするような社会的装置を意味する。」

宇沢の「社会的共通資本」は，次の3つの範疇から構成されている。

① 自然環境：自然との共生，循環型社会，持続可能な社会の必須項目。
② 社会的インフラ：道路や交通機関，上下水道，水道・電力・ガスなど。
③ 制度資本：教育，医療，司法，金融資本など。農村・漁村，まち，集落・コミュニティなども，人間がつくった社会的装置としての制度資本。

社会的共通資本は，震災復興との関係でいえば，廃墟と化した地域社会復興の未来像を構想する上での枠組みとして，また地域社会の生活に欠かせない領域・項目のチェックに活用できる。それによって復興政策を矯正していけば，総合的にバランスのとれた，望ましい復興像に接近することが可能となる。

東日本大震災復興構想会議の「構想検討の視座（東日本大震災をどう捉えるか）」（2011年5月10日）をテーマにした議論では，重要な指摘がなされていた。例えば，「今回の大震災を機に，現代文明の限界（成長神話と安全神話の終焉）を認識し，自然に対する謙虚さを保ちつつ，人と自然の『共生』という全く新しい将来ビジョンを持つ必要がある」といった発言や，「科学技術への過度の依存への反省が求められる一方，技術なくして復興はない。自然と人と技術が『共存』できるようにすべきである」といった発言もあった。しかし，これらのまともな意見は，復興の過程では陽の目を見ることはなかった。

震災復興の5年間を見ると，政府は，東日本大震災復興構想会議の設置にあたって，「復興の段階から，単なる復興ではなく，未来に向けた創造的復興を目指していくことが重要である」との閣議決定（2011年4月11日）から出発している。その後，「未来に向けた創造的復興」が施策の中心に据えられた。「②社会的インフラ」建設が，海と居住地を分離する巨大防潮堤，高台移転や，

「復興特区」（227 市町村の区域）などでの環境アセスなしの社会的インフラ整備によって進んできた。「創造的復興」が最優先されたために，最も軽視されたのは「①自然環境」である。復興庁の文書にも，公共事業による環境への影響は触れられていない。「③制度資本」は，震災後に拍車がかかった小中学校の統廃合，集落の再編など，「復興破壊」ともいうべき事態が進んだ。農漁村での制度資本の見直しは，財政効率化の要請が加わって加速した。さらにアベノミクスによる成長戦略が，この歪みを拡大してきた。

4. 震災復興の教訓と今後への提言

4-1 震災復興は「地方創生」のモデルになりうるか

政府の復興推進会議が決定した「平成 28 年度以降の復旧・復興事業について」（2015 年 6 月 24 日）には，「復旧・復興事業の完了に向けた見通しが立ちつつあり，復興は新たなステージを迎えている」と述べられている。この現状認識に立って，同文書は，復興の新たな方向性を次のように提起している。

「復興の新たなステージにおいて，日本の再生と成長を牽引し，地方創生のモデルとなることを目指すこととする」。

「平成 28 年度からの 5 年間については，被災地の自立につながり，地方創生のモデルとなるような復興を実現していく観点から，『復興・創生期間』と位置付けることとする」。

こうして復興事業は，前期の「集中復興期間」（2011〜2015 年度）を終了し，後期の「復興・創生期間」（2016〜2020 年度）に移行する。期間の名称も，地方創生にあやかって「創生」の 2 文字が使用されている。

復興推進会議のまとめのように，復興が着実に前進し，被災地が自立に向かうことは，被災者及び復興を支援した国内外のだれもが望むことではある。だが，公共インフラの復興は進んできたが，住宅整備や，沿岸部の農業や水産加工の再生は遅れ，避難者はまだ約 20 万人おり，帰るに帰れないのが実態である。事故を起こした福島原発は，未だに事故原因も分からず，原子炉内部の状

態も分かっていない。被災者の視点に立てば，復興推進会議が，何をもって地方創生のモデルにしようとしているのか，理解に苦しむところである。

しかし，視点を 180 度変えて，安倍政権の立場から見れば，地方創生のモデルにしたいであろう，次のような事柄が幾つか見えてくる。

① 「復興に際しては，地域のニーズを優先すべきである」（「復興への提言」 2011 年 6 月 25 日）としながら，一方では，地域外から「創造的復興」を押し付けたこと。

② 復興特区の指定と特区内での規制緩和，誘致企業を促進したこと。

③ 医療，農業（アグリビジネス）等に外資系多国籍企業を進出させたこと。

④ 三陸海岸部（中山間地域）の復興の遅れと対照的な内陸都市部の回復。

⑤ TPP 加入の国内対策になる，農地・漁港の集約化と経営の大規模化，民間企業を参入させたこと。

⑥ 津波被害のあった漁村集落の移転。集落再編の実績をつくったこと。

震災復興の過程で進行した，上記のような現象は，被災住民と被災地域が望むものではなく，「失政」というべきものだったとしても，政府にとっては，震災と復興の混乱の中で推進した「成果」であったともいえる。この多くが，地方創生をすすめるための「モデル」となる，いわば橋頭堡といえなくもない。

4-2 「復興・創生期間」への提言

①復興の評価尺度は，個別復興事業の進捗度ではなく，それらの相互作用が織り成す総合的実績の進捗度でなければならない。

復興の遅れがある住宅のほか，農業，水産加工等分野の復興の遅れが，相互にマイナスの作用を及ぼして，三陸海岸を特徴づける生業の復興を遅らせている。この，いわば「生活の基礎部分の復興の遅れ」が，最大の問題であり，この問題を「復興・創生期間」の教訓として活かしたい。

②復興により目指す到達目標としての「地域社会像」が，最初から不明瞭の上，各省庁の同床異夢，省庁の個別判断・認可の体制が，理念なき復興事業とさせてきた。この愚を「復興・創生期間」に繰り返してはならない。

③東日本大震災復興基本法の第二条（基本理念）に，復興が目指すべき「新

たな地域社会」「二十一世紀半ばにおける日本のあるべき姿」とある。

その目指すべき「新たな地域社会」「日本のあるべき姿」とは何か。また，それを実現するためには，どのような政策体系が必要なのか。

2016年度からの「復興・創生期間」に入るまでに，4年間余の復興事業を踏まえ，政策体系および事業評価基準として定式化すべきである。

④復興事業の事業主体については，「住民に最も身近で，地域の特性を理解している市町村が基本」，国は「市町村が能力を最大限発揮できるよう（中略）必要な制度設計や支援」，県は「広域的な施策（中略）必要な制度設計や支援」となっている（東日本大震災からの復興の基本方針，2011年7月29日）。

市町村を基本とする「重層型復興体制」の基礎単位として，集落・コミュニティを位置づけることを，提案したい。住民参加で復興計画を立て，執行過程への住民参加に適している。これは，島根県吉賀町（旧柿木村）などで，その有効性を実証してきた「集落点検・集落計画」の技法である。

宇沢弘文は，「村を一つの共通資本と考えて，人間的に魅力のある，すぐれた文化，美しい自然を維持しながら，持続的な発展をつづけることができるコモンズを形成しようということである」と位置づけているが，被災地域の広域合併した市町村では，合併市町村の内部における，この狭域行政が効果をあげるであろう（宇沢，2000：63-64）。

⑤市役所・町村役場の職員数は，平成の大合併と国が指導した地方行革で大幅に減っていた中で，震災の犠牲者も出た。その一方で，復興業務が激増し，他県の自治体職員の応援等で対応してきた。だが，「復興・創生期間」を迎えるにあたって，職員を増加できるよう，国は，地方財政需要額算定に係る，基礎自治体の職員定数の見直しをすべきである。

これまでの行政改革による職員削減では，災害時の対応ができないことは，東日本大地震でも証明された。当面は，対象を被災地自治体対策に限定した見直しとしても良いが，全国的に災害が増加傾向にある状況に鑑み，全国の自治体を対象とした，自治体職員定員の見直し，増員をすべきである。

⑥被災地では，復興の長期化に伴って，若年層の域外転出が増える傾向にあり，地域社会の維持が危惧される。この対策として，被災地では，商工業や観光業での企業誘致等による雇用機会の創出や，農業・水産業の大規模化と集約

化が考えられている。

このような対策は，従来政策の主流であったが，近年の「農村回帰」では，別の新しい傾向として，社会に役立てる場，生き甲斐，働き甲斐を求めて UI ターンする，20〜30 代の若い女性や青年が増えている。子育ての場を選んでの移住もある。島根県の海士町，邑南町，飯南町，雲南市などがその例である。

海士町は，日本海に浮かぶ離島・隠岐島の小さな町（人口約 2300 人）だが，最近およそ 10 年間に，I ターン 482 人，U ターン 314 人，合わせて 796 人の移住者を迎えている（2014 年 12 月末までの累計）。このうち，およそ半数が定着している。驚くほどの移入人口数だ。この結果，海士町では 2013 年から総人口が増加に転じた。

移住者のほとんどが 20〜30 歳代の若者であり，いわゆる一流大学の卒業生や一流企業の若年退職者も少なくない。若者たちは，条件の良い雇用機会があったから移住してきたのではなく，自分で仕事を興しに来たのである。この点が東日本大震災復興政策における先ず企業誘致と雇用開発という政策発想との違いである。

京都大学工学部を卒業し，トヨタ自工の技術開発部門で将来を嘱望されていた若者も，若くして退職して海士町に I ターンした一人である。彼は次のように言っている。

> 「『海士に僕たちの明るい未来があると直感的に感じたから』というのが 1 番大きな理由です。もともと今の社会に対して，人と人，人と自然のかかわりを見直さなければならないと疑問を抱いていました。その矢先に，遠いからこそ古き良き日本が残っていて，新しい社会を切り拓いていく努力をしている海士と出会い，ここだ！と思ったんでしょうね。トヨタ自動車で生産技術の仕事をしながら『行き過ぎた資本主義』の限界を感じていた中で，みんながハッピーになる新しい仕事のあり方・生き方を海士で実践して，世に問題提起をしたかったのです」（藤井正隆「日本の元気ダマ──仕事を創りに帰りたい離島，海士町の挑戦」IT media エグゼクティブ，2011 年 11 月）。

また，海士町にある県立島前高校は，入学者が減って廃校が危惧されていたが，近年，東京や大阪などの大都市圏から「島留学」する入学希望者が増えてきた。地元中学の卒業生も，かつては，将来の大学進学を考えて本土の高校に

進学する割合が高かったが，最近は県立島前高校への進学者が増えている。点数競争力ではなく，一人ひとりの人生の目標を大切にする教育が育ってきたからである。その結果，県立島前高校の入学定員と学級数が増えた。過疎地の高校としては，まさに「奇跡」を生んだのである。子どもが減って統廃合を進めている東北の被災地は，被災のハンディキャップがあるが，復興の希望が共有でき，働き甲斐，生き甲斐のある魅力ある地域となれないものか。

　海士町にIターンする若者たちも高校生も，「ひとの流れ」の潮目が変わったことを示している。被災からの復興の基本方向と政策を転換する必要がある。

　木質バイオマスによる熱電併給で自給率100％以上を目標に，林業をベースに産業クラスター制度を発展させてきた北海道下川町は，人口の社会動態をプラスにしてきた。

　時代に合った，新しい復興政策，地域発展の方法を，積極的に学んで採り入れることを，最後に提言したい。

参考文献

宇沢弘文（2000）『社会的共通資本』岩波書店。

内閣府（2011）「東日本大震災復興構想会議の開催について」（4月11日）

内閣府震災復興推進会議（2015）「平成28年度以降の復旧・復興事業について」（6月24日）

東日本大震災復興構想会議（2011）「構想検討の視座（東日本大震災をどう捉えるか）」（5月10日）。

東日本大震災復興構想会議（2011）「復興構想7原則」（6月25日）

東日本大震災復興対策本部（2011）「東日本大震災からの復興の基本方針」（7月29日）。

復興庁（2015）「復興の現状と課題」（9月11日）

復興庁（2011）「東日本大震災からの復興の基本方針」（7月29日）

第3章 人口減少下における「復興」と地域の持続可能性
──「よそ者」受け入れの視点から

尾崎 寛直

はじめに

　東日本大震災は，とくに三陸沿岸の被災地において震災前から漸進的に右肩下がりで進行していた人口減少・少子高齢化を一気に加速化し，医療過疎をはじめさまざまな課題を露呈した。こうした従来から「地方消滅」（日本創成会議）の危機にさらされていた被災地においては，復興の方途はとりもなおさず地域の持続可能性の確保と同一地平線上にある。

　宮城県の三陸沿岸の被災地においてはこの5年間，巨大なコンクリート壁で街を覆う防潮堤の建設に始まり，中心市街地の地盤の大規模なかさ上げ工事と高台への住宅団地の移築整備，さらに三陸を縦断する高速道路の建設などと空前の予算投下による公共事業が行われ，「復興の槌音」はたしかに土木事業の面では否応なく聞こえてくる。だがハード面の「復興」に膨大な費用が投下された一方，地域の再生はなされたといえるのであろうか。

　相変わらず，人口流出は止まらない。南三陸町の人口推計でいえば，2010年度国勢調査時点の1万7429人が2020年には1万2574人，2040年には半分以下の8109人まで減少することが予測されている（南三陸町企画課地方創生・官民連携推進室による）。日本全体でもすでに2008年以降人口縮退傾向に入ったため，本地域が人口減少の趨勢に抗うことは容易ではないとしても，あと25年後に半減というのはあまりに急激である。急速な人口減少への打開策がなければ，どれほど多額の公共事業をカンフル剤として注入してもそれは瞬間的な「復興」にとどまるだけであろう。

　人口減少を食い止める処方箋に秘策があるわけではない。だが，新たな人材

を外部から呼び込むモメントが被災地には存在する。それは阪神・淡路大震災（1995 年 1 月）以降急速に普及した災害ボランティアである。災害ボランティアは発災直後の混乱期の救援活動として結集し，混乱した事態が一定程度収束するころに「撤退」するというかかわりが一般的であるが，近年の災害では時限的なかかわりに終わらず長期の復興まちづくりおよび地域再生にまで関与する定住型のかかわり方が生まれており，災害ボランティアの発展型として注目する必要がある。

　そこで本章では，人口減少社会を基底に据える観点から現行の「復興」のあり方を問い直す。その際，過疎化の進行する被災地に地域外からの「よそ者」の受け入れ，さらに移住支援の重要性に着目し，過疎化と高齢化の進行する被災地における「復興」のあり方について検討していく。

1.　人口減少社会における「復興」

1-1　人口流出の進む被災地の課題

　通称「増田レポート」とされる日本創成会議・人口減少問題検討分科会の報告（2014 年 5 月）は，「2040 年までに全国の市町村の半数が消滅する可能性がある」との危機感を煽り，人口減少対策・地域対策の必要性を提唱している。さらに，2015 年 6 月には，2025 年に首都圏（東京・千葉・神奈川・埼玉）で 75 歳以上の高齢者が全国の 3 分の 1 に相当する 175 万人増加するという推計をもとに，介護人材として若者が東京へ流出し「地方消滅」が一気に進むことを防ぐために，医療介護の供給能力の観点から首都圏在住者の地方移住を積極的に推奨し，「地域活性化」をめざすという提言（『東京圏高齢化危機回避戦略』）を発表している。

　だが，人口流出にしろ地方移住にしろ，国民の生き方の選択は自由であり，「上から」差配されて実現するものではあるまい。「地方消滅」という過激な言葉を既定路線のようにいえば人々は不安に駆られ過疎地域から脱出する気運がますます高まるであろうし，「人口減少を食い止める『ダム機能』」形成のため

第3章　人口減少下における「復興」と地域の持続可能性　　41

「地域中枢都市」への選択と集中を推し進めるという論理では，三陸沿岸の被災地の小規模な町々からはますます人口がスポイルされることになりかねない（山下，2014）。

　ことさら「増田レポート」が煽るような人口減少問題は今に始まったことではないが，こと被災地においては進行していた人口減少のトレンドが震災により一気に加速された側面はある。たとえば南三陸町は，志津川町と歌津町の合併（2005年，人口1万8868人）によって成立して以降もやはり人口減少は止まらず，震災前2011年2月末の1万7666人から3年後の2014年2月末には1万4620人へと急減（17.2%減）した（そのうち東日本大震災による直接死は約900人）。震災を機に急激な社会減が進み，自然減の何倍もの勢いで人口減少をもたらしている。それだけでなく住民票を移さずに町外に住んでいる人も多いため，実人口は約1万2400人（30%減）ではないかといわれている（『河北新報』2014年2月22日付）。住民基本台帳に基づく人口は1万3990人（2015年6月時点）となっている。こうした転出超過（転出数が転入数を上回る社会減）にともなって深刻になるのは，若い世代の転出が増えたことによる出生率の低下である。これが自然減をさらに助長する。とりわけ2010年度以降の合計特殊出生率の低下が著しい。1995年度には全国平均を大きく上回る1.72であった合計特殊出生率は，2005年度には1.55，2010年度には1.35へと急減し，2013年度には1.15，2014年度には1.07と，全国平均の1.42（2014年度）をはるかに下回る水準に低下した（『広報みなみさんりく』2015年10月号）。

　このように南三陸町のような三陸沿岸の被災地においては，土木工事中心の「復興」事業には膨大な予算が投入されてきたはずであるが，震災後5年を迎えた現在，もはや地域そのものの持続可能性が懸念される事態となっている。発想を根本から改める必要があるだろう。人口減少に対処するのに必要なのは土木偏重の政策ではない。公共事業による建設需要で一時的には仕事が生まれたとしても，それによって元々の地場産業（農漁業等）から労働力が流れてしまっては自律的な産業復興には逆行する。また土木事業のため一時的に域外から労働力が入ってきても，あくまで時限的なものに過ぎず長続きはしない。

　そうした手法ではなく，地域資源を活かしてその魅力を高め，産業の自律的な再生につながるイノベーションが求められる。そのための人材育成こそが重

要であり，予算をかけるべきは「人」である。その意味では，三陸沿岸被災地の復興政策では大きなボタンの掛け違いが発生しているともいえる。

そうはいうものの，とりわけ青年層の人口減少が進む地域において人材はいかに確保できるのか。

1-2　復興支援における「よそ者」受け入れの可能性

そこでカギになり得るのが都会など外部からの人材導入，いわば「よそ者」の受け入れである。三陸沿岸被災地のような徐々に過疎化が進行していた地域の復興政策においては，その地域や人々に共感を持ってくれるよそ者の受け入れも同時に追求されるべき課題といわねばならない。それも単なる受け入れにとどまらず，定住促進が重要になる。外部の客観的な視点から地域を再評価したり，地域資源の発掘や魅力向上に貢献してくれるような人材が増えることで地域にイノベーションが生じる。

こうした手法による地域の活性化で成功している例として島根県海士町（後述）のような自治体を挙げることができるが，近年の若者の地方移住のような動きの大きなきっかけになったのは，災害ボランティアである。災害ボランティアは行政よりも早く効率的に救援活動を始動させ，被災住民にとって切実なニードに応える柔軟な活動を展開できる可能性がある。阪神・淡路大震災を画期として，「地縁」ではなく「志縁」というべきつながりで全国からボランティアとして支援に駆けつける行動様式が急速に普及し，一般化した。後述のように，こうしたボランティアの盛り上がりが法人格を持ったNPOを誕生させ，ボランティアの「専門性」や「持続性」が高まった。社会貢献を仕事にする若者も現実に生まれてきた。

被災地発の地方定住のしくみの先駆けが，新潟県の「地域復興支援員」制度ということができる。これは阪神・淡路大震災の復興の過程で生まれた，被災者の生活の見守りを行う「生活支援員」制度を受け継ぎ，持続可能な地域づくりまでも任務に加えた農山村版として発展させたものとされる。新潟県中越地震（2004年10月）の復興支援にかかわる稲垣文彦によれば，震災復興の予算を基金化した復興基金事業を財源として，2007年度から「市町村長が認める

公共的団体」（復興支援センターなどを含む）が地域復興支援員を雇用し，農山村の被災集落の持続可能性を実現するしくみをつくる人材としてこの制度が設けられた（事業は 2014 年度まで継続）。

　もっとも地域復興支援員は時限的な制度であるため，必ずしも任期が終了した後の彼らが定住する保証はないが，元会社員などから「転職」して移住した地域復興支援員は，集落の住民の間に入り，住民の主体性を引き出しつつ活動をプロデュースする集落づくりのコーディネーターの役割，交流のなかった集落同士の交流を担うハブ機能の役割，外部や行政とのつなぎ役などの任務を担った。まさに震災復興と同時に地域の持続可能性そのものが問題になっていた地域における人的支援の重要性を認め，それに必要な人件費を公費で負担する初めての制度であった（稲垣ほか 2014: 226）。また，この考え方がその後の総務省の「地域おこし協力隊」[注1]，「集落支援員制度」[注2] に受け継がれたとされており，被災地発の「よそ者」受け入れのしくみが，過疎地域一般を視野に入れた制度へと敷衍していったのである[注3]。

　このように，災害ボランティアとして居ても立ってもいられず被災地に入ったよそ者である若者などが，活動を続けるなかでその地域や人々に共感し，現実に定住しながら本格的に地域の再生に貢献する支援のあり方を，従来の時限的な災害ボランティアと区別して「災害ボランティア 2.0」と呼んでおきたい。三陸沿岸の被災地の復興と地域再生にこうした「災害ボランティア 2.0」は機能しうるのか。結論を急ぐ前に，まずは東日本大震災までの災害ボランティアの展開の経緯を振り返り，その課題と変化を見ておきたい。

2.　災害ボランティアの現在と災害復興

2-1　ボランティアとその制度化

　われわれの住む日本は，地理的地形的要因から，台風・大雨・土砂崩れ，地震，津波，火山などとほぼ毎年のように何らかの大きな災害に見舞われる「災害大国」である。ここ 20 年ほどの間に多数の死者・行方不明者を出した地震

災害だけを見ても，1993年7月北海道南西沖地震（奥尻島に巨大津波。死者・行方不明者230人），1995年1月阪神・淡路大震災（同6437人），2004年10月新潟県中越地震（死者68人），2007年7月新潟県中越沖地震（死者15人），2011年東日本大震災（死者・行方不明者1万8479人）と連続している。死者は出なかったものの家屋倒壊などの被害をもたらした大地震でいえば，ほぼ毎年のように全国のどこかで発生している。

　とりわけ阪神・淡路大震災は，東日本大震災以前の戦後の自然災害では最大の死者・行方不明者をもたらした惨事であり，社会全体に与えた影響はきわめて大きく，災害対策の面でも画期となった災害だといえる。とくに注目すべきは，のちにこの年が「ボランティア元年」と称揚されるように，多数の一般市民のボランティアが被災者の救援や支援活動に駆けつけたことであろう。その数は発災から1年間で延べ137万人に上ったという（兵庫県調べ）[注4]。

　災害発生時にこうした救援・支援活動に素人の市民らが駆けつけ，大きな役割を果たすことが普通になったというのはたしかにひとつの画期である。その流れは2年後の1997年1月に発生した福井県三国町へのロシアのタンカー・ナホトカ号の座礁・原油流出事件において，確実に受け継がれていることが実証された。ナホトカ号事件では延べ30万人のボランティアが駆けつけ，行政も手に負えなかった重油回収を市民が成し遂げたのである。市民による災害ボランティアが日本社会に定着したことを強く印象づけた。

　それにともない，ひとたび大きな災害が発生すれば被災者のニーズを掘り起こし，詰めかけるボランティアを受け入れ，ニーズにつないでいくコーディネートなどを担う「災害救援ボランティアセンター」（災害VC）の必要性が認識され，大災害発生時には災害VCの開設が定着してきた。また，急速に拡大するボランティアのような市民による公益的な活動を制度的に保証するため，1998年，特定非営利活動促進法（NPO法）が成立した。その結果，災害救援に駆けつけたボランティアをコーディネートする災害救援NPOも次々誕生している。各地の災害救援NPO同士の経験交流やノウハウの蓄積も進み，災害救援NPOと被災地のNPOおよび行政，社会福祉協議会（社協）との連携のあり方を含めた災害対応が検証されるようになってきた（菅ほか，2008: 124-130）。

第 3 章　人口減少下における「復興」と地域の持続可能性　　45

　このような経緯から 2004 年 3 月には，全国社会福祉協議会（全社協）が
『協働で進める災害救援・ボランティア活動の手引き』を発行し，災害発生時
には行政と社協が中心となって災害 VC を立ち上げるかどうかを判断して，災
害救援 NPO などと連携しながら運営するという，社協を軸とした災害 VC の
ある種の制度化がなされるようになった。このことは新潟中越地震以降の災害
において災害救援の迅速化など成果を上げたことは事実である。
　けれども同時に，次に述べるように東日本大震災において典型的に見られた，
ボランティアが組織的に行われるようになった結果生じる問題もある。

2-2　東日本大震災とボランティアの組織化の功罪

　東日本大震災において活動したボランティアの数については，網羅的な集計
はないが，各市町村の社協が主導して設置された災害 VC を経由して活動した
ボランティアの数に限っただけでも，発災から 1 年間で延べ 102 万人に上る
（被災 3 県の合計。全社協の集計による。発災からおよそ 4 年半の 2015 年 7 月
末現在で約 145 万人）。だが，この数字には現地とのパイプを持ち独自にボラ
ンティア派遣をした NGO・NPO や宗教組織，企業などを通じて，個人やグ
ループでボランティア活動に従事した人の数は含まれないから，実際にはそれ
よりもはるかに多い人数がかかわったと考えて間違いない。東日本大震災の被
害の規模や範囲の広さ，救援のニーズを考えれば不思議ではないだろう。しか
しながら，メディアでは上記の「公式」の数字が一人歩きして阪神・淡路大震
災と比較して「ボランティアの減少」を論じる向きがあった。
　ただし，発災後 1 ヶ月の初動期（2011 年 3 月 11 日～4 月上旬）に，ニーズ
に比してボランティア参加者が圧倒的に少なかったことは事実である（図 1）。
　その理由のひとつとして挙げられるのは，ボランティアの「受け入れ制限」
という問題である。発災当時，メディアを通じて「被害が甚大で現地は混乱し
ているので今ボランティアにいくのは控えるべきだ」，「交通渋滞を招いて救難
作業に支障をきたしかねないので県外の人はボランティアに行くべきではな
い」，などの言説が流されたのはまだ記憶に新しい。実際，発災直後には被災
3 県の災害 VC の多くでボランティアの対象を県内の人に限るといった対応も

46

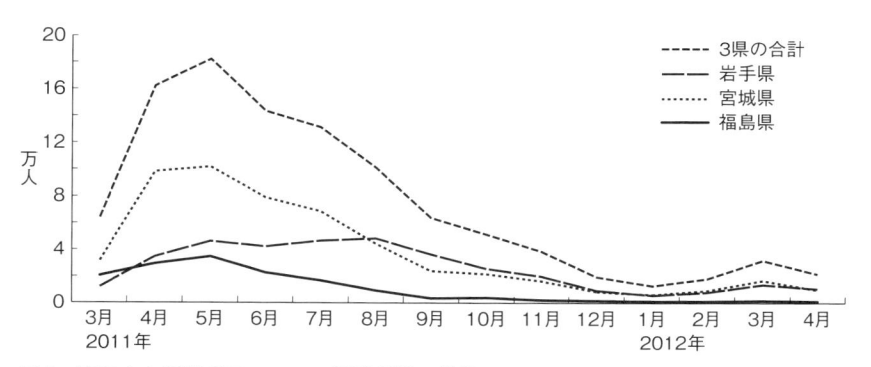

図1 東日本大震災ボランティア活動者数の推移
出所：全国社会福祉協議会「災害ボランティアセンターで受け付けたボランティア活動者数の推移（仮集計）」より作成。

なされた。こうした言説に影響されて，初動期のボランティア参加を躊躇した人々が少なくなかったはずである。なぜこのようなことが生じたのか。

　上述のように，災害救援NPOと行政などとの連携が進み，災害VCの開設や効率的な運営の経験が蓄積されてくると，一方では災害ボランティアもそうした体制に組織化され，組み込まれながら動かざるを得ない雰囲気も生まれてきた。渥美（2014）はこのような状況を，災害ボランティアが秩序立って効率的に活動する基盤が整備されてしまい，被災者を中心に据え，臨機応変に対応することが難しくなってしまう「秩序化のドライブ」の動きであると批判している。災害発生後に災害VCが開設され，経験者らによって効率のよい運営がなされることは一定の意味があるとしても，駆けつけたボランティアたちが十分被災者に向き合うことができなかったり，ボランティアならではの自由な・創意工夫に満ちた活動が抑制されたり，救援にあたる（被災者でもある）地元の人々が救援活動から取り残される，などの事態が発生することは本末転倒ではないかと渥美は述べる。

　たしかに「秩序化」が行き過ぎると，ボランティアの特性である「自発性」や「先駆性」が損なわれかねない。とくに「自発性」は，故・草地賢一（阪神・淡路大震災地元NGO救援連絡会議代表）の言葉を借りれば「言われなくてもすることだが，同時に言われても（納得できなかったら）しないこと」と

いわれるほど重要な構成原理でもある。被災者にしっかりと寄り添い，話に耳を傾けるなかで個々のニードを聴き取り，自ら創意工夫しながら支援を行っていくような自発的なボランティア像はやはり失われるべきではない。

2–3　三人称を超えた関係性へ——「災害ボランティア 2.0」

　もちろん，災害 VC が集約したニーズにしたがって，マスとしてのボランティアが被災者支援の場所に組織的に派遣されれば，確実に一定の量的な活動の成果はもたらされるだろう。また，発災後 2〜3 ヶ月の頃まではボランティアが爆発的に押し寄せる状況もあり，「秩序化」がなければ現場の混乱に拍車をかけるおそれもあるのだろう。だが，被災者の個人情報にかかわる接触は NG で，型にはめられた活動を行うだけといった「秩序化」されたボランティアでは，被災者との本音の付き合いはおろか被災者に心を開いてもらうことも難しい。被災者は一方的に支援されるだけの客体に過ぎず，「助け合い」にはなりにくい。たとえ活動をリピートしても，その日その日災害 VC に集まるボランティアの数によって毎回派遣される場所が変更されることもある[注5]。それではボランティアをする側にとっても自分が「誰かの役に立っている」という実感は希釈され，抽象的な達成感にとどまるのではないだろうか。

　このように「秩序化」されたボランティアは，行政や社協などの公的機関との連携により緊急救援時の支援システムに組み込まれて一定の役割を果たしうるにしても，ボランティア個々人が被災者と関係を取り結んで，被災者を孤立させないコミュニティのつなぎ役として機能することは難しい。そうしたきめの細かい支援は行政には期待しづらく，本来ボランティアの役割が期待されるところである。むしろボランティアこそが時間をかけて被災者と向き合い，心理的に追い込まれている被災者に寄り添いながら「伴走型」の支援を行える（行うべき）存在である。

　そうであるならば，逆に被災者と本音で語り合える個人的関係を取り結ぶことが必要であろう。そこまでの関係に至ったボランティアは，ボランティアに来る動機も変化してくる。つまり，「その村（町）や人々が好きだから」，「○○さんに会いたいから」というように，三人称を超えた関係性を前提に自発的

にボランティアに通ってくるのである。もはや主体的にその被災地の復興まちづくりや地域再生に尽力する存在となり，長期のかかわりになる場合がある。近年増えてきたこうしたボランティアのかかわりを，前述のように「災害ボランティア 2.0」と措定しておくが，「災害ボランティア 2.0」の存在はとりわけ過疎化の進む被災地において重要になってくる。

2–4　災害ボランティアから復興ボランティアへの移行
——新潟県中越地震の被災地から

　三陸沿岸の被災地は，前述の通り徐々に過疎化の進行していた地域であり，地域の持続可能性も震災からの復興の課題にならざるを得ない側面を持っている。その観点から先駆的事例といえるのが，2004 年 10 月に発生した新潟県中越地震後の取り組みである。

　新潟県中越地震の被災地は，長岡市（旧山古志村，旧川口町なども 2005 年度から合併）や十日町市など 5 市にまたがる広大な農山村地域を含んでいる。とくに被災した山間部の小さな集落は，軒並み高齢化率が 4 割を超えるような少子高齢化・過疎化が進行した地区であった。その傾向が震災により一気に加速したといえる。たとえば，大きな被害が発生し土砂崩れで孤立した山古志村（当時）は，全村避難を余儀なくされ，震災前の人口（約 2200 人）が約 3 年後の帰村時（2007 年 12 月）には約 1400 人と半数近くに減少している。このような状況の下では，たとえ農地やインフラの復旧，住宅再建がなされたとしても集落の存続そのものが厳しい地区も少なくなかった。

　中越の被災地には，発災直後から 2005 年にかけて約 9 万人のボランティアが駆けつけ，その年の豪雪の際には除雪支援にも活躍したとされるが，およそ半年が経って被災者の生活に落ち着きが見え始めボランティアの数も減少してきたころに，現地では，「災害救援を目的とする災害ボランティアセンター」から「復興支援を目的とする中間支援組織」への移行が議論され始めた（稲垣ほか，2014: 14–16）。これも阪神・淡路大震災の際の「被災者復興支援会議」を受け継ぎ発足したのが「中越復興市民会議」（新潟 NPO 協会などが参画。当初の専任スタッフは稲垣文彦とほか 1 名のみ）であり，ボランティアによる農

山村の復興支援という稀有な試みに足を踏み出した。「市民会議」は各地の集落で地道に「移動井戸端会議」をセッティングして住民の抱える復旧復興の不満や生活の不安などを聴き取り，行政機関と集落をつなぐ役割を果たしながら，集落再生を復興施策の柱に組み入れる助力となった。これらの動きが本章1-2で述べたような，新たな復興基金施策による「地域復興支援員」設置支援という体制構築につながっていったのである（2008年4月以降は新たに設置された「社団法人中越防災安全推進機構　復興デザインセンター」に「市民会議」のスタッフが移り，このセンターが復興支援の拠点となる）。

　また，2007年2月以降，「市民会議」が主催，新潟県が共催して，中越各地で農山村の復興に取り組む集落や支援団体，行政機関を一堂に会する「地域復興交流会議」を継続的に4回開催し，活動の経験交流・情報交換やネットワークづくりをめざした。これらの場は各集落の住民らにとってこれまで交流のなかった外部の「よそ者」と交わる機会となり，結果として集落同士の交流とともに集落間の競争も生まれ，旧市町村単位での集落連携やネットワーク団体の立ち上げなど復興活動に大きなステップアップをもたらしたといわれる（稲垣ほか2014: 22-23）。

　そうしたなかでたとえば，十日町市池谷・入山集落は，震災前から住民が8世帯22人まで減少し廃村寸前であったが，外部のNPOや「市民会議」の支援を得ながら，過疎地域の再生を目的に農作業や地域づくりを支援するボランティアを継続的に受け入れてきた。その結果，ボランティアのリピーターが増え，彼らの支援により米の直販事業や産直活動，エコーツーリズム（山菜採りや田植えなどの農村体験ツアー事業）が軌道に乗り，ついには都会の若者が移住をしてくるまでになった（移住者を迎え入れるため空き家の整備も進められた）。地域復興支援員制度を受け継ぎ，2009年度から始まった総務省の地域おこし協力隊事業を活用した移住者も生まれている。このように中越の経験は，地域外のよそ者とのかかわりが住民の主体的な意欲を喚起し，震災復興にとどまらず農山村地域の再生まで視野に入るようになった好例だといえる。

2–5 外（都市）とのつながりによる農村の暮らしの再評価

小田切徳美（2013）は内発的発展による地域づくりを持続的に進めるためには，戦略的に都市─農村間の交流をつくり，外部主体による広範な支援を得ることが不可欠であり，そうした外部主体を意識した新しい戦略と政策が必要であると述べる。

その点でいえば，中越の取り組みを受け継ぎ，東日本大震災とほぼ同時といってもよい 2011 年 3 月 12 日，震度 6 強の大地震による激烈な被害に見舞われた長野県栄村の事例も参考にすべきである。ここでも外部の力を導入した復興まちづくりが行われている。

長野県の北東端にある栄村は，面積の 93% が中山間地に覆われた人口約 2300 人（2010 年度）の村であったが，一般住宅の 93% が被災し，土砂崩れや液状化現象などで農地・農業施設や道路等に深刻な被害が発生した。直後には，中越防災安全推進機構のスタッフも支援のため現地入りし，ボランティア受け入れ体制の準備に入っている。早くも 3 月 18 日には，栄村，栄村社協，日本青年会議所，NPO 法人雪の都 GO 雪共和国，そして中越防災安全推進機構などの運営による「栄村復興推進機構『結い』」が発足し，村外復興応援隊（＝ボランティア）の力を借りた震災復興と地域づくりをめざした活動がスタートしている。さらに NPO 法人栄村ネットワークの栄村被災情報ブログなど民間レベルの不眠不休の情報発信も加わって被害状況が広く伝わり，結果として人口数を上回る延べ 3000 人超のボランティアが発災後半年の間に集まったという（「結い」ホームページ）。また，栄村では家屋の全壊・半壊で一旦村外に避難した人たちも多くが帰村し，驚くべきことに発災前と比べて 3 年後の時点（2014 年 4 月現在，2149 人）でもほとんど人口が減少していない。

栄村で被災地のリポートを続ける松尾眞によれば，栄村がこうした復興をなしえた背景には，平成の大合併でもあえて合併を行わず，外部との交流を意識してよそ者の力を取り入れる地域づくりを図ってきたことにある（松尾，2012）。2006 年 10 月には「栄村ファンクラブ」が結成され，ボランティアやイベントによる一過性の支援を超える「交流」がめざされていた。そうした土台を基礎に，被災後も「栄村を以前よりもよい形にする」ための復興に寄与する「村外

村民」のような存在の創出と増加を図っている。そのひとつが毎年 2〜3 回ほどの「栄村震災復興応援ツアー」である。これは震災そのものを観光のテーマとした被害状況の見学などの学びとともに，村の美味しいご馳走を満喫したり，交流会をセッティングして村の人たちとのコミュニケーションを重視したものである。いわば食や人の温かみの体験を通じて村の「ファン」を増やすような試みといえる。さらに，都市に戻ったとしても村の産品の取り寄せやふたたび滞在で訪れるようなリピート化の流れをつくることを重視している（松尾, 2012: 311–316）。

　ここで実証されているのは，たとえ過疎化・高齢化の進んだ中山間地域であっても，暮らしの営みに必要なものは自分自身でつくり出す生活をむしろ「村の暮らしの豊かさ」として肯定的に打ち出し，交流と観光，農業の 6 次産業化をメインにして仕事を増やしていけること，そして滞在者や移住者（Ｉターン・Ｕターン）を増やすことで集落の再生と持続性を高めていくことは可能である，ということである。栄村の復興は，集落丸ごとを資源として考え，外部の目線を入れてその価値を再評価することを通じて震災復興と地域再生を両立する視点を提供してくれている。

3. 外部の移住者の力を活かした地域再生
　　　——島根県海士町における事例から

3-1　過疎化・少子高齢化の「先進地」における変革

　ここでいったん被災地の復興からは離れるが，外部から「よそ者」を積極的に受け入れることを通じて新たな価値と活力を生み出すことに成功している長年過疎地とされてきた離島の町の事例も大いに参考になる。島根県の離島・隠岐諸島中ノ島にある海士町である。

　海士町は 1960 年には人口 6000 人を超えていたが，高度成長とともに人口は急減し，2000 年には 2672 人にまで減少している（国勢調査）。とりわけ高校卒業後の若者のほとんどが島外へ流出し，20〜30 代の若年労働力がきわめて

少ないといういびつな人口構造となっていた。それにともない出生率も低下し（年間10人前後），高齢化率は全国平均と比べても著しく高い39%に達していた。それに追い打ちをかけるように，町の抱える地方債は財政規模をはるかに超える100億円を超過し（2001年度），北海道夕張市のような「財政再建団体」へ転落の危機に瀕する財政状態に陥っていた。このように離島の海士町は早くから「少子高齢化」「過疎化」「財政赤字」の三重苦の典型のような地域であったのであり，その後の日本各地が経験する三重苦をかなり先取りしていた「先進地」だったともいえる。もっとも今こうした捉え方ができるのも，ここ十数年の海士町の劇的な変化があったからである。

　上述の三重苦の状況の下，2002年5月の町長選挙において地縁・血縁色の強い候補を破って当選した山内道雄（現在4期目）は，まず職員の意識改革と組織変革を実行する。組織変革に関しては，組織のスリム化（職員定員削減）とフラット化（連携強化）を実行し，年功序列を廃止して課長・係長の「推薦制」を導入，適材適所主義に徹した人事異動を行った。これにより若手でも能力のある人間が管理職に抜擢されるようになった。さらに財政改革として町長以下三役および議員の給与50〜40%カット，職員の30〜16%給与カットなど，ラスパイレス指数が「72.4」と全国の公務員でもっとも給与の低い水準にまで自ら身を切る改革を行った。そうした徹底した変革が大きな意識改革——町長の言葉でいえば，町の役場は「住民サービス総合株式会社」である——をもたらすことになったという。庁内では相当な荒療治であったと思われるが，結果として危機感を共有した町民の意識も変わり，役所への依存意識は消えて自立心や相互扶助の意識が高まったとされる[注6]。

　こうして山内町政は「自立・挑戦・交流」をスローガンに，島の地域資源を活かし，第1次産業の再生で島に産業をつくり，島に人と雇用の場を増やし，「外貨」（彼らは島外の資金をこう呼ぶ）を獲得して島を活性化するという外向きの戦略を打ち出した。そのために行った対策のひとつが，外部の人材（都会からのIターン者・Uターン者）の定住促進である。島の玄関口である港に観光と定住対策を担う「交流促進課」を置き，土日祝日関係なく島に興味がある人たちを迎えるシティセールスを行ってきた。とくに脱サラなどによって島に来たIターン者には町が家賃格安の住居（定住促進住宅）を提供し，商品開発

研修生制度や新規漁業就業者制度，地域おこし協力隊事業など「外貨」を活用した雇用創出により，仕事のあっせんを行った。それらの施策の結果，2014年8月までの10年間で全人口の2割に相当する437人（249世帯）もの人々が島外から移住してきたという（定着率は約60%）。人口増加率はなんと全国の町村のなかで第7位に入った。徹底した外向き戦略が奏功し，海士町では2030年代には人口減少が下げ止まり上昇に転じると予測されている。

3-2 「よそ者」導入のしくみと政策効果

とりわけ海士町のIターンの特徴は，志を持った都会の若者が新たな活躍のステージを求めてきていることにある。それに対して町行政は，主に公設民営方式で移住してきた若者の挑戦や活躍の場を提供する役割を果たしている。具体的には，町が農業機械を購入して島で新規就農をめざす移住者に貸し出したり，第三セクターの事業会社を立ち上げ，雇用創出と基盤整備を行っている。具体的には，岩牡蠣の養殖を手がける「海士いわがき生産（株）」，最新のCAS（Cells Alive System）技術を導入して岩牡蠣や魚介類の販売までを手がける「（株）ふるさと海士」などである。かつての海士町は，道路や防波堤の建設などコンクリートの土木事業に多額の公共事業予算をかけてきたが，2004年度以降の公共事業はほとんど第三セクターの工場建設に充てている。

また，地域おこし協力隊事業の制度を活用した「地域おこし集落隊（マルチワーカー）」により，都会から来た若者にさまざまな町の仕事を経験させた上で，地元産業の魅力を高める事業に尽力してもらったり，島の資源を活用して自ら起業してもらうなどの人材育成のインキュベーションのしくみも用意している。

その結果，たとえば脱サラしてきた移住者の交渉力により，名産の岩牡蠣をあえて地元ではなく取引単価の高い東京の築地市場へ出荷し，トレーサビリティを売りに信用力を高めブランド化を図るといった取り組みが進んでいる。実際，ブランド化した岩牡蠣「春香」は築地市場で最高水準の価格で取引され，東京のオイスターバーで人気となっているだけでなくニューヨークの寿司屋などにも卸されている。岩牡蠣の出荷は3〜5月であるが，CASシステムのおか

げで年中出荷でき，漁業者の所得向上に貢献している。地元の厳しい自然でのびのびと育った高品質な和牛もあえて地元ではなく（島根和牛と一緒くたにされるのを避けるため），「隠岐牛」として東京市場に持って行って差別化する。そのほかにも多くの地元産の商品を都会の目線を活用してブランド化し，取引価格を向上させて「外貨」を島にもたらす貢献をしている。

　このように，従来であれば地元の漁協や近場の市場に出荷するという既成概念に縛られるのが普通であった島において，移住したよそ者の挑戦が固定観念を打ち破り，知名度の向上や収入増を実際に地元にもたらしている。よそ者の積極性に地元の人たちがいい意味で感化されるようになってきたと町長は言う。

　町にはこの10年の間に，全戸に光ケーブルが戦略的に導入され，たとえば島の魅力を伝える地域映像をネットを介して全国に配信できるような地域ICTが確立している[注7]。そのおかげで移住してきた住民自身の編集による魅力的な映像が配信されることで，全国で「海士ファン」が増加し，移住者が移住者を生むという好循環が生まれている。

　こうしたしくみづくりによって，移住・定着した若者それぞれが漁業，農業，畜産，観光業等において島の産業にイノベーションを起こし，外部への発信や島外での売り込みを強化することで，多くの「ファン」を獲得する。これによって島の内外で相乗効果が生まれているのである。

3-3　移住者と島内コミュニティ

　かつては若者が高校あるいは中学卒業と同時に島外流出して，地域経済の重要な担い手である青年層が極端に減少するいびつな人口構成だった島は，上述のように，島外からの移住者がその減少分を補うかのように増加し，人口減少にブレーキが掛かりつつある。Iターンの若者と地元の若者や，Iターン同士のカップルも生まれ，島に定着する率も高くなってきた。彼らは子育て層にも重なるため，島の出生数はかつての年10人前後から年15〜6人程度に1.5倍ほど増加している。町は職員や議員らの給与カットによって捻出した財源によって，2004年子育て支援条例を制定し，結婚祝い金（10万円）や出産祝い金（1人目10万円，2人目20万円，3人目50万円，4人目以降は100万円），保

第3章　人口減少下における「復興」と地域の持続可能性　　55

育料の第3子以降の無料化，島外病院への精密検査のための交通費助成などの子育て支援策を先駆的に打ち出して，こうした流れを後押ししてきた。

　島外からの新たな人材の導入によって，島のコミュニティはどのような影響を受けてきたのか。ひとついえることは，よそ者の積極的導入がこれまで異質なものを取り入れることに後ろ向きで閉鎖的な島の風土に風穴を開け，島民との間にある種の化学反応を引き起こしているということであろう。たとえば，Ｉターンの若者が地元の奉仕作業にも先頭を切って参加したり，島の神楽を自主的に習ったりすることで，よそ者に対する地元の見方も大きく変わってきている。海士町は離島特有の典型的な封建的・閉鎖的な社会であった。過去の迷信の影響から，島外から結婚相手をもらうことに親戚一同反対が出たりするような雰囲気すら残存していたが，そうした迷信も島外から来訪したよそ者らの活躍によって完全に消えたという[注8]。よそ者の定住は，閉鎖的だった社会にもイノベーションをもたらしつつある。

　大手自動車会社を退社して海士町に移住し，現在は株式会社「巡の環」を経営する阿部裕志（町教育委員を兼務）は，「都会で磨かれた仕事力」と「田舎で育まれた人間力」が掛け合わされれば，海士町から「人間味のある都会」「新しいチャレンジのできる田舎」という持続可能な社会モデルが発信できるのではないかと述べる[注9]。巡の環は，①地域づくり事業（地域に根ざす），②教育事業（地域から学ぶ），③メディア事業（地域を伝える），の3つの柱をもって事業運営しているが，とくに地域住民と外部との学び合いを重視している。

　たとえば，本物の藁からしめ縄を作るためには，稲を刈った後天日干しをする必要があり，わざわざしめ縄を作ろうという文化が海士町から消えようとしていた。これを，大学の地域文化研究と絡めて地元の高齢者や老人会を巻き込みながら大学生にも参加してもらって，結果的に伝統的な技術で神社のしめ縄を完成し，皆で地域の誇りを守っていく体験をする，といったうまいしくみを構築している。さらに，企業の研修ツアーの誘致にも取り組んでおり，たとえば漁労長が海の上で気遣っている乗組員への親心をヒアリングで学ぶといった地域交流を通して「感じる力」「気づく力」を体得し，人間力の向上をめざすプログラム（「海士五感塾」）を実践している。これにより，社員の側は「アン

テナの感度が上がった」「ピンチはチャンスに変えることもできること」（参加者の感想）などの学びを得，地元住民にとっては自分たちの何気ない日常の知恵が参加者の驚きと学びになることに誇りや喜びを感じるという，双方にとってのメリット（学び合い）がもたらされる。都会と田舎——その両方の良さが近づいて，互いに流入することによって，都会と田舎の共存ができるのではないかと阿部は述べる。

　こうした海士町の取り組みの重要な点は，阿部が自らの事業を「地域の誇りを高めるビジネス」と表現するように，移住してきたよそ者によって島のありのままの暮らしや見慣れた自然資源が学びや観光の対象となりうること，さらに「外貨」を稼ぐ潜在力を持っていることを地元住民に気づかせたことにある。このことは従来の経済的尺度に基づく豊かさとは質的に異なる「暮らしの豊かさ」についての気づきなのであろう。

4. 三陸沿岸被災地における「復興」の再検討

4-1　あらためて5年間の「復興」を検証する

　これまで述べてきたように，地域の持続可能性獲得が課題となる過疎化の進行する地域では，外部からよそ者を受け入れ，外部の視点から地域の自然資源や暮らしの価値を再評価することが復興および地域再生の出発点になりうることが示された。地元の住民自身が「暮らしの豊かさ」に気づき，誇りを高めることができれば地域コミュニティにもプラスの影響を与え，地域づくりに対する住民の主体性も高まっていく。地域外から滞在者や移住者を増やすためのしくみづくりも要になる。それに関しては，被災地発のさまざまな制度が阪神・淡路大震災以降，中越，栄村と受け継がれ発展してきたことを論じてきた。

　最後に，それらをふまえて三陸沿岸被災地の5年間の「復興」の現実を再検討する。

　前述の通り，三陸沿岸地域はすでに過疎化の進行があり，地域の持続可能性も震災からの復興の課題にならざるを得ないのは事実であるが，たとえば南三

陸町の場合，現時点（2015年6月）では人口は震災後急激に減っているとはいえ1万3990人規模（ただし実人口は約1万2400人ともいわれる）の町ではあり，これまで論じた離島や農山村の過疎地域と比べればまだまだ人口は多く，同一に論じるべきではないという批判もあるだろう。だが，現状のままいけば2040年には8109人，2060年には4361人にまで減少する予測（南三陸町企画課地方創生・官民連携推進室）はなされており，現に合計特殊出生率1.07（2014年度）という数字は深刻である。このまま急激な人口減少を食い止める対策がなされなければ，これまで5年間の「復興」で土木事業につぎ込まれた数千億円の費用は何だったのかということになりかねない。こうした予測がなされうる以上，生活再建・復興期の段階から地域の持続可能性を獲得するための方策が復興施策の柱になるべきである。

　急激な人口減少を食い止めるためには，他地域の事例でも見られたように，その土地や人々を好きになって移住してくる20〜30代の青年層を増やしていくこと，彼らが定住できるようになる環境を整えることが非常に重要である。よそ者の受け入れは地元住民との学び合いを生み，さまざまなノベーションを生み出す可能性があるとともに，地元住民の主体性も高める作用がある。

　はたしてこのような観点からの問題意識は，これまでの復興政策にどこまで浸透していたであろうか。

4-2 「災害ボランティア2.0」の可能性

　被災地において外部の人材導入の最大のきっかけとなるのは，災害ボランティアの受け入れである。その強力なモメントを導引に多くの災害ボランティアを受け入れることは重要だが，前述の「秩序化」されたボランティアになってしまうと，被災者は一方的に支援されるだけの関係しかボランティアとの間で取り結べず，本音で語り合えるような関係にはなりにくい。ボランティアの側も「伴走型」の支援はしづらく，三人称を超えた関係性にはなりにくいため，結果的に「災害ボランティア2.0」の段階へも発展しない。これは「秩序化」の弊害というべきものだが，こうした側面が災害VCにありはしなかっただろうか，検証が必要である。

58

　ちなみに，南三陸町の災害 VC（町から委託を受けて社協が運営）は被災地のなかで稀有なほど最後まで運営を続け，2014 年度末で閉鎖された[注10]。2011 年 3 月 26 日の開設以降，災害 VC から派遣されるボランティアの仕事は発災当初の炊き出しやがれき撤去に始まり，仮設商店街への協力，仮設住宅での交流活動，わかめなどの養殖漁業支援，田畑の堆積物の除去や農地の除草作業などへ移り変わり，2014 年 9 月末までに延べ 14 万 5148 人のボランティアを受け入れたという（2014 年 10 月 6 日付『河北新報』）。ボランティア数は 2011 年 8 月の 8304 人をピークに減少し，2014 年時点では月平均 700 人前後になっている。それにしても長期にわたって大量のボランティアを受け入れてきたのは，「被災地を支援し続けたい」という外部のニーズを受けとめ，その受け皿になり得ていたからであり，それは評価すべきである。

　しかしながら，いま問われるのは人口減少が予測される被災地での復興期のボランティアのあり方である。初動期の救援活動やインフラ復旧の段階を経て生活再建の時期に入ってからは，中越の取り組みで見た「災害救援を目的とする災害ボランティアセンターから復興支援を目的とする中間支援組織への移行」のような，「災害ボランティア 2.0」獲得のための舵の切り替えがされる必要があったのではないかと思われる。結果的に 2014 年度まで従来通りの災害 VC としてのボランティア派遣が続けられ，訪れてくれたボランティアに「被災地」を体感してもらうために，もはや緊急度は高くない土地の砂利除去や草刈りなどの仕事を用意する矛盾も散見された。復興期のボランティアのあり方が整理されないまま，「被災地」支援の一枚看板で外部の力が費消されてしまった感が否めない。よそ者を地域に定着させ，活力を取り込む戦略が不足していた。

　災害 VC の解散後，南三陸町は 2015 年 4 月からは南三陸町観光協会に委託して「南三陸応縁団」を設立し，無料登録制サイトを通じた「団員」の募集を始めた。「団員」になると町の情報が配信され，各地で開かれる交流イベントへの参加資格，限定グッズの販売などの団員限定特典があるほか，町が企画するイベントに「南三陸スタッフ」としてボランティア参加できる，といった特典もある交流プロジェクトである。つまり，従来のボランティア派遣よりは"ゆるい"つながりによって町との交流人口を維持しつつ，実際の訪問者増加につなげていくというアイデアであろう。2015 年 8 月現在で「団員」登録を

している人は全国で約800人だという（2015年9月4日付『毎日新聞』）。

　ここで問われるのは，この試みは，震災をきっかけにして南三陸町を知ってかかわりを持つようになった人々に，復興する地域の魅力を存分に知ってもらい，あらためて「ファン」になってもらって町に迎え入れることをめざすのか，あるいは，震災の風化を防止する観点から「被災地」の現実を忘れずにいてもらい特産品の取り寄せなどで「支援」を続けてもらうことをめざすのか，である。現時点ではその両方が視野に入っているとしても，一枚看板のままでは後者に引っ張られ，「元ボランティアたち」の親交を温めるための交流会にとどまる可能性も否定できない。この先ずっと「被災地」「被災者」支援の切り口で関心を維持し続けるのは難しい[注11]。以上，あらためて人口減少を前提にした復興期の社会設計の戦略が課題となるだろう。

4-3　復興計画と住民の主体性——復興とは何か

　最後に，東日本大震災の復興計画および復興予算における問題点を簡潔に述べておきたい。

　東日本大震災後の復興計画では，巨大防潮堤の建設に象徴されるように，現場の住民の声やニーズがどの程度斟酌されたのか疑わしい土木事業が矢継ぎ早に決定された。これに関しては，現場に近い市町村でさえ使途のあり方に口出しすることが難しい雁字搦めの予算のあり方に批判も出された。「創造的復興」が掲げられながらも，現実には地元自治体も2015年度までの「集中復興期間」に，可能な限り（金の掛かる）事業実施を盛り込むために判断を急かされ，まして住民がじっくりと自分たちの町の将来を見据えた主体的な議論を行い，意思決定をして意見を反映させていくプロセスは二の次ともいえる状態であった。

　いわば政府が上から決定する「ガバメント」がまさり，現場の「ガバナンス」は極小化されたわけである。前述の中越地震からの復興における「地域復興交流会議」などのような，地域復興のデザインや集落の将来ビジョンづくりそしてその実践に住民の主体性が発揮されるようなしくみが欠けてしまっていたといえる。もっともハード面の公共事業である土地区画整理や集団移転の進め方などを住民参加で議論する「まちづくり協議会」は，地区ごとに何度も開

催された。しかし，ハード面の整備は本来，地域の将来ビジョンをどうするのかというじっくりとした議論と合意形成が行われて初めて検討されるものだと思われるが，ハード面の「復興」を急ぐ政府の政策に引きずられて主客逆転してしまった感がある。やはり震災復興後の人口減少が予測される将来のまちづくりにおいては，地域コミュニティにおける交流や外部との連携，仕事づくり，福祉，文化伝承などを含むソフト面の環境整備の構想が計画づくりの出発点になければいけないのではないか。

　さらに，沿岸の津波被災を受けて災害危険区域に指定された住宅地の防災集団移転事業においては，高台に造成される住宅地や災害公営住宅は，元の住民の世帯に応じた数の「復旧」しか計画されておらず，外部からのよそ者の受け入れ・定住支援の環境整備の余地もないなど，人口減少が予測されている被災地の将来を見据えた計画だったのか疑問が残る。

　以上論じてきたように，本質的に問われているのは「復興とは何か」というビジョンの問題である。人口減少社会と右肩下がりの時代を迎える私たちがめざすべき方向性は何か。過疎の「先進地」が示してくれるような，従来の経済的尺度に基づく「豊かさ」の質的転換による価値の創造や，「地域の誇りを高めるビジネス」の試みに学ぶ視座が求められる。

［注1］都市など地域外から過疎地域に人材を受け入れるため，国が自治体へ特別交付金を措置し，おおむね1年以上3年以下の間，隊員の人件費（報酬等200万円）や経費（活動旅費，事務経費，消耗品費，研修費など200万円）を補助する制度。2015年度から隊員のスキル等を考慮した上で最大250万円まで報酬を支給可能とする運用改善がなされたが，経費と合わせた一人あたりの上限400万円は変更されていない。なお，隊員の約8割は20～30代で，約4割が女性となっている。任期が終了した後，同じ地域に定住をしている元隊員は約6割となっている（総務省，2013年6月調査時点）。
［注2］地方自治体が地域の実情や集落対策に詳しい人材を「集落支援員」として委嘱し，市町村と連携しながら集落の巡回や状況把握などを行う制度。総務省が管轄し，地方自治体に対して支援員の人件費を特別交付税で措置する。
［注3］東日本大震災でも，「復興支援員」制度が導入されている（2013年度は21団体で実施し，総数は452人）。被災者の見守りやケア，地域おこし活動の支援等の

復興にともなう地域活動を通じてコミュニティの再構築を図ることなどが目的とされる。総務省は支援員一人につき報酬等（地域おこし協力隊の報酬額が上限）と活動経費を地方自治体に対して特別交付税の形で措置する。

［注4］兵庫県県民生活部生活文化局「阪神・淡路大震災一般ボランティア活動者数推計（H7.1～H12.3）」による。発災から5年間で約216万人という推計が出されている。ただし，この数はおおよその「1日平均人数」に活動日数を単純にかけて算出したものであり，数字の信頼性は高くない。

［注5］筆者自身，東日本大震災後の4月末から2週間ほど学生を連れて宮城県内でボランティアに参加した。半分ほどの期間はいくつかの災害VCで紹介を受けてボランティアに参加したが，そのたびごとに行き先は変わり，被災者の個人情報に触れない，現地の写真は一切撮らないなどの注意事項を毎回現地係員から受けたことを覚えている。

［注6］山内町長へのヒアリング，2014年8月6日。

［注7］これらの確立には補助事業をうまく活用している。「地域ICT利活用モデル構築事業」（2007～2009年度）を利用して作り手のこだわりや安全安心の情報を取引先（東京都内のオイスターバーなど）に臨場感をもって伝えるために，ディスプレイを設置したり，「地域情報通信基盤整備推進交付金事業」（2010～2011年度）により町内全域に光ケーブルを導入している。

［注8］山内町長へのヒアリング，2014年8月6日。

［注9］阿部裕志氏へのヒアリング，2014年8月7日。以下同。

［注10］被災3県で現在もなお運営を続け，残っているのは福島県南相馬市小高区の災害VCのみである。

［注11］観光の入込客数も，2011年度激減した後，2012年度には震災前の約8割の水準まで回復したものの，これは主として「被災地」観光の目的とボランティアによるものだったと思われる。しかしこれも年々減少しており，長期的に「被災地」「被災者」支援では続かないことが明らかである。なお，長期にわたって多くの災害ボランティアに来訪してもらうことによる「経済効果」（食事，入浴，宿泊，お土産の購入）はたしかにあったと思われるが，このような短期的な利益目的で災害ボランティアの継続を考えることは本末転倒である。

参考文献

渥美公秀（2014）『災害ボランティア――新しい社会へのグループ・ダイナミックス』弘文堂。

稲垣文彦・阿部巧・金子知也・日野正基・石塚直樹（2014）『震災復興が語る農山村

再生』コモンズ。

小田切徳美（2013）『農山村再生に挑む――理論から実践まで』岩波書店。

小田切徳美・藤山浩編著（2013）『地域再生のフロンティア』農文協。

菅磨志保・山下祐介・渥美公秀編（2008）『災害ボランティア論入門』弘文堂。

松尾眞（2012）『震災と過疎を越えて――信州栄村　復興への歩み』川辺書林。

山下祐介・菅磨志保（2002）『震災ボランティアの社会学』ミネルヴァ書房。

山下祐介（2014）『地方消滅の罠――「増田レポート」と人口減少社会の正体』ちく
　ま新書。

第4章　被災地における復興行財政と住民参加
—— 自治と自律の復興に向けた政策課題

関　　耕　平

はじめに

　東日本大震災の発生から6年目を迎えている。中央政府による復興交付金の創設や復興庁の発足といった数多くの行財政制度上の対応が採られてきたが，これらの制度が有する硬直性への批判は絶えない。本章の目的は，宮城・岩手両県を中心に，東日本大震災被災地の復興行財政の課題を具体的な事例に基づき明らかにし，その課題克服のための住民参加型の復興行財政運営のあり方を提起することである。本章ではまず，震災復興行財政の全体概況を俯瞰した上で，復興に係る制度的硬直性が被災地復興に何をもたらしているのか，その影響と実態について具体的に明らかにし，復興行財政の制度上の課題を析出する。さらにその克服のヒントとなる北海道奥尻町における復興行財政制度の実態と教訓に言及し，最後に宮城県南三陸町で展開されている住民活動の中から，今後の自治と自律の復興に向けた，住民参加型の復興行財政運営の可能性を見出したい。

1.　取り組むべき課題は何か——被災地の声を手引きに

　「創造的復興」という言葉は虚しい。この言葉の内実が「開発的復興」であり，被災住民一人ひとりの生活再建に向けて直面している現実や課題をくみ上げ，被災者の声に応えるものになっていないからであろう（塩崎，2014）。震災復興研究は，なによりも被災地の声から出発しなければならない。ここで，筆

者が調査で聞き取った被災地の声を拾い上げ，本章の課題設定の手引きとしよう。たとえば，2014 年 3 月に訪ねた宮城県南三陸町内の仮設住宅に住む住民の方々。

> 「これまでの 3 年とこれからの 3 年は，違う。ひたすら調整し続けて何度も制度の壁にぶつかりながら自分たちの復興を求め続け，疲弊しきったこれまでの 3 年と，工事が長期化し難航したとしても，こうして入居までを心待ちにする，再建に向けてのこれからの 3 年間とでは，雲泥の差がある。新しいまちがつくられ入居するまでのこれからの 3 年間はまったく違う希望あふれるものになって欲しい。」

また，同じく南三陸町語り部の会の後藤一磨は，2014 年 9 月のワークショップの中で次のように述べる。

> 「前例も法律もない…政治家に直談判してもなかなか変わらない，予算要求はいついつまでやれ，役場が悪いわけではない。住民の意見を聞いている暇はない，通るだろうという復興計画で申請せざるを得ない。いざ事業開始すると，そんなものいらないという声があちこちから出てくる。防潮堤，いらない，そんな予算があるなら家を優先してくれ……『私有財産には税金をつぎ込めない』，政治家がそれを言うな，立法をするのはあなたでしょ，そんなやりとりをして 3 年半が経った。」

さらに，ある自治体の復興事業担当者は，「復興後の地域の姿について理念や夢はあっても，それを実現する制度にはなっていない」という。

現在の復興に係る行財政のあり方が，被災地と被災者を振り回し，復興の妨げになり，さらには復興〈災害〉と呼ばれるような二次的な被害を被災者にもたらしているように思われる（塩崎，2014）。この現実に対して，以上のような住民の声を受け止め，自治と自律を基本とした人間の復興を可能にする復興行財政のあり方が追求されなければならない。

> 「被災者のこと，被災地域のことというスパンではなく，『人類の未来と存亡を考えること』として受け取って（研究し，その成果を）発信して欲しい，このままでは来たるべき次の大震災で被災者は同じ苦しみを被ることになる。」（前述，後藤）

復興行財政制度の硬直性が被災地に何をもたらしているのかという現実を分析し，自治と自律の復興に向けた政策課題を明確化し課題解決の萌芽を見出すことが，本章の課題である。

2. 震災復興財政の全体概況

　まず上記課題に取り組む前提として，宮入（2015）に基づきながら，震災復興財政の全体概況を俯瞰しておこう。

　表 1 のとおり，震災復興財政は全体として約 25 兆円の枠組みとなっている。この中身を検討すると，ハードな公共事業を中心としている一方，被災者の生活再建支援については不十分であることが指摘できる。公共事業等関係だけで 4.26 兆円と 17.3% を占め，さらに地方自治体による公共事業の財源を支える東日本大震災復興交付金や地方交付税交付金の 2 つだけの合計でも 3 割に迫る。

　その一方で，被災者生活再建支援金や医療・介護・福祉，教育や雇用に関する経費は 5.1%，災害救助等関係をあわせても 1 割に満たない。また，コミュニティ復興の中核ともいえる生業や中小企業支援についても，国費予算が 0.3 兆円（1.2%）に止まり，地方自治体独自の支援制度の創設によってなんとか財源確保がなされているものの，「生業支援の壁は依然厚く，被災地の経済復興を遅らせる重大な要因になっている」（宮入，2015: 4）。

　表 2 は地方自治体の歳出として計上された東日本大震災復興関連事業の決算額を性質別に示したものである。2011 年〜2013 年の東日本大震災復旧・復興関係経費の歳出累計額 20 兆 1650 億円のうち，約 7 割にあたる 14 兆円が地方自治体により執行されており，復興事業の実施主体・担い手は地方自治体といってよい。この 14 兆円の歳出額のうち，公共事業によるハード整備を示す投資的経費が 34.5% で大きな割合であること，積立金が 35.4% と，未執行のまま次年度以降の事業実施となっている傾向が注目される。

　この約 14 兆円の地方財政支出のうち，47.4% が市町村によって執行されており，それ以外が都道府県の支出である。東日本大震災復興関連事業以外の通常の地方財政支出においては，約 6 割が市町村によって執行されている。つまり，震災復興にあたっては通常に比べ 10% 以上，都道府県の役割が大きくなっているといえる。水産特区をはじめとした宮城県による「開発的復興」の傾向にたいして，岩手県における「人間の復興」重視という，政策上の相違がしばしば対比されるが，その背景として，震災復興事業においては通常の地方

表 1　東日本大震災関係経費の内訳（2010〜2015 年度）

（単位：億円，％）

区分		合計	（％）
災害救助等関係		10,025	4.1
内	災害救助費	7,304	3.0
	災害援護資金貸付等	794	0.3
災害廃棄物処理事業		10,764	4.4
公共事業等関係		42,627	17.3
災害関連融資関係		18,472	7.5
東日本大震災復興交付金		27,013	10.9
地方交付税交付金等		45,504	18.4
その他の大震災関係		45,192	18.3
内	被災者生活再建支援金	2,604	1.1
	医療保険・介護・福祉	3,669	1.5
	教育支援等	905	0.4
	雇用関係	5,482	2.2
	（小計）	12,660	5.1
	農林水産業	5,414	2.2
	中小企業グループ補助金	2,997	1.2
	国内立地補助金等	7,772	3.1
	資源・エネルギー関係	4,840	2.0
原子力災害復興関係		32,162	13.0
内	原子力損害賠償補償	2,380	1.0
	除染関係	15,921	6.4
	放射性汚染廃棄物処理	3,008	1.2
	中間貯蔵施設	4,501	1.8
全国防災対策費		15,337	6.2
合計		247,096	100.0
（外）復興債償還費等		27,949	—

注：2010〜13 年度は決算額，2014 年度は当初予算・補正予算の
　　合計額，2015 年度は当初予算額。
資料：財務省「決算の説明」（参考：東日本大震災復旧・復興関
　　係経費），2011〜13 年度，同「予算の説明」，「補正予算の説
　　明」（東日本大震災復興特別会計），2014〜15 年度より作成。
出所：宮入（2015）より転載。

第4章　被災地における復興行財政と住民参加　　　67

表2　東日本大震災分性質別歳出決算額の状況（2011〜13年度 純計）

（単位：億円，％）

区分			合計（大震災分）		参考
			億円	％	通常分（％）
義務的経費			2,892	2.1	51.9
内	人件費		1,244	0.9	24.8
	うち	職員給	830	0.6	17.0
	扶助費		1,542	1.1	13.0
	公債費		107	0.1	14.1
投資的経費			48,432	34.5	13.3
内	普通建設事業費		31,360	22.3	13.0
	うち	補助事業費	23,141	16.5	6.4
		単独事業費	6,081	4.3	5.8
		国直轄事業負担金	2,137	1.5	0.8
	災害復旧事業費		17,072	12.1	0.3
	うち	補助事業費	14,170	10.1	0.2
		単独事業費	2,719	1.9	0.1
その他の経費			89,239	63.5	34.8
内	物件費		19,671	14.0	8.8
	補助費等		5,692	4.0	9.8
	積立金		49,758	35.4	3.1
合　計			140,563	100.0	100.0

注：参考欄は，性質別歳出決算額（2011〜13年度合計）から東日本大震災分を引い
　　た通常歳出分の構成比（％）。
資料：総務省「地方財政白書」（2013，2014，2015年版）資料編，より作成。
出所：表1に同じ。

　財政の支出構造に比べて都道府県の役割が大きくなっていることが指摘できよ
う。
　　次に地方自治体による復興事業を支える財源について，歳入面からみたのが
表3である。復興交付金制度や震災復興特別交付税といった，復興事業の実施
に際して地方負担が生じない画期的な制度が新設されている。しかしながら，
地方自治体による裁量を大幅に認めた自由度の高い新制度という触れ込みであ

表3 東日本大震災歳入決算額の状況（2011〜13年度純計）

（単位：億円，％）

区分		合計（大震災分）		参考
		億円	％	通常分（％）
一般財源		29,655	18.6	57.3
内	震災復興特別交付税	20,851	13.1	―
国庫支出金		74,553	46.8	14.2
内	普通建設事業費支出金	8,247	5.2	1.4
	災害復旧事業費支出金	10,284	6.5	0.2
	東日本大震災復興交付金	20,135	12.7	―
地方債		12,444	7.8	12.3
その他		42,491	26.7	16.2
内	繰入金	23,149	14.5	2.9
	繰越金	9,742	6.1	2.6
	貸付金元利収入	7,981	5.0	5.8
合　計		159,143	100.0	100.0
（外）取崩し型復興基金		3,007	1.9	―

注1：「取崩し型復興基金」は，「震災復興特別交付税」に含まれているの
　　　で，欄外に再掲した。
注2：参考欄は，歳入決算額（2011〜13年度合計）から東日本大震災分を
　　　引いた通常歳入分の構成比（％）。
資料：総務省「地方財政白書」（2013, 2014, 2015年版），復興庁資料，
　　　より作成。
出所：表1に同じ。

った復興交付金制度は，本章5-2で述べるように決定権限を中央省庁に集中さ
せたまま硬直的な運営がなされ，実際の復興事業実施にあたって膨大な手続き
や手間を生じさせ，復興事業の遅れや未執行による基金積み上げへと帰結した。

　こうした硬直性が根本的に改善されないまま，2016年度からは地方自治体
による一部負担が導入される。地元負担率が1〜3％と低く設定されたとはい
え，復興事業総額が膨大であることから，財源の捻出に悩む自治体が続出する
と懸念される。

　以上のような震災復興財政の全体像と経緯を念頭に置きながら，具体的な現
場の状況に目を転じよう。

3. 復興の「格差」──被災地における住民生活再建と地域の衰退

　復興過程における格差という場合，第一に，地域的な格差がある。福島県において放射能汚染のために復興事業に着手できないという問題，大規模市町村合併後の自治体における周辺部の復興事業が停滞し取り残されるなどの問題がある。自治体間の格差も著しく，災害公営住宅の整備状況は，仙台市では3180戸の計画のうち85％の整備が2014年度中に終わる見通しの一方，石巻市の整備率は計画の31％，気仙沼市は11％にとどまるという（『河北新報』2014年11月7日社説）。

　第二に，領域・産業ごとの格差もまた顕著である。復興という場合にとくに重視されるべきは生活・生業の領域であり，いわば「人間の復興」が進んでいるのかどうかである。表4は復興庁による2016年3月末時点の公共インフラの本格復旧・復興の進捗状況である。河川や下水道，直轄国道といった交通インフラ等が9割以上という完了率の高さと比べて，土地区画整理などの住宅関連や農地，漁港などの生業関連の完了率が低いことが一目瞭然である。とくに住宅関連の遅れは明白であり，人手不足や資材不足による建設コストの高騰がさらに拍車をかけている。同様に産業間の格差も目立つ。自動車・電子部品工場はいち早く回復したにもかかわらず，建設業以外の生業の回復は道半ばである。

　こうした生活や生業の領域における復興の遅れは，被災住民の将来の生活再建方式の選択・判断を揺るがす。資材高騰などから自宅再建を伴う防災集団移転や自力再建をあきらめ，災害公営住宅入居へ変更したり，故郷へ戻ることをあきらめ，避難生活先での定着・定住を選択することにつながっている。被災自治体側は，最終的に防災集団移転による居住区画や災害公営住宅整備が過大になってしまった場合の交付金の国庫返納を恐れ，揺らぐ住民の選択や判断に翻弄されながらも，アンケート調査や面談によって住民ニーズの把握を繰り返しながら慎重に事業に着手する。これにより更に時間がかかって地域全体の復興が遅れていく。こうした構図の中で，故郷に戻りたかったが復興の遅れから

表 4　公共インフラの復旧・復興進捗状況

復旧・復興の項目		進捗率（％）	
		完了率	着工率
安全安心のための基盤整備	海岸対策	22	81
	海岸防災林の再生	29	84
	河川対策	100	—
	下水道	100	—
	水道施設	97	—
	災害廃棄物の処理	99	—
交通基盤	直轄国道	99	—
	復興道路・復興支援道路	42	98
	鉄道	96	—
	港湾	98	100
公営住宅・まちづくり	災害公営住宅	58	79
	防災集団移転	74	99
	土地区画整理	16	100
	漁業集落防災強化	54	97
	医療施設	100	—
	学校施設等	98	—
農林水産業	農地	74	—
	排水機場（農業用）	87	93
	養殖施設	98	—
	定置網	99	—
	漁港	78	98

注 1：2016 年 3 月末時点。
出所：復興庁ホームページより筆者作成。

断念した住民は多い。被災地における人口減少は小売業をはじめとした商圏形成などとも連動し，事業者の現地再建の判断をも規定しており，全体として生業や生活領域における復興の時間的遅れが地域全体の衰退へ帰結する結果を招きかねない。

　具体的に見てみよう。南三陸町の 2013 年 12 月時点での実際の町内居住人口は 1 万 2400 人で，震災前から 30％ の減少となり，住民基本台帳上の人口数（1 万 4738 人）との差，2300 人は住民票を残したまま町外での避難生活を継続している（2014 年 2 月 22 日付『河北新報』）。居住していた自治体外での避難生活の長期化は被災自治体からの人口流失を加速させる。

また，岩手県の調査によれば，被災自治体外で避難生活を続ける住民にたいして将来の居住希望先について質問したところ，「避難先に定住したい」という人は内陸部への避難者の 50.7%，県外避難者の 43.2% にのぼり，前年の回答と比較して 5〜6% 増加した。一方，「もとの市町村に戻りたい」との回答は，内陸・県外ともに前年同時期と比較し 10% 以上減少して 20% 台にとどまったという（2014 年 9 月 26 日付『岩手日報』）。住宅整備を中心とした生活基盤における復興の遅れは避難生活を長期化させ，被災者が地元に戻ろうとする意欲を削ぎ，被災地の復興後のまちづくりを困難なものにしている。

4. 被災地における復興の「遅れ」とその要因としての制度の硬直性

復興の「遅れ」を強調することには慎重でなければならない。なぜならば，合意形成の不足を抱えたままの復興後のまちづくりや大型の復興事業を「急かす」ことにつながるためである。とはいえ，復興後のまちづくりという中長期的な課題に取り組む上で，先に見た被災地からの人口流出は大きな阻害要因となっており，これを取り除く上でも生活・生業基盤の回復という「短期的な」課題（宮入，2011：51）の領域における「遅れ」は早急に正す必要があったといえる。

ではこうした「遅れ」の要因は何か。小熊英二によれば，中央集権的な官僚制を中心とした過去の制度や政策決定が硬直し，状況の変化に不適合になっていても柔軟な対応ができないという，経路依存が生じているという（小熊・赤坂，2015）。行財政制度に即して具体的にいうならば，タテ割り行政を排除するための復興庁の創設や使い勝手のよい復興交付金制度などが喧伝されているが，現実は「従来の政府間財政関係の枠組みの中で，地方団体に対する財政支援を量的に拡大したもの」にとどまり，結果として「中央政府による財政責任の引き受けと，住民及び自治体の意思決定の両立」（井上，2014：192）ができていないのである。また金子勝は，財政的な制約よりも「巨額の予算を積んでも有効に執行できるような体制ができなかった」（日本地方財政学会，2013：17）ことが「遅れ」の大きな原因であると端的に指摘している。結論を先にいえば，集権

的分散システムといわれる，中央省庁が決定権限を持ちながら実施主体は地方自治体，という既存の制度をそのままにして復興に取り掛かったことが「遅れ」の要因である。つまり，住民のニーズに即した事業を迅速に決定・実行するための権限が地方自治体に渡されることがないまま，膨大な復興事業に取り組まざるを得ず，結局は中央省庁等と地方自治体との協議や調整等に多くの労力や時間が割かれたのである。

4–1　被災自治体首長が挙げる復興の阻害要因

　具体的に現場の声から，遅れの要因を探ろう。表 5 は，被災自治体首長が挙げた復興の阻害要因である。最も多く挙げられたのは，「職員不足」である。復興事業により通常予算の十数倍にまで膨らむ自治体が相次ぎ，全国各地からの支援職員が多数派遣されているとはいえ，業務量が膨大になっている。また，2013 年から 2014 年にかけて，「業者・作業員の不足」と「資材の不足・高騰」が急増している点が注目される。東京オリンピックの開催や国土強靱化政策もあいまって，被災地における復旧・復興事業の建設単価の高騰や入札不調が生じている。

4–2　復興の「遅れ」と行財政制度

　本章で中心的に検討する表 5 の 2）「法・制度の問題」は，2013 年には 25 と「職員不足」に次ぐ阻害要因として認識されていたが，2014 年にかけて 11 減少し，さらに 2015 年時点ではさらに減少している。このことは復興行財政制度の硬直性の解消と評価してよいであろうか。結論を先取りするならば，若干の柔軟対応はとられるようになったものの，制度の硬直性は解消されぬまま，新たに「資材の不足・高騰」，「業者・作業員不足」という阻害要因がより深刻なものとして覆いかぶさってきたといわざるを得ない。

　たとえば『河北新報』が 2014 年 1 月に実施した被災自治体首長に対するアンケート調査において，「復興庁へ今後，強く求めることは」という問いに対して「現行の法律や制度の枠を超えた柔軟対応」が最も多く，被災自治体の

第 4 章　被災地における復興行財政と住民参加　　73

表 5　被災自治体首長が挙げる復興の阻害要因

阻害要因	回答数：上段から 2013〜2015 年の回答数	前年からの増減
1）財源不足	9 11 11	— 2 0
2）法・制度の問題	25 14 9	— −11 −5
3）職員不足	29 21 19	— −8 −2
4）業者・作業員不足	8 17 13	— 9 −4
5）資材の不足・高騰	11 21 15	— 10 −6
6）住民同意	12 5 9	— −7 4
7）人口流出	1 3 0	— 2 −3

注 1：各数値は被災 3 県 42 市町村への首長アンケートの回
　　　答数。3 つまでの複数回答。
注 2：回答のうち「原発事故対応」,「その他」を除いた。
出所：朝日新聞 2014 年 3 月 3 日付, 2015 年 3 月 6 日付より
　　　筆者作成。

20 首長のうち実に 85％ が選択していることからも「法・制度の問題」や硬直
的対応への根強い不満が伺える。具体的には「被災地全体で統一した対応を取
るため，1 自治体の特殊性を加味した対応になっていない」（石巻市),「制度
運用の柔軟性の不足や復興交付金の事業採択の厳しさが目立つ」（気仙沼市）
という声が寄せられている（2014 年 2 月 7 日付『河北新報』)。

　さらにその 1 年後の 2015 年 3 月の被災自治体首長へのアンケートでも，国

74

への注文として，「かつて宮城県の村井嘉浩知事は復興庁を「査定庁」と批判したが，今もそうだ。ヒアリングをして，OK のものだけを申請させている。私たちが進めたい土地のかさ上げなどが，ことごとく蹴られている」（菅原茂気仙沼市長），「日本の災害復興は原状復旧以外の公費投入はできない仕組みで，将来の街づくりに向けた理念がない」（佐々木一十郎名取市長）といった声が相変わらず挙がっている（2015 年 3 月 6 日付『朝日新聞』）。

　また，表 5 で 1）「財源不足」を多くの自治体が一貫して指摘している点に注目すべきであろう。全額国費負担で進められ，さらには未執行のため繰越金が多額にのぼっている復興事業において「財源不足」を地元自治体から指摘されることは本来的にはありえないことである。これは，先述の自治体の首長の声に現れているように，地元自治体のニーズを満たす事業への財源配分がなされていない，つまり事業実施の許可が下りないという意味での「財源不足」であり，行財政制度上の硬直性に起因するものと考えられる。

　では復興の現場から見て，復興交付金をはじめとした行財政制度の硬直性は具体的にどのような問題を生じさせているのだろうか。次節では特徴的な復興に係る行財政制度を概観した上で，復興の現場において発生している具体的な問題点と実態を示そう。

5. 復興の現場から見た行財政制度の課題
——制度の硬直性と時間軸の齟齬

5-1 復興行財政制度の特徴

　中央政府は東日本大震災に対応して，特徴的な財政措置を新たに採用した。ここでは①復興交付金制度の創設，②震災復興特別交付税，③取崩し型復興基金制度，の 3 つに絞って概要を見ておこう（表 6）。

　第一の「復興交付金制度」は，従来のタテ割りの災害復旧補助メニューだけでは対応困難な被災地の復興・地域づくりを勘案し，「既存の交付金等を越えた極めて柔軟な制度」として設立された。地域づくりに必要な事業が幅広く交

第 4 章　被災地における復興行財政と住民参加　　　75

表 6　特徴的な 3 つの復興行財政制度の実績額（億円）

年度	2011	2012	2013	2014	2015	合計
復興交付金	2,510	13,193	4,502	5,445	3,173	28,823
震災復興特別交付税	8,134	7,645	5,071	5,723	5,898	32,471
取崩し型復興基金	1,960	1,047	—	—	—	3,007

注 1：復興交付金は国費配分額。2015 年 2 月第 11 回交付実績額までの
　　　数値。ただし 2015 年度は予算規模。
注 2：震災復興特別交付税は交付実績額。ただし，2014，2015 年度は当
　　　初予算額。
出所：総務省および復興庁ホームページより筆者作成。

付メニューとして示されており（5 省 40 事業），被災自治体は復興計画を一括
申請し，これに基づき交付金が支給される。ハード整備事業は「基幹事業」と
呼ばれ，さらに基幹事業費の 35% を上限として「効果促進事業等（関連事
業）」があり，基幹事業に関連・付随した「自主的かつ主体的に実施する事業」
が実施可能である。また，事業間流用や交付・繰越・変更等の手続きも簡素化
したとされている。

　第二の「震災復興特別交付税」は，復興事業による地方負担をなくす仕組み
である。従来の災害復旧・復興事業では，補助金等で措置されない地方負担分
を地方債発行でまかなってきたのに対して，この震災復興特別交付税は，こう
した地方負担の全額を特別交付税措置とすることで被災自治体の持ち出し負担
をゼロにする。他にも被災者への地方税減免による減収補填，他自治体からの
中長期職員派遣の人件費に対しても同様の措置が行われている。

　第三の「取崩し型復興基金制度」は，被災自治体が地域の実情に応じて，住
民生活の安定やコミュニティの再生，地域経済の振興・雇用維持等について，
単年度予算の枠に縛られずに弾力的かつきめ細かに対処できる資金として創設
された。9 県へ配分後に各市町村に交付，基金化され，それを取崩す形で運用
される。2011 年度に 1960 億円配分され，2012 年度に住まいの再建に対象を絞
って 1047 億円が追加配分となっている（表 6）。

　以上のように，東日本大震災の復興行財政制度は，柔軟な対応を謳い，中央
政府が財政責任を引き受けつつ，地方負担を生じさせない体系が目指されてい
る。

ただしここで注意が必要なのは，震災復興事業における被災自治体の財政負担が皆無ではないという点である。たとえば，南三陸町における戸倉小学校の再建において，事業全体工事費15億5000万円のうち，1億6000万円あまりは通常の地方債発行による資金調達をしている（2014年6月，南三陸町におけるヒアリング調査）。これは補助金や交付金の基準よりも建設コストが高かったという，いわば単価差分にあたり，この部分が地方自治体による「超過負担」となっている。仮にこうした超過負担が全体事業額のうちの小さな割合に過ぎないとしても，復旧・復興事業規模が膨大である以上，今後の多額の財政負担が懸念される（高寄，2014：117；佐々木，2014：311）。

5-2　制度の硬直性と復興の現場

復旧・復興に際しての住民ニーズをいち早くとらえ，早急な事業着手・実施を図るためには使途や交付対象についての柔軟な対応と手続きの簡素化などが必要であり，何よりも住民に最も近い基礎自治体に決定権限を持たせることが不可欠である。しかしながら，取崩し型復興基金を例外として，柔軟な制度として導入された復興交付金でさえも，実際は中央政府が決定権を有する硬直的制度となっており，復興の現場は多くの問題を抱えることとなった。2013年9月から2014年6月にかけての岩手県・宮城県における複数の被災自治体および被災住民からのヒアリング調査から，いくつか具体事例を挙げ実態を見ていこう。

津波によって自宅が流失した多くの被災者が高台移転を求められている。その結果，震災以前には漁民が海岸近くの自宅敷地内で行ってきた，魚網整備等作業のためのスペースの確保が必要とされた。この作業のためのスペースは漁業再開にとって不可欠な場であったが，漁港でも防潮堤でもないこうした施設を整備するためのメニューはなかった。

津波によって住居等が流失した区域において，高台への住宅区画を整備し移転する「防災集団移転促進事業」（以下，防集事業）が行われている。今回の震災を機に防集事業の適用要件が10戸以上から5戸以上に緩和されるなど，柔軟な対応がとられつつある。しかしながら，もとの所有地のうち，居住のた

めの土地のみが買取の対象であり，それに付随する土地や施設跡地は対象外とされるなど，硬直的な運用が続いていた。

　他にも，津波被災区域における国道がかさ上げされ復旧したのに対応して，周辺の沿道や土地を同様にかさ上げしようとしても交付金メニューに該当する項目がないため対応できなかった。復興支援道路の整備に伴う残土を再利用してかさ上げするところまで漕ぎ着けたものの，今度はこの残土を転圧するための交付金メニューがなかった。中小企業の事業再開に大きな役割を果たしたグループ補助金制度についても，震災前にリースや賃貸の店舗で事業を行っていた事業者を適用対象外とするなどの運用が見られた。

　こうした硬直的な対応は，比較的柔軟性が高いといわれた復興交付金の効果促進事業でさえも同様であり，たとえば，駅の再建・整備にともなう駐輪場整備が認められなかった事例など，枚挙に暇がない。清水敏男・いわき市長は「復興交付金の効果促進事業は対象範囲が限定される傾向がある。補助対象の範囲を拡大してほしい」と要望している（2014年2月7日付『河北新報』）。

　また，事業申請のための膨大な事務作業や硬直的な運用も復興を妨げた。たとえば，ハウス栽培施設の再建事業に際して，ハウスの骨格をパイプにするか鉄骨にするかによって申請メニューが違い，後者については多くの手続きや書類作成が必要とされていたため，現場担当者は鉄骨と同様の頑強で特殊なパイプを採用して事業申請した。しかし，事業申請の土壇場で鉄骨を用いた事業と同様の扱いで申請書類の作成作業を行うようにと指示されたという。この事例は中央省庁では申請の内諾を受けていたにもかかわらず，県が硬直的な制度運用にこだわった結果として，煩雑で膨大な手続き上の事務作業が市町村や被災住民に強いられた事例である。

　硬直的な制度運用は中央省庁に始まって，県や市町村レベルにまで伝播し，行政現場における「萎縮」効果を生み出し，結局は膨大な事務作業をこなすという復興現場での負担の増加に帰結した。最終的には「遅れ」とともに，補助メニューに適合的ではあるが住民の意向が反映していない復興事業が実施されていくという構図になっている。これ以外にも単一の施設再建に際して複数の制度を適用し，財源的にもつぎはぎでようやく予算確保されることも多い。この場合，申請作業としては二度手間となり事務作業を増大させている。

こうした制度適用の硬直性の突破や，事務作業の煩雑さを減らすために浪費される労力も膨大であった。復興交付金の5省40事業は結局のところ既存のメニューを一括提示したものであり，制度の隙間がおおく，そのつど要件緩和や柔軟対応を求めて復興庁・所管官庁と，被災自治体・住民のやり取りが繰り返されることになる。他県から被災自治体へ長期派遣され支援にあたっている職員によれば，通常，市町村の職員が中央省庁に出かけることはほとんどないが，被災自治体の支援業務においては調整や説明・要望のため，所管官庁・復興庁，県への出張が多いという。自治体にとっての「ワンストップ窓口」としての復興庁の役割が期待されていたが，結局は所管省庁と復興庁の2ヶ所での協議が必要になるなど，かえって二度手間になったという指摘もある。「復興庁は発足から2年過ぎても，現場のニーズを十分すくえていない。首長がいまだに要望のため東京に出向かないといけない」（佐藤仁・南三陸町長）という声も上がっている（2014年3月3日付『朝日新聞』）。

　「復興交付金事業実施計画」の策定過程においては，既存のメニュー（5省40事業）にあわせるためにいかに工夫するか，という点にもっとも多くの労力が割かれ，肝心の復興後の地域の将来像やビジョンから出発できない場合も多い。市町村の各部署と復興庁・所管省庁との事前すり合わせが計画申請の前提となっており，市町村の策定の現場では，さながら中央省庁職員による「策定支援という名の事前査定」とでもいうべき様相を呈することもあるという。

　もっともここで指摘した具体事例は復興初期段階のものも含まれ，すでに現時点で柔軟な対応がなされ改善されたことも多いと思われる。たとえば，効果促進事業については，2013年3月の復興交付金の第5回配分からポジティブリストからネガティブリストに移行した。防集事業における小規模な漁村集落に対応した規模要件緩和や，宅地ではないためにこれまで対象外とされていた「当該住宅その他の土地に定着する物件」の買取も2011年度の3次補正予算から国庫補助対象とすることが明記されたという（国土交通省都市局「東日本大震災の被災地における市街地整備事業の運用について（ガイダンス）」2013年9月，1–10）。

　しかしながら，結局は運用上の改善を現場から求められた上での「要望による特例」が蓄積した結果に過ぎず，復興庁・所管官庁および県による柔軟な対応を引き出すための市町村・住民による手間と労力は膨大であった。それでも

なおいまだに,「使い勝手の向上」「弾力的配分」といった首長要望が根強く存在し,硬直化した行財政制度への不満が募っている（2015年3月1日付『河北新報』）。

被災地において急ぐべきことは多い。とくに住宅再建と生業支援は一刻も早い復興が求められる領域である。年齢や家族構成,経済状況の変化,建設コスト単価の上昇など,時間の経過とともにますます見通しが不安定になり住民の負担は重くなっていく。こうした急ぐべき住宅再建や生業支援を遅らせ,効果的な政策の実施を妨げた主な要因は,まさに行財政制度の硬直性にあったといってよい。

5-3 行財政制度と住民との時間軸の齟齬

ここではこれまで見たのとは逆に「じっくり・ゆっくり」取り組むべき領域における住民の時間軸と,復興行財政,特に予算年度の時間軸との間の齟齬を具体的に示そう。

復興事業の実施過程において,住民の合意形成に十分な時間をかけられないために起こる紛糾は防潮堤建設問題に限らない。震災遺構の保存問題も,解体・保存経費の予算申請・確保に期限や年度が設定されていることから,住民合意の形成を待つ余裕なく判断を急かされる。ほかにも農業の復興過程において,たとえば圃場整備事業や営農組合・集落営農を新たに進める場合,営農者間での合意形成にじっくり時間をかけ丁寧に積み上げる必要があるにもかかわらず,合意形成を待たずに事業実施を決めたり判断を急かされたりすることがままある。こうした背景には,中央政府が2015年度末までを集中復興期間として区切っており,それ以降の支援措置について見通しがたたないことがあった。そのため被災地においては是が非でも2015年度までに短期集中的に事業を進めざるを得ず,住民合意を丁寧に行いこれを受けて事業を見直すという行政判断は取りづらい。こうした事態に菅原茂気仙沼市長は「復興にはスピードが求められているが,行政主導・スピード第一の課題と少し時間がかかっても住民参加・合意形成が大事なものがある。この時間軸の違いを国も含め制度面で保証していかないと誰のためのまちづくりかわからなくなってしまう」と述

べている（神谷，2014：26）。

　また単年度予算による齟齬も生じる。たとえば漁業復興に際して，昆布・ワカメは 2 年，サケ・牡蠣は 3 年の歳月を必要とするが，補助金はあくまでも単年度ごとである。ほかにも，被災住民自身が仮設住宅団地内での見守り活動を担うなどの福祉関連ソフト事業の多くも単年度事業であり，年度末の 3 月でいったん予算措置が切られるため，4 月が近づくと事業の継続や年度延長をめぐって行政との折衝といったやり取りが生じ，肝心の事業に安定的に取り組む体制にはならない。こうした問題は，住民組織がまちづくり協議会を運営するなどの各種ソフト事業においても同様である。

　このように集中復興期間や年度会計といった時間を区切った運用の行政制度と，じっくりゆっくり合意を図り安定的に腰をすえて復興に取り組みたいという住民側の時間軸とが，齟齬をきたしているといってよい。

6. 復興基金制度の活用と
　自治と自律の復興行財政制度に向けた改革課題

　これまで述べてきたように，復興行財政上の硬直性を克服するためには，①制度の柔軟化によって住民ニーズにそくしてきめ細かく復興事業を行いつつ，迅速決定・判断と事業執行を可能にするため，基礎自治体に決定権限を下ろしていくこと，②じっくりゆっくりと復興に取り組む住民の時間軸に寄り添った，会計年度や集中復興期間にとらわれない予算・事業執行のあり方，という 2 点が重要な課題として浮かび上がる。こうした課題克服に適合的なのが復興基金制度である。本節ではこの復興基金制度についての先行研究を踏まえつつ，具体的な事例として北海道奥尻町における復興過程と同制度の役割についてみていく。さらに，現在の制度的硬直性を克服し，住民参加型での復興行財政運営を展開するにあたって必要となる，基礎自治体内の合意形成やコミュニティの編成イメージについて示したい。

6-1 復興基金制度の意義

　復興基金制度についてはすでに多くの先行研究があり，被災住民の立場に立った復興を実施可能にする重要な制度として注目されてきた。青田は過去に創設されたいくつかの震災復興基金制度を比較検討し，その意義と役割を解明している（青田，2010；青田，2011；青田，2014）。また，「復興基金の財源による事業を展開するにあたって，中間支援組織を連動させることで公民連携が円滑になり，これまで以上に地域をエンパワメントし，地域の持つ資源やエネルギーをより復興のために向けることが可能になる」（青田ら，2010：57）と，基金の運用や使途決定に際して住民が主体的に関与することを重視し，それをコーディネートする行政の役割が果たされれば，被災地や住民の力をより引き出し，効果的に復興事業を実施できると主張する。

　中越地震後の復興過程において，被害を受けた水田の地力回復や用排水路に対する「田直し事業」が展開された。この事業は従来復旧事業の対象とはならない小規模被害に対応し，現場の需要に応え，生業の復興に大きく寄与したとして高く評価されている（有田・湯澤，2009）。こうした「田直し事業」を可能にした財源的裏づけも復興基金制度である。この復興基金制度は，財団法人新潟県中越大震災復興基金により運営され，随時開催される理事会の決議で使途を決定するため，時々刻々と変化する復興ニーズに柔軟に対応することが可能となっている。これによって実施された事業は 10 年間に 600 億円，140 以上にのぼり，心のケアや住宅再建への支援，生業・産業再建や集落コミュニティ支援などが実施された（稲垣，2015）。

　このように復興基金制度の活用は，これまでの制度分析で明らかにした復興行財政上の課題の克服，つまり，①基礎自治体による迅速な意思決定と実施，②会計年度等にこだわらない住民の時間軸に沿った柔軟な復興事業の実施，の双方を満たす可能性を持っている。次項では北海道奥尻島の事例からより具体的に基金制度の意義を考えてみたい。

6-2　奥尻町の復興と復興基金制度

1993年7月の北海道南西沖地震によって奥尻町は死者172名，行方不明者26名という甚大な被害を受けた。復興事業には763.7億円が投じられ，主に漁港等インフラの復旧に充てられた。奥尻町の復興行財政制度の特色は，こうした復興事業とは別に膨大な義援金を原資とした奥尻町西南沖地震災害復興基金（以下，基金）が創設され，きめ細かな復興事業を展開した点にある。町に配分された義援金規模は190.5億円で，このうち義援金として住民に配分した後の133.3億円を基金とし，徹底した生業支援と住宅再建支援，まちづくりのソフト・ハード事業を展開した。基金設立当初の助成メニューは40事業であったが，住民による議論と協議を経て73事業へと大幅に増加し，漁業などの生業，住宅再建，商工支援，集会所整備など，住民が望む領域への資金配分が実現した。町としては生活再建と生業領域の領域であれば基金を積極的に充て，魚網の手入れなどで必要となるが国の制度では交付対象にはならない作業小屋なども整備された（写真1）。こうした生業と生活の再建を重視した基金の運営により，ほとんどの被災者が住宅再建を果たした（奥尻町，2009）。また，国の施設復旧事業などでは一部負担にとどまるために生じる裏負担（地元・住民による負担）にも基金を支出し被災者の負担軽減を図った。

基金の運営については，区長や町議会議員から編成される配分委員会が決定権限を持ち，補助メニューの策定に当たっては住民や住民組織に直接投げかけて意見を聞いた上で最終決定した。こうして住民とともに本当に必要な使途を

写真1　北海道奥尻町の漁業用作業・保管施設の外観（左）と内観（右）
（2014年9月8日，筆者撮影）

精査し，きめ細かい制度設計をしたことで，直接的な個人支援や法人支援など
を含めて生活と生業を重視する復興が可能になったといえる。

また基金形態であるため，会計年度や事業実施期間についての制約がゆるく，
息の長い取組み，たとえば両親を亡くした生徒の島外への進学に対する月額
10万円の奨学金・育英事業や，島に残って漁業を新たに始める者への小型船
舶の贈与といった漁業の後継者・人材育成事業も実施された。このように奥尻
町の復興において基金制度が果たした役割は大きく，住民ニーズに対応したき
め細かで柔軟な復興事業制度の展開を可能にしたのである。

6-3　東日本大震災における復興基金制度の拡充の必要性と課題

東日本大震災においても同様の取崩し型復興基金制度が約3000億円規模で
創設されているが，奥尻町の基金規模に比べて（復興事業総額からみて相対的
に）圧倒的に小規模である。東日本大震災の復興事業費予算は東電への求償予
定分を除いて2015年度当初予算までの累計で25兆円あまりに上る見込みとさ
れているが，このうち取崩し型復興基金は約3000億円（1.2%）に過ぎない。
ちなみに阪神・淡路大震災における基金規模は復興事業額の2.15%であった。

そのうえ，県も基金を留保・運営しているため，市町村が実際に活用可能な
のは基金の全額ではなく，一部にとどまる。第一次配分の取崩し型復興基金
1960億円のうち，2011年度から2013年度の実績額と2014年当初予算額を合
わせて1496億円がすでに活用されたが，このうち市町村へ交付された実際の
額は1014億円に止まり，それ以外は県が留保・運用している。

さらに基金運用に関して，現状では住民の関与の余地がきわめて小さい。た
とえば宮城県の場合，県が定める要綱に基づき実施計画を知事へ事前提出する
ことが必要で，事後報告書の提出や交付対象の制約を受けている（宮入，
2013：58）。基金運営も直営方式が採用されたために，「トップダウンの行政基
金のようになり，住民参加や民意の反映が弱く，情報公開も遅れている」（宮
入，2015：6）のである。

これまで述べてきたように，制度の硬直性による復興の遅れや時間軸の齟齬
といった復興行財政の課題を克服するために必要なことは，当面，市町村管理

分の取崩し型復興基金を大幅に増額させ，さらにこの基金を住民の意向を反映させるかたちで運用し，生活・生業再建に向けたきめ細かな復興事業を実施することである。

6-4　復興事業における住民参加型の意思決定と基礎自治体におけるコミュニティ編成

　とはいえ，復興基金の増額と運営の改善だけでは不十分である。確かに基金制度は生業・生活の再建に向けたソフト事業に関して「小回りの利く資金」としての柔軟性と大きな政策効果が期待できる。しかしながら，復興の地域づくりを左右するインフラ整備の中身や規模などハード面も含んだ復興事業全体を，いかにして住民参加型の意思に基づき決定できるかが，より根本的で大きな課題となる。基幹事業と呼ばれるハード整備のあり方も含んだ，復興事業の内容や規模について妥当性や必要性のチェック・判断を住民自身が行う，住民参加型の復興行財政運営を全面的に展開していくことが必要である。

　同じような観点から，山下祐介は現状の復興過程における「政策フィードバック機構の欠如」を指摘する。「被災者には政府が示す巨大公共事業にのるかのらないかの選択しかない」（山下，2015：86）といい，復興事業を「より適切なものへとしっかりと軌道修正できるよう，資金面での工夫も含めたソフトな政策修正支援こそが被災地には求められる」（同：89）と主張する。つまり，防潮堤が典型的であるが，基幹事業として国などによるトップダウン型で現在も進行している公共インフラの復旧・復興事業について，住民参加による検討やチェックを経て中身や規模，仕様の変更・修正を可能とすること，さらには，こうした被災地域住民の意向集約・意思決定のためのコーディネート，ファシリテートをはじめとした「ソフトな政策修正支援」が求められているといえよう。

　しかし多くの被災自治体における現実は，復興実施計画もしくは復興整備計画について必要に応じた見直し・修正がなされているとはいえ，そのプロセスは，復興事業の実施主体たる地方自治体と，所管省庁および復興庁のやり取りに終始してしまう傾向が強い。実質的に決定権限を持つのが所管省庁といった

中央政府であるため，どうしてもこうした構図になってしまいがちである。

　山下のいう「政策フィードバック機構の欠如」を克服し，住民参加型の復興行財政運営を全面的に展開していくためには，なによりも復興庁や所管省庁に集中している決定権限を基礎自治体に大幅に付与・委譲し，復興の現場と当事者たる市町村の裁量と決定権限を拡大することが必要である。県や国はこうした市町村による決定に基づく事業実施を後押しする姿勢が求められる。

　仮にこうした市町村の裁量と決定権限の拡大が実現したとしても，住民参加型での復興行財政運営を展開するにあたっては，いかにして住民の意思決定をくみ上げ，これを反映した地域づくりを実現するかという，いわば住民自治の実現という課題に直面する。これに応えるための基礎自治体内のコミュニティの編成イメージを簡単にスケッチしておこう。

　まず住民意思の積み上げの最小単位，基礎となるのは「集落」であろう。なぜならば，この「集落」こそが「地域の再生や活性化を漠然と考えるのではなく，（中略）リアルに物事を考え，（中略）目標や政策を地域住民と共有すること」（保母，2015：34）が可能な規模と考えられるためである。

　次に広域な単位として想定されるのは，昭和の大合併以前の旧町村，つまり「市町村レベルの地方自治体と単位集落との中間に位置する『中2階的自治組織』」（同：35）である。この自治組織は，集落単位での地域の将来像について住民どうしの議論をうまく引き出すべく支援したり，集落計画の策定支援をしたりといった，いわばファシリテート機能の担い手でもある。さらには，当該地域における複数の集落での意向を集約して，復興事業に住民の意向を反映させるべく地方自治体と連携する，つまり住民と地方自治体とを媒介するコーディネート機能をも担う存在である。後述の南三陸町復興推進ネットワークがこの「中2階的自治組織」に該当する。

　既存の地方自治体には，以上のように積み上げられてきた地域住民，集落の意向を十分に反映した復興事業の実施が求められる。以上みてきたような地方自治体内部におけるコミュニティおよび自治組織の編成が，ひとつの理念型として想定できるように思われる。

7. 南三陸町における住民参加型の復興行財政運営に向けた主体形成とその可能性

　復興行財政の柔軟化や決定権限の基礎自治体への委譲が実現し，自治と自律の復興行財政の運営が可能な制度的条件が整ったとしても，被災地域において集落や自治組織といった主体が着実に形成され，これら主体が住民や地域の意向をくみ上げ，復興事業を担う地方自治体との間での密接な連携が形成されなければ，自治と自律の震災復興は実現しないであろう。最後にこうした被災地における主体形成の現状について，6-4でみた基礎自治体内におけるコミュニティの編成の構図を念頭におきながら，南三陸町の住民活動の実態を位置づけてみよう。

7-1　浜（集落）ごとの復興過程と住民組織の変容

　仮設住宅の自治組織の形成といった新しい動きの中で，小さな浜の集落単位では，家長中心の地縁組織・契約講と呼ばれる従来型のコミュニティがいい意味で揺らぎをみせ，若手や女性の発言権が高まるなど，全員参加型の組織運営への注目すべき変化がみられる。契約講と呼ばれる地縁組織は，神社やお寺の祭り，地区内の植栽や道路環境整備，各種会費の集金，婦人会をはじめとした各種役員の選出までを担ってきており，三陸沿岸部ではこれを核として地域住民の結びつきが大変強いという地域的特色が見られる。こうした地区内での強固なつながりを維持しながらも，復興まちづくりや防災集団移転の話し合いの過程において若手や女性の発言権が高まり，従来のトップダウンだけでは地域の復興が進まないことも多く，いい意味で契約講の活性化が見られる。以上のように，被災地において「従来型の自治にとらわれない，人と人との結びつき」（佐々木，2014：309）が芽吹きつつあるといってよい。

7–2　南三陸町復興推進ネットワークの活動と地域の将来像

　また，小さな浜の集落単位のみならず，より広域の市街地（昭和の大合併以前の旧町村単位）においても注目すべき動きが見られる。一般社団法人南三陸町復興推進ネットワーク（以下，ネットワーク）は，残余財産の帰属を南三陸町と規定し，復興プロジェクトを運営・サポートする団体である。地元企業の若手経営者による異業種交流活動を母体として震災後に設立され，避難所運営などのボランティア活動を継続しながら，2012 年 9 月からは志津川地区まちづくり協議会の事務局を町より委託されている。志津川地区まちづくり協議会は，同地区内の 2000 世帯を対象として復興後の市街地の形成について住民どうしが協力しながら自主的に進めていくための組織である。この中でネットワークは，住民意向の集約，町役場と住民との橋渡しといういわば中間支援組織としての機能も担ってきた。つまり，住民意向の集約に向けたファシリテート機能と，集落と南三陸町（基礎自治体）との間に立ったコーディネート機能を発揮している。

　ネットワークの活動の広がりは上記 2 つの機能に止まらない。避難等で住民意見の集約が困難な状態が続き，既存の自治会や町内会では対応できない状況のもと，復旧・復興のためだけの組織ではなく，将来的にも永続する，いわば既存の町内会等のバージョンアップした組織を目指して活動を展開している。例えば，休耕田を耕作し日本酒をつくるといった復興後のまちづくりを見据えた各種イベントも実施している。

　先に述べた奥尻町の復興についてあえて課題を指摘するならば，復興後の中長期的な地域の将来像の打ち出しが弱く，人口減少等に歯止めがかからなかったことが挙げられよう（横山，2014：72）。このように今後の復興にあたっては住民ニーズの把握と，こうしたニーズに即応した復興事業の実施に加え，地域の将来像についての理念を打ち出し，中長期的展望を見据えた地域づくりができるかどうかが重要である。

　この点ネットワークは，復興後のまちづくりについての住民の合意形成に向けて中心的役割を果たしながら，これにとどまらず地域の将来像についての理念も打ち出している点が注目される。たとえば，「わらすこ（童っ子：子ども）

探検隊」というイベントからうかがえるように，「町民の誰もが子ども・子育てにかかわりあいを持てる地域」という復興後の地域の将来像を見据えて活動している。

　以上 2 つの事例からみたように，被災地における住民自身の将来構想力や地域づくりへの意識が陶冶され，住民参加型の復興行財政運営を担うべき主体が形成されつつある。こうした被災地で着実に進行している担い手の陶冶と主体形成に呼応し，住民自身が思いを込めた地域の将来像を実現するために，自治と自律の震災復興を可能にする行財政制度の確立・運用が今求められているのである。

参考文献

青田良介（2010）「被災者の自立再建にかかる支援を推進する災害復興基金の特色に関する考察——復興基金の 4 つの事例から」『都市計画論文集』40 巻 3 号，13-18 頁。

青田良介（2011）「被災者支援にかかる災害復興基金と義援金の役割に関する考察」『災害復興研究』3 号，87-117 頁。

青田良介（2014）「東日本大震災被災地（岩手県・宮城県）における住宅再建支援と復興基金の役割に関する考察」『災害復興研究』6 号，17-45 頁。

青田良介・室崎益輝・北後明彦（2010）「災害復興基金と中間支援組織が連動した上での地域主導による復興推進のあり方に関する考察」『地域安全学会論文集』12 号，2010 年 3 月，31-40 頁。

有田博之・湯澤顕太（2009）「2004 年新潟県中越地震における農業生産基盤の小規模被災と復旧対策」『農業農村工学会論文集』77 巻 4 号，417-422 頁。

稲垣文彦（2015）「中越から東北へのエール——右肩下がりの時代の復興とは」『世界』867 号，101-109 頁。

井上博夫（2014）「大震災と『分権型・参加型福祉国家』」，持田信樹・今井勝人編著『ソブリン危機と福祉国家財政』東京大学出版会。

奥尻町（2009）『蘇る夢の島！——北海道南西沖地震災害と復興の概要』奥尻町

小熊英二・赤坂憲雄（2015）『ゴーストタウンから死者は出ない——東北復興の経路依存』人文書院。

神谷秀之（2014）『震災復旧・復興と「国の壁」』公人の友社。

佐々木伯朗（2014）「震災復興と地方自治」，小西砂千夫編『日本財政の現代史Ⅲ』有斐閣。

塩崎賢明（2014）『復興〈災害〉：阪神・淡路大震災と東日本大震災』岩波書店。

高寄昇三（2014）『政府財政支援と被災自治体財政——東日本・阪神大震災と地方財政』公人の友社。

日本地方財政学会（2013）『大都市制度・震災復興と地方財政』勁草書房。

保母武彦（2015）「小さな自治体の地域づくり——地方への新しい『ひと』の流れ」『自治と分権』61号。

宮入興一（2009）「災害復興における生活・生業再建支援制度の到達点と今後の課題——中越沖地震災害と近年の自然災害の検証を中心に」『経済論集』179号，1-37頁。

宮入興一（2011）「東日本大震災と復興のかたち——成長・開発型復興から人間と絆の復興へ」『世界』2011年8月号，43-54頁。

宮入興一（2013）「復興財政政策と復興財源問題」岡田知弘・自治体問題研究所編『震災復興と自治体：「人間の復興」へのみち』自治体研究社，41-64頁。

宮入興一（2014）「東日本大震災の復興とアベノミクス」『年報・中部の経済と社会』2013年版。

宮入興一（2015）「復興行財政の実態と課題——いま，東日本大震災の復興行財政に問われているもの」『環境と公害』45巻2号。

山下祐介（2015）「東日本大震災・東京電力福島第一原発事故：隘路に入った復興からの第三の道」『世界』867号，84-93頁。

横山純一（2014）「奥尻町における北海道南西沖地震からの復旧・復興と財政：東日本大震災からの復興に奥尻町の教訓は活かせるのか」『開発論集』93号，49-74頁。

付記：本章は，関耕平（2015）「被災地における復興行財政の課題と住民参加」（『環境と公害』44巻3号，45-50頁）を大幅に加筆・修正したものである。

第5章　被災地漁業の復興

片 山 知 史

はじめに

　被災地の海から魚介類を漁獲し，安全な水産物を流通させる。それが漁業復興であり，漁村の再建の道筋である。これは誰もが描く，東日本大震災から立ち直る姿であろう。とくに大津波の被害を受けた沿岸部は，海面漁業，養殖そして水産物の流通・加工が基幹産業であった。ほかの地域の方々は，漁業も再開し被災地はすでに「復興済み」というイメージを持っているかもしれない。ここ仙台においても，そのように広く認識されているように感じる。「被災地」という言葉はネガティブな印象を与えるので「復興エリア」と呼ぼうというムードがある。たとえば，三陸沿岸部では最も復興スピードが速いといわれる女川町。魚市場は 2011 年 7 月に再開した。年々水揚げ量は増加し，2014 年はマダラやヒラメの漁獲量が多かったために，震災以前よりも多い水揚げ量となった。災害公営住宅は 2014 年に，宮城県内沿岸部でもっとも早く入居が始まった。2015 年 3 月には，JR 女川駅が完成し石巻線が全線開通した。同月初旬には英国のウィリアム王子が女川を訪問し，町民と交流した。報道されるのは，このような「イベント」である。しかし，日常の住民の生活に対しては「見て見ぬふり」の状態になっているように思える。実際に女川の中心市街地を見渡すと，魚市場の先に幾つかの水産加工工場が稼働しているが，民家や商店は一軒も建っていない（写真 1）。震災後 5 年を経過した今も「嵩上げ」「造成」の工事が延々と続いているのである。住民が従前の場所で生活できないこのような状況は，被災沿岸部のほぼすべての地域でみられる。私たちは，水揚げ量や漁獲量といった数字で表現される復旧・復興の状況と，漁民と住民の暮らしや

写真1　女川中心部（2014 年 7 月 29 日，筆者撮影）

集落のコミュニティの状況とのギャップに注視しなければならない。

　漁業が成り立つ条件は，生産手段（資本，資源），流通・加工，そして労働である。本章では，これらの成立要素に関する復旧・復興過程および現状の問題に加え，「創造的復興」によって作り変えられようとした漁業生産システムの問題について概説する。そして，被災した水産地域においてまったく人々の生活が根付いていない集落およびコミュニティが，人口流出によって存続の危機にあることを指摘する。

1．資源と資本と漁業

　漁船漁業対象生物については，大津波が浮魚（イカ類を含む）に対して大きな影響を及ぼしたという報告はない。底魚（ヒラメ・カレイ類やタラ類など）については，漁業活動の低下や自然変動のために増加した種もあれば，減ってしまった魚もある。現在漁業に影響が生じているのは，岩礁域でキタムラサキウニが増えすぎてエゾアワビが回復しないこと，ホッキガイやコタマガイの漁場に海岸構造物の破損した残骸等の重量物が多数残留し漁業が再開できない，海底の砂中に堆積していた貝毒プランクトンの種（シスト）が津波で水中に巻き上げられ，貝毒が過去にないレベルで発生している，地盤沈下のために干潟や河口域の地形や塩分が変化してしまいアサリやヤマトシジミが減少したこと

第 5 章　被災地漁業の復興　　　　93

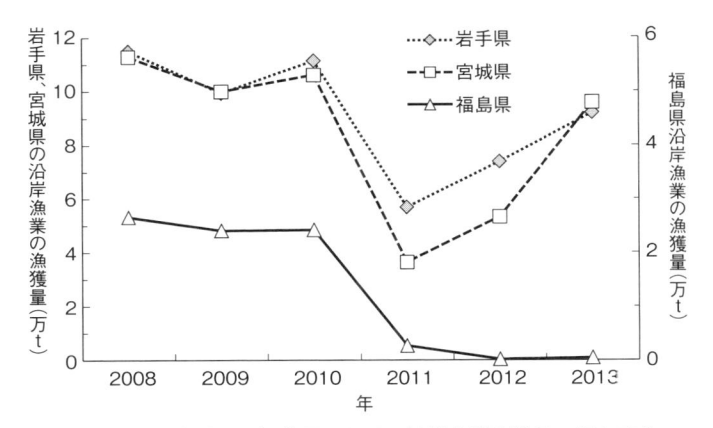

図 1　岩手県，宮城県，福島県における沿岸漁業漁獲量の経年変化
出所：各年度農林統計年報より作成。

などである。全体的には，津波による海洋環境の撹乱のスケールの大きさはき
わめて大きかったが，漁業資源は早期にほぼ回復したと判断される（片山，
2014）。

　資金や資材については，「がんばる漁業復興支援事業」「がんばる養殖復興支
援事業」などのグループ補助金や，他の地域からの漁船や資材の供与などによ
って，潤沢ではないものの比較的早く整った。当初，漁協職員が資金調達や事
業の手続きを処理しきれず，漁業者が苛立つ場面も少なくなかったものの，大
きな混乱なく再開が進んだ（片山，2013a）。

　岩手県，宮城県，福島県における海面漁業漁獲量は 2011 年は 3 月までの漁
獲に加え，一部の定置網や沖合底びき網漁業が操業を開始したため，震災前の
約 40-50％ の漁獲量をあげることができた（図 1）。その後，がれき処理や生
産手段の整備が進み，2013 年には 70％ にまで回復している。2014 年にはさら
に漁獲量は増加して約 80％ となった。養殖業については，生産量（震災前）
としては東北漁業全体の 2 割強ではあるものの，主として漁業を営む経営体数
が全漁業者数の約 3 分の 1 を占めており，地域の重要な産業となっている。東
北の養殖は，リアス式海岸という地形を利用した，マガキ，ホタテガイ，コン
ブ，ワカメ，ノリが主な対象種で，ほとんどが無給餌養殖であることが特徴で
あるが，沿岸の海面漁業よりも速いスピードで再開を果たし，2012 年期は震

災前の約 60%，2013 年期の段階で震災前の 73% という生産量（ノリを除く）となった。

このような漁獲量，生産量の数字を見ると，順調に復旧して復興を遂げたと思われるかもしれない。しかし，復興を妨げた要素がなかったわけではない。水産特区，漁港集約化，放射能，被災地域のコミュニティの問題である。

2. 水産特区と漁港集約化

「創造的復興」とは，1995 年 1 月 17 日の阪神・淡路大震災の後に兵庫県が，単に震災前の状態に回復するだけではなく，21 世紀の成熟社会を拓く「創造的復興」を目指し，「阪神・淡路震災復興計画（ひょうごフェニックス計画）」を策定したことによる。東日本大震災復興構想会議も「単なる復旧ではなく，未来に向けた創造的復興を目指す」と位置付けられて開催され，その内容が「復興への提言──悲惨のなかの希望」（2011 年 6 月 25 日）にまとめられた。この提言は，被災地復興に対する国の方針を定めただけではなく，各市町村の復興計画に強く反映された。そして「この機に作り変えよう」という内容が，多くの被災市町村町の復興計画に盛り込まれた。漁業に関連しては，宮城県で水産特区と漁港集約化という 2 つの「作り変える」施策が行われようとし現場が混乱した（片山，2011a, b；2012a）。対照的に岩手県では，「地域に根ざした水産業を再生するため，両輪である漁業と流通・加工業について，漁業協同組合を核とした漁業，養殖業の構築と，産地魚市場を核とした流通・加工体制の構築を一体的に進める」として，「暮らしの再建」「生業の再生」を掲げて復興に取り組んだ。いわば，復旧＝元に戻すことを目指した。

水産特区とは，沿岸漁業に民間参入を促すために，「地元漁業者が主体となった法人が漁協に劣後しないで漁業権を取得できる仕組み」を「特区」手法を活用して導入する施策である。漁業法における漁業権の免許手続きでは，地元漁民の適格性のある者に優占的に与えられてきたものである。宮城県は県知事手動で，「沿岸漁業を壊滅的な被害から早期に復旧し，かつ，持続的に発展できる産業にするためには，民間企業の資金・ノウハウの導入が不可欠。民間企

業の容易に参入できる仕組みが必要」（復興構想会議6月11日）と提案し，6月25日の最終文書に水産特区構想が記載されるに至った。具体的にはマガキ養殖を対象に，法人に漁業権を与えることが想定された。漁業復興において，資金を呼び込むという意義が強調された。

　特区の意味するところは，法人に優先的に漁業権を与え，魚場に養殖筏を設置し海面を使用ということだけでなく，それまで県漁協が共販（宮城県漁協の共同販売事業として市場を介さずに流通させる）として全量を取り扱っていた流通体制を崩す意味をも有する。行政側が「この機に生産システムを作り替えよう」という意図がここにあったと思われる。宮城県漁協は，参入企業が撤退する危険性や，サラリーマンと漁師の気質の違いを訴えたほか，技術蓄積の必要性，また事前説明をまったく行っていなかったことなどを理由に猛反発した。宮城県議会も混乱したが，2011年11月に復興特区法が成立し，水産庁も2012年4月に宮城県から申請されていた「水産業復興特区（水産特区）」を認定した。これを受けて，牡鹿半島にある桃浦地区のかき養殖漁業者と株式会社仙台水産が「桃浦かき生産者合同会社（桃浦LLC）」を設立し，2012年9月に漁業権を得て生産を開始した。

　当時のマスコミの論調は，この動きを「復興の起爆剤」として歓迎一色であった。一方反対した漁協は，既得権益にしがみついて漁業権を独占していると位置付けられ，その後一部の経済誌で漁協バッシングが展開されるに至った。しかし，水産特区を利用した法人による漁業権取得はこの一件に留まり，その後，特区の広がりの動きはまったくない。先述のように，特区と関係なく養殖業は年々生産量を伸ばしている。「桃浦かき生産者合同会社」には補助金が与えられ，また桃浦地区には県費を投じて水揚処理場が整備されたものの，2013年度の営業赤字が計画の2倍以上（7900万円）に膨らんだ（社員は当初の15名から41名に増加）。反対を押し切って導入した水産特区の必要性が問われる象徴的な状態である。

　漁港の集約化は，宮城県内の142漁港について拠点漁港60港と拠点以外の漁港に再編する方針のことである。2013年度までに加工場や海産物の処理場を拠点港に集約する一方，それ以外の港は必要最小限の復旧に限定するとされた。すでに国は，八戸，釜石，大船渡，気仙沼，女川，石巻，塩釜，銚子を拠

点に漁港機能回復や衛生管理型漁港への施設強化を計画していたが，宮城県の漁港拠点化は「集約，再編」を含んでいる。拠点から外された地域は一斉に戸惑いの声を上げ，その手法と考え方に批判が集まった。しかし結局，宮城県では岩手県とほぼ同じスピードで，96% の漁港で水揚げ可能な状態に復旧した（2015 年 2 月末現在）。

3. 流通・加工の問題

　漁業の再開に向けた当初の施策は，保険，漁港，漁船が中心であり，加工関係にはほとんど予算措置がなかった。第一次補正予算（2011 年 5 月）では，水産関係 2153 億円に対して加工関係はわずか 18 億円という額であった。すなわち，対象が水揚げまでであり，冷凍庫・冷蔵庫，一次加工処理施設というバックヤードに目が向いていなかったのである（片山，2011a）。生鮮出荷のみならず，加工産品として，また魚粉等の食品外仕向け，そして近年増加している輸出という使途を考えた場合，大型冷凍倉庫や加工工場群は必須であった。そういった流通加工施設が整わないために，取った魚が安価でしか売れないという事態が多く発生した。宮城県では，漁業養殖の生産額約 800 億円に対して，加工業による生産金額は，3500 億円から 4000 億円にのぼる（2008〜2010 年）。利用加工の生産は，漁業者のみならず，地元経済においてとても大きな存在である。

　復興予算はその後，補助交付の対象を共同利用施設から，「地元水揚げ物の使用」「雇用人数」を条件に個人事業主に範囲を広げて支援されてきた。しかし，国が整備してきた加工団地は，土地造成や排水処理施設等が加工団地全体で整備された経緯があり，全体的に加工工場の再建には時間を要した。

　一方，流通面で大きな影響を与えたのが放射性物質問題である。現在は，生産者段階で放射性セシウムの基準値（1 kg あたり 100 Bq ［ベクレル］）を超えた場合，そのロット（出荷単位）は処分され，水揚げが自粛される。そして地域的な広がりが確認された場合は，出荷制限措置となる。魚介類については，毎月数百という検体のセシウムが測定され，基準値を超えた魚種はその県から

は流通されていない。2014年末現在，宮城県ではクロダイとスズキ，茨城県ではヒラメ，イシガレイ，コモンカスベ，シロメバル，スズキ，福島県ではこれら6種に加えて28種が出荷制限されている。

　一方，セシウムの濃度とは関係なく，購入されなかったり，買い叩かれたりする風評の影響も少なくない。風評という言葉がよく使われるが，風評被害とは「ある事件・事故・環境汚染・災害が大々的に報道されることによって，本来『安全』とされる食品・商品・土地を人々が危険視し，消費や観光をやめることによって引き起こされる経済的被害」（関谷，2003），さらに噛み砕けば「水産物（生鮮，加工品，輸出品を含む）に対する放射性物質による，①汚染の可能性がない場合，②汚染の可能性があることを語ること自体による，取引量減少と価格低下」（山下，2011）と定義される。何でも風評被害のせいにすると，責任が曖昧になることに私たちは注意しなければならない。

　汚染の可能性がない場合でも，水産物の価格が低下し，流通・取引が停止されたという「風評被害」の事例としては，釧路の冷凍サンマ，青森県湖沼のワカサギ，女川の養殖ギンザケなどが挙げられるが，東北産というだけで流通や市場から排除されている例は枚挙に暇がない。まったくセシウムが検出されていない同じ漁場のスルメイカでも，茨城県産は千葉県産の約3分の1の価格となっていた。さらに極端な例は，東北の産品であるというだけで，輸入イカを使った加工品が国内外で取引されないといったことである。そのような状況で，いくつかの業者は，地元での工場再建をあきらめ，北海道や千葉県などに移した。地域経済の基盤である流通・加工業者の撤退は，被災地の産業空洞化および人口流出につながるのである（片山，2011a）。

　出荷停止・自粛は，国内だけはない。欧州連合（EU），欧州自由貿易連合（EFTA）加盟国，東アジアおよび東南アジアの国が，輸出入規制を継続している。徐々に緩和されつつあるとはいえ，いまだに中国は，産地が宮城，福島，茨城，栃木，群馬，埼玉，千葉，東京，新潟，長野，台湾は福島，茨城，栃木，群馬，千葉の水産物を，輸入停止措置としている。多くの国が，業者負担による日付証明，産地証明，放射性物質の検査証明を求めている。具体的には，岩手県のある漁協では，乾燥アワビ，秋サケ，塩蔵ワカメなど，ほとんどが中国への輸出産品であったが，出荷できていない。また韓国がもっとも大きな取引

先であった養殖マボヤは，2014年から本格出荷が始まっているが，上記の検査証明が必要で輸出が制限されており，生産物のだぶつきや価格の低下が懸念されている。せっかく再開を果たした漁業，養殖，加工の業者に，やりきれないムードが蔓延している。宮城の中小業者のなかで，生産が震災前の水準に戻った割合は約2割だけで，業種間で最低である。

4. 労働──地元漁業者の生活と漁村コミュニティの問題

　漁業の復旧・復興の状況については，漁獲量レベルでは十分な数字が得られているといえる。無論，放射性物質の問題によって，そのまま収入に結びついていない場合も少なくないが，一部の海域・一部の漁業種を除けば，着実に復旧・復興していると判断される。しかし，漁獲量は急速に回復したものの，漁業者数は，まったくそれに追いついていない。2013年の漁業センサスによると，岩手県の沿岸漁船漁業の経営体数は震災前とほとんど変わらないが，宮城県では1600から1000に落ち込んでいる。養殖では，両県ともに約2300経営体から半減している（図2）。海面漁業と養殖の減少の仕方の違いは，震災後のグループ補助金（がんばる養殖復興支援事業）が関係していると考えられる。就業者数（海面漁業と養殖を含む）の変化を見ると，両県とも「雇われ」の減少は小さいものの，「自営」はやはり半減である（図3）。共同経営化が行われたことがわかる。このような経営の形態の変化がありつつ，実際の漁業就業者数は，岩手県，宮城県併せて約2万1900名（2008年）から約1万2800名に減少している。

　ここで，宮城県・牡鹿半島の水揚港である女川の具体事例を紹介し，漁業者減少の要因を推察する。女川魚市場に水揚げするのは，牡鹿半島北岸（泊～女川町）および女川から雄勝にかけての漁業者である。女川魚市場に水揚げされた刺網漁業の漁獲量は，その7～8割をマダラ，サケが占めるが，2013年はほぼ震災前の水準に戻り，2014年は震災前を大きく上回って300 t以上になった（図4）。マダラの豊漁が全体の漁獲量を押し上げたが，一部ヒラメの漁獲量増加も一因となっている。刺網を営んだ経営体数については，刺網漁業者数は，

第 5 章　被災地漁業の復興　　　　　99

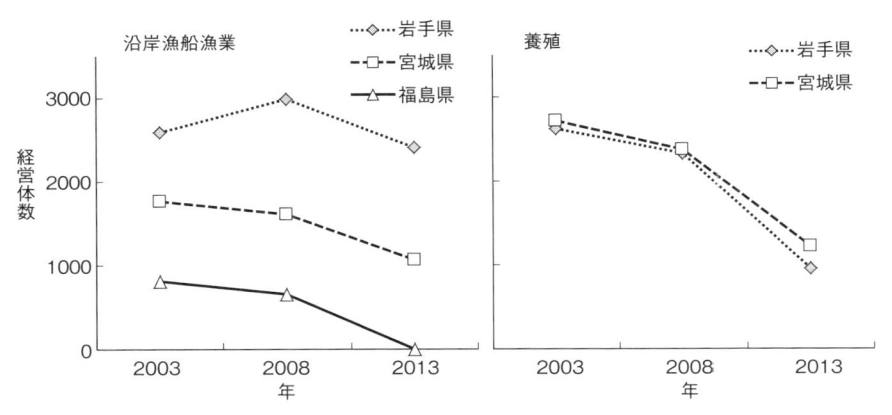

図 2　岩手県，宮城県，福島県における沿岸漁業（左）および養殖（右）を主とする経営体数の経年変化
出所：各年度漁業センサスより作成。

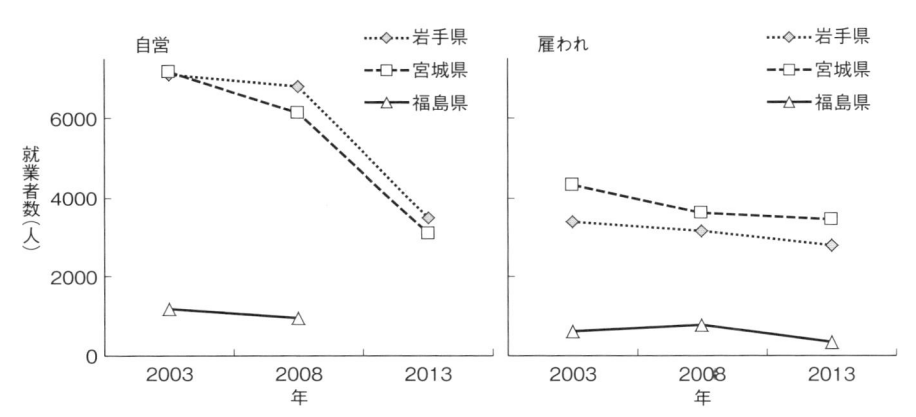

図 3　岩手県，宮城県，福島県における沿岸漁業と養殖の自営就業者数（左）および雇われ就業者数（右）の経年変化
出所：各年度漁業センサスより作成。

　2003 年には 160 名だったが，震災後の 2013 年では，45 にまで著しく少ない状態になっていた。2014 年は 2013 年よりもさらに減少し，増加の兆しが見られない（図 5）。
　刺網漁業にカゴ漁業も加えて，地元漁業者の操業パターンは，共同漁業権外で冬季のサケ，マダラ漁業が中心（一部は春季にツノナシオキアミ，コウナゴ

100

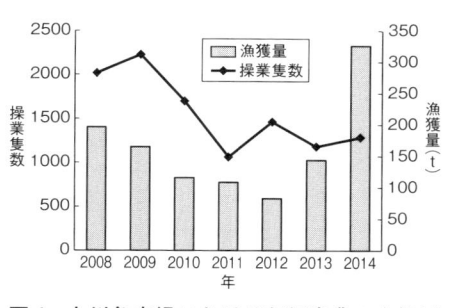

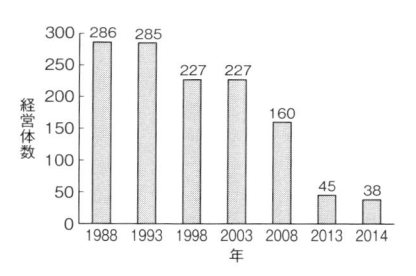

図4 女川魚市場における刺網漁業の水揚げ量および延べ操業隻数（日・隻）の経年変化
出所：宮城県・県内産地魚市場水揚概要統計より作成。

図5 女川魚市場に水揚げした刺網漁業を営んだ経営体数の経年変化
出所：1988 年～2008 年は農林水産省・第8 次～第 12 次漁業センサスより雄勝から谷川までの地区を集計，2013-2014 年は水揚伝票より作成。

を漁獲），地先の共同漁業権内で冬はマダラ，春はカレイとタコ類，夏はヒラメ，秋はサケといった終年操業，養殖が主で稀に漁業を行うといった漁業者に分けられる。これら漁業者数は震災前から漸減していたが，震災後はいずれの操業パターンの漁業者も同様に 3 分の 1 から 4 分の 1 に減少したと推定される。操業パターンが異なれば，対象資源が異なっているので，操業を再開しない主たる理由は，資源の問題ではないと考えられる（片山，2013a）。したがって，女川湾の小規模漁業者が操業を再開しない理由としては，高齢化，被災の大きさ，仮設生活，資金不足といった，自身の生活上の問題，生活パターンの変化によるものと考えられる。今後，漁業者数が増加する傾向は見られず，さらに減少する可能性が高いと思われる。住民は住み慣れた土地を離れ移転先に留まるか，住民は仮設住宅で我慢の生活を送ることを強いられている。これは復興計画自体の問題である。「創造的復興」の旗のもと，漁村を新しく創り変えるという 10 年スケールの整備が行われていることを問題視したい（片山，2012a, b）。

5. 集落の将来——人口流出の実態

　女川は，牡鹿半島の北側の付け根に位置するが，牡鹿半島の南側の石巻市は，平成の大合併で，半島の多くの浜と女川のさらに北側の雄勝地区を含んでいる。その合併した地域の沿岸部には，浜毎に雄勝地区，牡鹿半島地区に各々20，17の集落があった（牡鹿半島にあるもうひとつの市町村である女川町内には集落が16あった）。石巻市では，震災後職員不足が常態化し，特に雄勝地区や牡鹿半島地区の合併した離れた地区の整備が遅れている状態である。この石巻市において漁村が散在するこの雄勝地区と半島地区について，集落の将来像を検討する。

　まず，石巻市が2011年12月に作成した「石巻市震災復興基本計画」を概説する。

　雄勝地区では，津波により，エリア中心の商店街，銀行，郵便局など日常生活に欠かせない施設が壊滅した。また，雄勝総合支所，公民館，小中学校（5校のうち3校全壊），市立雄勝病院，女川消防署雄勝出張所，雄勝硯伝統産業会館など，エリア内のほとんどの公共施設が壊滅的な被害を受けた。半島地域では，津波により，エリア中心の商店街，銀行，郵便局など日常生活に欠かせない施設が壊滅した。また，女川消防署牡鹿出張所，おしかホエールランドなど，公共施設が壊滅的な被害を受けた。公共下水道・上水道・通信網も破壊されるなど，ライフラインが壊滅状態となった。

　このような状況からの復興整備方針は，雄勝地区では，「居住と漁港の安全を確保し，地域拠点として，行政施設や医療福祉，教育施設を集約して整備するとともに，水産業の速やかな復旧と観光事業化を進め，恵まれた自然や歴史的資源を活かした地域づくりを目指します」とされ，「防波堤や防潮堤の整備を行い，安全な高台へ住宅地，総合支所，学校等の移転」「各漁港の復旧」「雄勝硯伝統産業会館の復旧，整備推進と硯やスレートなどの優れた伝統産業，観光施設の再建や地域商店街の復旧」を支援するとしている。半島地区では，「居住と漁港の安全を確保し，水産業や観光資源の速やかな復旧を進め，恵まれた自然や歴史的資源を活かした地域づくりを目指します」とされ，「安全な

高台へ住宅地の移転」「避難所の確保と避難道路の整備（女川原子力発電所対応）」「漁港の復旧」といったインフラ整備のほか，金華山と捕鯨基地の鮎川を中心とした観光関連施設を充実させる方向性である。その鮎川地区以外で，生活関連施設や工場等の働き場については，牡鹿半島中央部西側の給分浜に保育所が建てられるのみである。

　無論これらの計画は，2011年秋に作成したものであり，平成32（2020）年度までに達成させる目標である。しかし現実には，極めて厳しいと言わざるをえない。一言で言えば，人口流出である。人が戻って居住する見込みがないのである。漁業の面では，「各漁港の復旧」がある程度整い，漁業と養殖が再開している。ただし各漁港に以前のような集落があるわけではない。石巻内陸部や近隣の高台の仮設住宅等から浜に通って生産活動をしているのである。前述の女川の中心市街地のように，いまだまったく居住がないのである。

　その女川には中心市街地の他に16の小さな集落がある。それらは防災集団移転促進事業，漁業集落防災機能強化事業によって造成が計画されているが，その計画では，まったく居住地を無くす予定の集落はない。しかし，ほとんどが以前と比べてほぼ2分の1から6分の1の戸数である。現在，近傍の仮設住宅に住んでいる人たちが，その新しく造成された居住地に戻り転居する予定である。しかし，内陸部に移り住んだ住民は，その場でかかりつけの病院ができ，学校に通い，新たなコミュニティが作られつつある。それまでの浜に強い結びつき（地縁，血縁，愛着）があるか，もしくはよほどの生活利便性がなければ，元に戻るという選択はとられないのである。

　2012年に石巻市によって実施されたアンケートでも同様の結果となっている。希望する今後の居住地が従前の集落という回答は，半島地区では75%であったのに対して，雄勝区では27%にとどまった。2015年の現段階では，両地区ともにより低下しているものと推測される。時間が経てば経つほど，移住先での生活が落ち着き，従前の集落に戻る割合は低くなるであろう。鶏と卵ではないが，人口が激減する集落に社会インフラを整備することは過剰投資として避けられるであろうし，社会インフラの不足が住民の帰還意志をより低下させることになる。半島地区の浜の集落についても，生活基盤である上下水道，消防・警察，学校，保育所，病院，役場等が大きく削減されると見通されてい

る。集落の消滅ということが，実際に生じる可能性がある。集落の消滅をともなう人口の流出は，被災地沿岸部の衰退を意味している。

　気仙沼市，南三陸町，女川町のような中規模市町村は，「創造的復興」の旗のもと，10年規模の時間をかけて，新たな町に作り変えられようとしている。雄勝地区や半島地区の小規模な集落は，社会インフラが整っていない。いずれの場合においても，住民の生活の復旧は後回しになっており，それは時間の経過とともに元に戻せない状況になっている。

6. まずは復旧すべきだった

　上記のように，人口流出には，「復興作業の遅れ」というより「復旧よりも作り変え」という計画自体が，大きく影響したものと判断される。壮大な復興計画は2011年秋に作られたものである。あのころは，25兆円という大きな復興予算が措置され，大津波でも壊れない強靱な街づくりが選択された。命にはかえられないという意識に加えて，明るい将来，夢，元気を与える，といった計画をあえて作り出そうという雰囲気もあった。「ただ元に戻す」という単なる復旧は，元の過疎地域に戻すものと後ろ向きに捉えられた。巨大防潮堤が「復旧事業なので，環境アセスは不要」とされているのに，生活基盤や居住については作り変えが基本となった（片山，2013b）。

　筆者は，普通に従前の場所に戻って生活を再開することがなぜ許されなかったのか，それが復興計画の大きな誤りだったと考えている。「創造的復興」より「まずは復旧」が必要だったのではないか（片山，2012a,b）。

　一方福島県では，住民の移住・離散を防ぐため，ほとんどの市町村が避難指示の早期解除を望んでいる。基本は帰還であり，元に戻す復興計画である（清水，2014）。しかし，水産放射能汚染という居住自体を左右する事態にあり，必然的にほかの県とは違った水産業の「復興計画」が求められるのではないか。福島県は2013年3月に，福島県農林水産業振興計画「ふくしま農林水産業新生プラン」を発表し，農林水産業の目指す姿，それに向けた施策を公表した。水産業については，生産基盤の整備，漁業担い手の育成，つくり育てる漁業の

推進などの計画が示された。しかし，これらは震災前とまったく同じメニューである。平成32（2020）年度の生産量や施設等の数量の目標値には震災前の値がそのまま記載された（片山，2015a）。以前と同様のことを行っていれば，その値にたどり着くという内容である。無論，行政的な振興計画としては，現状復帰が原則なのだろう。すなわち「震災以前の状態に戻さない」という内容は，その関係漁業者や業者を切り捨てることになり，とくに震災後の混乱が継続している状態では，そのような記載は難しい。しかしながら，復興計画が現実的なものとして漁業団体・漁業者に受け止められているかどうか。また福島県沿岸部の復旧・復興の全体像がイメージできるかどうか。汚染の見通しに対応した漁業再開のスケジュール，および汚染の状態に応じた地域ごとの施策が必要であると思われる。福島県沿岸部の現実的な将来図こそが，漁業者や避難している住民に展望を与えるものと考える（片山 2015a）。

7. 被災地漁業の復興のための課題

　東北の養殖業は，三陸の高い生物生産を利用した無給餌養殖である。大津波による大規模攪乱後の資源や生態系の速い回復が示すように，沿岸資源は強い復元力がある。沿岸生物は，環境さえ破壊しなければ永続的に利用可能な生物資源である。生業は持続できる。そのような資源に依存した漁村，町の復旧が必要であり，そのためには沿岸漁業者（およびその家族）の生活の場をできるだけ元に戻すべきであると考える。「創造的復興」ではなく，「まずは復旧」が基本だったのではないか。

　漁業生産については，漁船漁業も養殖も軌道に乗ったといえる。漁業者数が減少し，またこれまでの養殖漁業の過密状態が解消され，各漁業者（経営体）の収益は上向きである。無論，漁業を再開した人としなかった人の格差については，コミュニティ全体の大きな課題であるが，漁業生産としては成立していると判断される。

　しかし，岩手県，宮城県の三陸沿岸漁業の魚類資源に不安要素も存在する。三陸沿岸の重要資源であるサケ（秋サケ）資源の減少である。東北沿岸の漁船

第5章 被災地漁業の復興　　105

漁業において，秋サケは生産額が高いのみならず，地域の加工原料としても多く利用され，漁獲量の動向は地域経済を左右する。サケの資源量は，2008年から低下傾向に入った。加えて，大津波によりサケふ化放流施設が損壊したため，2011年秋の採卵・放流がほとんどできなかった。このため2012年放流群の回帰尾数は極端に低いと推測され，いわゆる「2015年問題」が懸念されている。サケ同様に，東北の漁業および加工業の重要資源であるスルメイカやサンマも減少局面に入ったと考えられる。一方，マイワシは今後増加すると推測されている。予測される資源の動向に合わせた漁業や水産加工を行う必要があり，そのための研究サイドからの発信は重要になってくると考えられる。(片山，2014，2015b)。

　漁村の問題について，高齢化，担い手減少，人口流出は中山間地・農村とほぼ同じ構造であろう。地元の方に聞くと「いずれ起こる事が急に現実化した」という。つまり震災以前からの漁村の存立困難性である。どうすれば若者層が沿岸部に住むようになるのか。やはり豊かな自然に根差した漁業が基本となるのではないだろうか。加えて，今までよりも利益が生じることが条件になるであろう。魚価安，燃料高といった地域では解決できない問題が重く存在するが，多種多様な生物資源を対象にした沿岸漁業は，環境を破壊しない限り永続的，持続的に生産できるという大きなアドバンテージがある。水産特区で目指されたような資本力のある経営体が一手に生産し，地域を先導するような構造ではなく，多様な漁業者が生産に関わりコミュニティを支えるような地域社会の方が，長い目で見れば安定的で利益が生じるポテンシャルを有しているものと考える。

参考文献

片山知史（2011a）「東北の水産業——震災の実態の課題，震災後の漁業と沿岸環境をふまえて」『経済』9月号，新日本出版社，53-58頁。

片山知史（2011b）「漁業特区は日本の漁業生産システムを根本から揺るがす」『現代農業』12月号，農文協，350-352頁。

片山知史（2012a）「漁業・水産業の復旧・復興の基本的な方向」『農業と経済』4月号別冊，昭和堂，107-113頁。

片山知史（2012b）「「復旧」か「創造的復興」か——一年間を顧みて」『海洋水産エンジニアリング』104 号，20-26 頁。

片山知史（2013a）「宮城県における養殖の再開過程と今後の展望」『漁業・水産業における東日本大震災被害と復興に関する調査研究』（平成 24 年度事業報告），5-11 頁。

片山知史（2013b）「海洋生態系管理と地域計画」『都市計画』62 巻 6 号，74-78 頁。

片山知史（2014）「東日本大震災が海洋生態系や水産業に及ぼした影響」『水産海洋学入門——海洋生物資源の持続的利用』講談社，273-281 頁。

片山知史（2015a）「福島県漁業の将来像」『漁業・水産業における東日本大震災被害と復興に関する調査研究』（平成 26 年度事業報告）。

片山知史（2015b）「ノルウェー型漁業管理は被災地沿岸漁業を救えるのか」『水産海洋エンジニアリング』120 号，38-46 頁。

清水修二（2014）「原子力災害下の町村財政——双葉町と川内村を中心に」『農村と都市を結ぶ』2014 年 5 月号，4-16 号。

関谷直也（2003）「「風評被害」の社会心理——「風評被害」の実態とそのメカニズム」『災害情報』1 号，78-89 頁。

山下成治（2011）「漁業被害を乗りこえるために——眼前の敵は順序立ててひとつに絞る」『Biophilia』26 号，73-78 頁。

第6章 津波被災漁村における住民主体の復興活動とソーシャル・キャピタル
──気仙沼市唐桑地区の事例から

帯谷博明

はじめに

2011年3月に発生した東日本大震災の津波被災地域では，国および自治体など行政セクターによる復旧・復興事業に加えて，震災直後の段階から，そこに居住する住民や地域外部のボランティア団体・NPOなど市民セクターによる独自の復旧・復興活動が数多く展開されてきた。本章では，津波被災漁村を舞台とした住民主体の復興活動がもつ可能性と課題を，震災前および震災後の社会的ネットワーク（ソーシャル・キャピタル）の変化とその役割に注目して検討する。

以下で取り上げるのは，甚大な津波被害を受けた宮城県気仙沼市唐桑地区の漁村における2つの事例である。1つ目は，同地区の漁業者たちが1980年代後半から今日まで継続してきた「森は海の恋人」運動（以下，「森・海」運動）である。開始から四半世紀，流域を基軸に長年にわたって展開してきたこの運動は，リーダーを中心に地域外部のさまざまな主体との豊富なネットワークを構築してきた。この運動ネットワークは，被災漁村の復旧および初期の復興過程においてどのような役割を果たしたのだろうか。

2つ目は，被災した若手漁業者たちが漁業の再開・再建に向けて協業化を図りつつ，震災ボランティアやその後の被災地ツアーの参加者と新たな関係づくりをめざした「唐桑創生村」の取り組みである。「復興とは元に戻すことではない」という理念のもと，新たに創り生み出すという意味を込めて「創生村」と名づけられたこの新たな「コミュニティ」形成の試みは，いかなる意義と課題を有しているのだろうか。

次節以降では，まず，自然災害からの回復力や復興を捉える視点として，ソーシャル・キャピタル（social capital）に注目し，関連する研究と議論を整理する。つぎに，気仙沼市唐桑地区の地域特性と震災前までの変化を，漁業を中心に検討し，東日本大震災の被害状況を確認する。その上で，ソーシャル・キャピタルが被災後のコミュニティと漁業の復旧・復興過程において果たす役割と課題を，上述の2つの事例分析を通じて明らかにする。

1.　災害からの復興——レジリエンスとソーシャル・キャピタル

　近年，災害研究において，災害からのコミュニティの復興を「レジリエンス（resilience）」という概念から捉える研究が少なくない。災害社会学者の浦野正樹によれば，この概念は「地域や集団内部に蓄積された結束力やコミュニケート力，問題解決能力などに目を向けていくための概念装置であり，それ故に地域を復元＝回復していく原動力をその地域に埋め込まれていった文化や社会的資源のなかに見ようとする」（浦野ほか編，2007：32）。そして，注目すべき具体的な要素として，さまざまな資源や知識の運用，社会的絆などを挙げる（浦野，2010）。他方で，環境社会学者の原口弥生は，レジリエンス概念を，社会的な資源だけでなく，地域の自然環境が持つ生態学的機能を管理する能力をも含めて捉えるべきであり，災害からの被害を最小限にするための「地域社会がもつ準備，対応，復興する能力」と定義する（原口，2010：26）。

　自然災害の防災や減災，さらには復旧・復興に関してコミュニティや集団が有する能力を指示するレジリエンス概念は魅力的ではあるものの，上述のように多義的であり，実証分析において操作的に使用するには課題も少なくない。そのため本章では，レジリエンスに関する諸研究の問題関心を踏まえつつ，震災からの復旧・復興（力）を捉えるためのより具体的なフレームワークとして，人と人とのつながりや社会的ネットワークを意味する「ソーシャル・キャピタル（social capital）」[注1]に注目する。

　災害に対するレジリエンスや被災者の生活再建過程を捉えるために，人びとの復興感とソーシャル・キャピタルの役割に注目した先駆的研究として，林春

男らのグループによる一連の災害復興研究がある（田村ほか, 2000：林編, 2006：木村ほか, 2006 など）。林らは主として社会心理学の立場から, 阪神・淡路大震災の被災者を対象にした大規模な定量的調査に基づく研究を継続的に実施しているが, その中でとくに注目されるのは, 彼らが提起した「生活再建課題の7要素」である（田村ほか, 2000）。具体的には, 被災者（当事者）にとっての生活再建課題を探るべく, 被災から約4年半後の時点で行われたワークショップにより, 269名から得られた意見カード1623枚を分類し, 7つの要素を抽出した。その中で, 「すまい」（30.1％）と「人と人とのつながり」（25.1％）の2つの要素が復興過程の課題として圧倒的に多く, その後の計量的調査（パネル調査）でも被災者の生活復興感を支える主要な要素の1つとして, 「人と人とのつながり（＝ソーシャル・キャピタル）」の重要性が繰り返し指摘されている。

　林らの主要な問題関心が「復興感」という被災者の意識面に置かれていたのに対し, 政治学者アルドリッチ（D. Aldrich）は, 災害復興を, 人口の回復（増減）や, 外部からの資源獲得状況, 住宅再建数など外から観察可能な諸要素に置き換えた上で, その速度や達成度を説明する要因（変数）として, ソーシャル・キャピタル（社会的ネットワーク）に注目した（Aldrich, 2012＝2015）。アルドリッチは, 阪神・淡路大震災やインド洋大津波を含めた4つの事例分析を行った結果, コミュニティ内部の人びとが強いつながりを有し, 政府やNGO の意思決定者とのネットワークを持つコミュニティでは, 社会的資源に乏しく, 水平方向の関係しかもたないコミュニティに比べて, 復興がより効果的, 効率的に進んでいると結論づけた。

　そこで本章では, 被災地の復興とソーシャル・キャピタルの関係に注目した上記の先行研究を踏まえながら, 宮城県気仙沼市唐桑地区での定性的かつ継続的な調査に基いて, 人びとの社会的ネットワークの変化とその役割に注目し, 被災漁村における住民主体の復興活動の可能性と課題を検討したい。アルドリッチ（Aldrich, 2012＝2015）は, ソーシャル・キャピタルを, コミュニティや集団内部のネットワークを示す「結束型（bonding）」, 外部との水平的なネットワークを示す「橋渡し型（bridging）」, 政府やNGO の意思決定者との垂直的なつながりを示す「連結（linking）型」の3つに分類しているが, 特定地域

のみを分析対象とする本章では，後の2つを統合し，よりシンプルに，「結束型」と「橋渡し型」の2つのタイプのソーシャル・キャピタルを分析の枠組みとして用いる。その際，ソーシャル・キャピタルが有する「負の外部性」（逆機能）の側面にも留意したい。

　本章の最大の特徴は，筆者が震災前から継続してきた事例調査を活かすことによって，多くの震災研究に見られる被災後のみのフィールドワークでは攝めない，震災前と震災後の社会的ネットワークの役割とその変化を，地域の文脈に即して把握できることにある[注2]。ただし，以下の記述対象は，被災した漁業者（住民）の中でも，若手・中堅の漁業者による復興活動に限定されている。同時に，復興が今後さらに本格化することが予想される中，本章では震災直後の復旧期と，集団移転等による住宅再建が始まる前の復興初期の段階（2015年初頭）での記述にとどめざるを得ない。今後，中長期的な視点で復興過程を注視しつつ，本章の知見を検証していく必要があるだろう。

　次節では，気仙沼市唐桑地区の地域特性とその変化を，漁業を中心に検討するとともに，東日本大震災の被害状況を確認する。

2. 唐桑の地域特性と震災被害

2-1　唐桑と漁業[注3]

　宮城県の北東端に位置する唐桑半島には，三方を山に囲まれたリアス式海岸沿いに古くからある12の漁村集落が点在している。江戸期は仙台藩伊達氏の直轄領であったが，1989年の市町村制実施の際に，唐桑村および小原木村が合併して唐桑村となり，1955年の町制施行によって唐桑町が誕生した。さらに，唐桑町は，2006年に「平成の大合併」によって気仙沼市に編入されている（以下，唐桑地区と表記）。唐桑地区は全域が中山間地域に指定されており（町面積の約61％が山林），伝統的に，段丘上の狭隘な土地に開墾された農地での自給的な農業と，海での漁とを組み合わせた半農半漁が生活の中心であった。

第 6 章　津波被災漁村における住民主体の復興活動とソーシャル・キャピタル　111

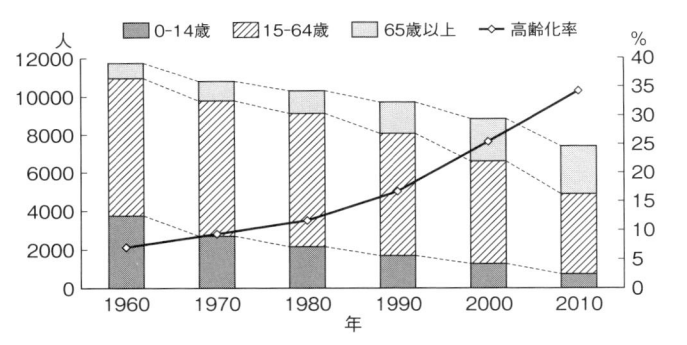

図 1　唐桑地区の人口推移
出所：「国勢調査」（各年）より作成。

　同地区は，紀州から伝えられたという江戸期以来のカツオ漁，さらにはマグロなどの遠洋漁業の発展とともに栄え，とくに優秀な漁撈要員を輩出したことで知られている。今日においても，赤瓦で葺かれた入母屋造の豪華な「唐桑御殿」は地域シンボルの 1 つであり，船乗り（船頭）としての成功の証しでもある。他方，リアス式海岸沿いの地元の海では，明治期に本格的に普及したノリ養殖にはじまり，昭和期（戦後）に入るとワカメやカキ，さらにホタテへと養殖業が発展してきた（唐桑町史編纂委員会，1968）。近年は，気仙沼湾側ではカキとホタテ，外洋に面した広田湾側はワカメとホタテ，という組み合わせが一般的である（工藤，2012）。

　同町の人口は戦後一貫して減少してきた（図 1）。震災直前の 2010 年時点で人口 7420 人，高齢化率 34.2% で，過去 50 年間の人口減少率は 37.0% である。後述するように，とくに漁業の衰退が顕著になる 1990 年代以降，人口減少と高齢化が加速している。国勢調査によれば，唐桑地区の産業別従業者人口は，1960 年から 2010 年の 50 年間でほぼ半減（6223 人から 3118 人へ）した。とりわけ，地域の伝統的基幹産業であった漁業は，1970 年代まで全従業者の半数以上を占めていたが，近代漁業の「花形」であった遠洋漁業の衰退などに伴って，過去 50 年でおよそ 7 分の 1（3488 人から 504 人）にまで激減している。とくに若手・中堅層の減少が 2000 年代に入って著しい（図 2）。これに伴い漁業の担い手の高齢化も急速に進行しており，2008 年の時点で 65 歳以上の割合は 51.8% である[注4]。

112

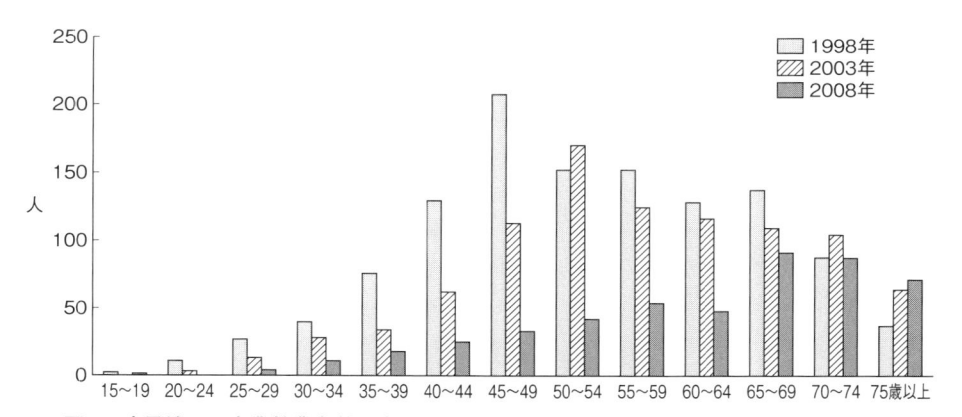

図2　唐桑地区の漁業就業者数の変化（1998〜2008年）
出所：第10次〜12次漁業センサスをもとに作成。

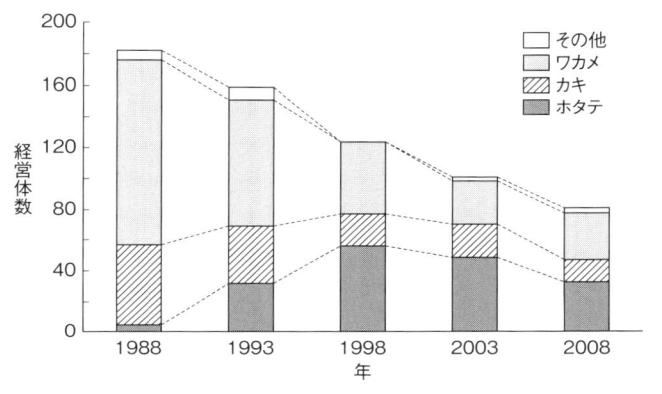

図3　唐桑地区・養殖業における主とする漁業種類別経営体数
出所：漁業センサス（各年）を元に作成。

　比較的堅調であった養殖業についても，経営体（漁家）数は，1988年から2008年までの20年間で，半数以下に減少した（図3）[注5]。カキ養殖の場合，国内最大の生産地である広島県では企業的経営体による専業がほとんどであるのに対し，宮城県は，個々の漁家による零細規模で，他の漁業との組み合わせが中心である（出村，2012）。零細経営中心の養殖業の高齢化と後継者不足によって，長期的に衰退傾向が続いていた唐桑地区の養殖漁業は，2011年3月の東日本大震災による巨大津波によって大きな打撃を受けた[注6]。

2-2　繰り返されてきた津波被害と東日本大震災

　数多くの先行研究でも指摘されているように，唐桑は他の三陸海岸の漁村と同様，たびたび地震による津波被害に見舞われている[注7]。20世紀以降の大きなものでも，1933年の昭和三陸大津波や1960年のチリ地震大津波などがあり，東日本大震災の前年（2010年）2月にもチリ地震の津波によって，ホタテ養殖に大きな被害を受けるなど，とくに漁村の住民はたびたび津波の被害を経験してきた。集落の高台に建つ「地震が来たら津波の用心」という石碑とともに，地震と津波の関係や津波への対応は，経験に基く生活知識として漁村集落の人びとに広く共有されてきた。

　2011年3月11日に発生した東日本大震災による巨大津波は，気仙沼市の沿岸部にかつてない規模の甚大な被害をもたらした。気仙沼市全体で死者・行方不明者1358人，被災家屋1万5815棟にのぼり，漁業にも多大な被害が生じた[注8]。

　唐桑地区においては，津波到達高が15から20m前後に達し，死者・行方不明者106人（約1.4%），被災家屋2333棟（30.9%，うち全壊1864棟）（写真1），最大時には1250人が避難所生活を余儀なくされた[注9]。加えて，約600あった養殖筏は4基を除いてすべて流出し，沿岸部が1m弱地盤沈下して

写真1　津波で倒壊した「唐桑御殿」（気仙沼市唐桑地区にて2011年4月27日，筆者撮影）

114

浸水域が変化するなど，とくに海に面した漁村部の住宅（すまい）と漁業施設の被害が深刻であった。もっとも，生活知識に基づく船の「沖出し」等によって養殖船の約8割が無事であったことは，養殖の早期再開を支える要因になった。

　次節以降では，震災被害からの復興をめざす住民主体の2つの活動事例を，とくに震災前および震災後の社会的ネットワークとその変化に注目して検討する[注10]。被災コミュニティの再生や回復力（レジリエンス）を考える上で，住民が有するソーシャル・キャピタルの役割が重要である。被災後のコミュニティおよび漁業の復旧および初期の復興過程において，ソーシャル・キャピタルが具体的にどのような役割を果たしうるのだろうか。

3. 「森は海の恋人」運動の展開と復興活動

3-1　運動の概要と展開史——その四半世紀[注11]

（1）　1989年から1990年代前半——脱ダム運動からの出発

　1980年代後半，気仙沼湾でカキ・ホタテなどの養殖を営む唐桑地区の漁業者たちが，同湾に流れ込む大川の中流部に計画されたダム建設に危機感を抱き，上流の山（岩手県東磐井郡室根村；現岩手県一関市室根町）に広葉樹の森をつくる植林運動をはじめた。漁師が大漁旗を掲げて上流の山に木を植えるというユニークなスタイルと，「森は海の恋人」という魅力的なスローガン（フレーミング）をもったこの運動は，たちまちマス・メディアの注目を集めるとともに，運動の支持者を拡大していく。また，他地域への植林運動の波及や，小中学校の教科書への掲載など，さまざまな社会的影響も生み出した。これまでの植林面積は5ha，植林本数は2万本を超えている。

　1989年の運動開始当初は，湛水線の測量開始など，ダム計画が着工に向けて動き出していた時期であった。そこで，上流から下流までの流域のつながりを考える公開シンポジウムを開催するなど，ダム建設による「受益者」と想定されていた下流部・気仙沼市の住民へのアピールに活動の主眼が置かれた。活

第6章　津波被災漁村における住民主体の復興活動とソーシャル・キャピタル　115

動の支えとなったのは，運動リーダー A 氏が事業を通じて有する社会的ネットワークや，ダム建設に邁進する市当局の姿勢に疑問をもった市内のまちづくりグループや水没予定地域の反対住民たちとの協力関係であった。

(2)　1990 年代半ばから 2000 年頃──「環境保全・創造型」運動への展開

1990 年代半ばになると，運動の担い手や支持層が多様化し拡大していくことになる。たとえば，旧室根村のある自治会の住民たちは，自分たちの農業にとっても水源涵養の森づくりが重要であると認識し，漁業者グループとの連携を強めつつ，生活排水など下流に配慮した地域づくり活動を開始した。その結果，運動は上流の農村と下流の漁村の住民同士が連携しながら，流域を基軸とした「環境保全・創造型」運動へと発展していく。毎年6月に実施される植樹祭は，地元の役場や自治会と共同で開催されるようになり，各地から毎回 500 人前後の参加者がある。同時に開かれる自治会主催の「水車まつり」では，外部からの参加者に対して地元の特産品や郷土食を紹介し販売する貴重な機会となった。一連の活動が評価されて，旧室根村は 1996 年に，国土庁（当時）の「農村アメニティ・コンクール」最優秀賞を受賞している。

さらに，小中学校の複数の教科書でこの活動が取り上げられたことも奏功して，子どもを対象にした海での体験学習の希望が寄せられるようになり，環境教育活動にも重点が置かれるようになった。もっとも，運動の知名度が上がり，一定の影響力を有するようになったこの時期，他方で，運動のリーダーをはじめ，運動の中心に位置した漁業者たちの高齢化・固定化という課題も生じていた（帯谷，2010）。

(3)　2000 年代──運動・事業の継承と NPO 法人化

2000 年にダム計画が中止になった後，運動リーダーがもっぱら担ってきた漁業（事業）と運動は，徐々に次の世代へと引き継がれていくことになる。前者については，事業を継承した A 氏の長男のみならず，あいついで地元に U ターンした次男と三男も養殖業に従事し，協業の体制が整った。後者の環境運動は，屋久島などで自然学校の指導員や外来生物の生息調査などを経験した三男が実質的に継承し，準備期間を経た 2009 年，①森づくり，②環境教育，③

環境保全，④まちづくりを柱にした NPO 法人へと組織化された。

すでに述べたように，後継者不在の漁家が多い中で，家族内で事業（漁業）の継承と拡大，協業化が実現したことはきわめて異例のことである。また，リーダー 1 人に集中しがちであった事業と運動を，後継者世代が分業によって受け継ぎ，さらに発展させる仕組みがこの時期に整っていたことは，震災後の回復力の最大の基盤となった。

2009 年の法人化後，財政的には規模が小さく「食えない」NPO から出発し，組織運営や活動がようやく軌道に乗り始めた頃，東日本大震災の巨大津波が襲いかかることになる。

3-2　津波被害と復旧・復興活動

東日本大震災によって唐桑地区の各漁村は甚大な津波被害に見舞われ，舞根集落では，死者 4 名，家屋 55 軒中 42 軒が全壊する事態となった。運動リーダーの A 氏の家でも，約 70 あった養殖筏が流出した上，作業場も全壊し，5 隻の作業船と各種作業機械など事業に関する施設や設備をほぼすべて失った。NPO の事務所や機材も壊滅的な被害を受けた（写真 2）。NPO の副理事長（B 氏）は，津波被害を避けるために養殖船を「沖出し」するものの，想像を超えた大津波が船を襲い操縦不能になったため，海に飛び込んで対岸の大島に泳ぎ着き，命拾いをする。被災した集落の住民 20 人近くは津波被害を免れた A 氏の自宅に身を寄せ，数日を過ごすことになった。

だが，震災からほどなく，運動リーダーや後継者世代を核に，他県の漁業者たちや災害支援のボランティア団体，上流地域・旧室根村の農業者，大学の研究者，国内外の民間財団の支援を受けて，復旧・復興に向けた活動が始まる。震災直後の 2011 年 5 月末の段階で，海底のがれき調査や養殖筏の再建を終えた彼らは，他の多くの漁業者が漁協の方針に従って緊急避難的に早期の収穫が見込めるワカメ養殖を始める中，同年 6 月にカキの養殖再開にこぎ着け，年末には震災後初の出荷まで果たした。運動面でも，毎年 6 月初めに開催される植樹祭の継続だけでなく，体験学習や各種研修，海の環境調査のための本格的な設備を備えた NPO の事務所（研究所）の新設などさらなる発展を遂げていく。

第 6 章　津波被災漁村における住民主体の復興活動とソーシャル・キャピタル　　117

写真 2　津波で骨組みだけ残った作業場兼 NPO
の事務所（気仙市唐桑地区にて 2011 年 4 月 27 日，
筆者撮影）

　そこで，つぎに運動リーダーおよび NPO が有するさまざまな人的つながり
をまとめて「運動ネットワーク」と捉えた上で，震災後，それがどのような役
割を果たしたのかを明らかにしたい。

3-3　復旧・復興過程における運動ネットワークの役割

　被災後の復旧および初期の復興過程において，運動ネットワークが果たした
役割は，おもに，①地域外部からの支援（資源）受け入れのプラットフォーム，
②早期の事業・運動の再開，③被災した集落の人びとのエンパワーメント，④
被災後の地域課題に対する迅速かつ集合的な対応，の 4 点に整理することがで
きる。以下で具体的に検討したい。
　まず，震災直後の段階において，さまざまなインフラの復旧とともに，地域
外部からの震災ボランティアや援助物資などの受け入れとコーディネートは喫
緊の課題となる。この事例では，運動リーダーらが以前から親しい関係にあっ
た「日本エコツーリズムセンター」（NPO）の関係者から，震災直後に，がれ
き撤去などさまざまなボランティア活動を行うための拠点づくりを相談され
た[注 12]。当時，自治体も混乱の最中で，外部の見知らぬボランティアがいき
なり被災した漁村地域に入って活動を行うには障壁があまりに高かったためで
ある。そのため，A 氏らは，ボランティアセンターとなる地区内の事務所探

写真 3　舞根森里海研究所（2014 年 4 月竣工）
（気仙沼市唐桑地区にて 2015 年 1 月 10 日，筆者撮
影）

しを行うとともに，ボランティアの受け入れや，地元集落や他集落との橋渡し
（顔つなぎ）などを行った。その後も，運動ネットワークは，各種支援の受け
入れのプラットフォームとしての役割を果たしていくことになる。

　第二に，早期の漁業と運動の再開である。震災直後から，県の緊急雇用対策
事業（がれき拾い）には敢えて参加せずに，ひたすら本業のカキ養殖の再開に
向けて各種資源を集中させた A 氏らの状況判断と，運動ネットワークを通し
た資源獲得が奏功した。一例を挙げると，大学研究者による震災瓦礫の水質汚
染や放射能の測定，汽水域の生態調査，漁業ボランティアによる養殖筏の再建，
その他各種助成金の提供などである[注 13]。

　NPO 活動についても，提供を受けた NPO の仮事務所（ログハウス）を嚆矢
として，民間財団からの資金提供を元に，体験・研修施設と研究施設，NPO
の事務所を併設した「舞根森里海研究所」（写真 3）が集落の海辺に新しく建設
された。総床面積 490 m² におよぶこの施設では，従来から行われてきた環境
教育をさらに本格的に展開することができると同時に，研究者や大学院生のイ
ンターンを受け入れて生態系や水質に関する継続的な調査・研究も行われるな
ど，「震災前の状態から一足飛び」（B 氏）とも呼べる飛躍を遂げていく。

　第三は，地元集落の人びとのエンパワーメントである。具体的には，漁業の
協業化と仕事の分かち合いが挙げられる。すでに述べたように，震災前からリ
ーダーの子世代（30 代から 40 代）が U ターンなどによって相次いで地元に

第 6 章　津波被災漁村における住民主体の復興活動とソーシャル・キャピタル　　119

戻り，事業および運動の後継者となっていた。漁業についても有限会社組織を母体に，震災後は，集落内の 1 名を加えた組合員 4 名で養殖の協業化を図った。これに加えて，高齢のためリタイアしていた元漁師など，集落の人びと（最大時で 24 人）のパート雇用を行った。カキ養殖の場合，通常，出荷まで 2 年程度は必要となることから，当初は「ほぼ持ち出し」の状態であったという。震災後の民間企業や財団からの寄付金も充てられたが，リーダーの家は集落における名望家的存在でもあり，事業も手掛けていることから，「何かあった時にはこのような施しが期待されている」[注 14]。住み慣れた集落から離れた場所での不自由な避難所生活，さらには仮設住宅での生活が続く住民にとって，海での仕事によって少しでも現金収入が得られることは生きがいになると同時に，集落の仲間や親戚と顔を合わせることができる貴重な居場所としても機能してきた。

　第四は，集団移転や防潮堤建設問題に対する，集落としての迅速かつ集合的な対応である[注 15]。「住む場所のことが決まれば，次の課題に移れる」という展望の下，外部とのネットワークを通じて得た専門知識・情報を収集・分析・翻訳して，速やかに集落の人びとに還元し，集落のリーダー（本家）を説得・サポートして集落の合意形成を図る，という手法を採った。具体的には，運動ネットワークを介して国や自治体の施策動向に関する情報を得る一方で，建築系の研究者の支援を得て，海が臨める集落内の高台への集団移転計画の青写真を作成した。情報の偏りや不足によって，移転の合意形成が難航する集落が少なくない中，市内でもっとも早い時期に集団移転の申請を出すことができたのは当該集落であった[注 16]。この手法は，後に出てくる地元の防潮堤建設問題に対しても，集落として早期に反対を表明する際にも応用されることになる。古くからある集落で，規模も比較的小さく，大半の住民が住まいを失うという共通の被災経験をしていることも早期の合意形成を可能にした要因ではあるが，上記のような地域外部とのつながり（運動ネットワーク）と，それを通じた震災後の各種資源（支援）の獲得，さらにそれらの資源（支援）をうまく受け入れ有効に活用する「受援力」の存在を見逃すべきではない。

　以上をまとめると，この事例では，震災前に漁業（事業）と運動が確実に後継者へ継承され，分業体制が整っていたことと，「森・海」運動のリーダーた

ちが四半世紀をかけて構築してきた社会的ネットワークの存在とが，巨大津波による壊滅的な被害からの「回復力」を支えたことがわかる。ソーシャル・キャピタルの議論に即すならば，中央官僚のキャリアやマス・メディアの記者，さらに民間財団などを含めた運動ネットワーク（橋渡し型）と，伝統的な漁村集落がもつ本家中心の意思決定システムと人びとの結びつき（結束型）を巧みに調整し組み合わせることによって，ここで述べてきたようなさまざまな復興活動を可能にしたのである。もっとも，その根底には長年にわたって培われてきた海との巧みな付き合い方（技法）に裏打ちされた，A氏たちの「この海で，この海と共に生きていく」という覚悟と自信があることにも注意が必要であろう。そのような覚悟と信頼が，「森・海」運動に正統性を付与し，長年にわたる運動ネットワークの継続・発展や，震災後のさまざまな支援や資源提供につながっていると考えられる[注17]。

4. 震災ボランティアと被災漁業者による「コミュニティ」形成の試み
　　　——唐桑創生村

　つぎに検討する事例は，被災した若手・中堅の漁業者たちが養殖業の再開・再建に向けて協業化を図りつつ，他方で，震災ボランティアやその後の被災地ツアーの参加者と被災した漁業者たちとの新たな関係づくりをめざした「唐桑創生村」の取り組みである。新たに創り生み出すという意味を込めて「創生村」と名づけられたこの「コミュニティ」形成の試みは，いかなる意義と課題を有しているのだろうか。

4-1 「唐桑ボランティアセンター」から「唐桑創生村」へ

　前節で触れたように，震災からの復旧・復興を支援するボランティア組織「RQ市民災害救援センター」の現地支部である唐桑ボランティアセンター（以下，RQ唐桑）は，2011年4月の開設以降，がれき撤去をはじめとして唐桑地区内のボランティア活動の拠点となった。長年勤めた企業を定年退職して

間もないＣ氏（神奈川県在住；60 代）は，震災後の同年 5 月から唐桑地区に入り，RQ 唐桑の震災ボランティアとして復旧活動に従事していた。前述の「森・海」運動に以前から関心があったというＣ氏は，ボランティア活動の過程で，避難所生活を送っていたＤ氏（30 代）ら唐桑の若手・中堅の漁業者たち数名と知り合いになり，Ｄ氏の地元集落で復興活動を展開していくことになる[注18]。

RQ 本部は 2011 年 11 月をもって活動を終了したが，宮城県内の各支部（ボランティアセンター）はその後，名称を変えて地域密着型の支援を継続することになった。RQ 唐桑は，2012 年 4 月，被災したＤ氏の自宅跡地に仮設のプレハブ小屋を設け，「唐桑創生村」（以下，創生村）として再出発し復興活動を展開していく。創生村立ち上げの際に書かれた文章には，つぎのように記されている。「この村はみなさんが村民になっていただきみんなでゼロから作り上げて行く本物の村です」。

中心メンバーは震災直後からボランティア活動を担うＣ氏と，Ｄ氏ら漁業者 3 人およびその家族であった。Ｄ氏らは，震災直後，漁協の方針に従って，早期の現金収入が見込めるワカメ養殖に切り替えていたが，後述するように，他県の漁業者ボランティアの支援によって筏が再建できたため，2011 年 12 月からはホタテの養殖も再開していた。少しずつではあるが海の仕事を再開できたことは，復興に向けた新たな活動をはじめる精神的支柱となる。Ｃ氏らによれば，創生村の創設の目的はおもにつぎの 2 点にあった。

第一に，震災後に生まれた多数の震災ボランティアとの関係を生かすべく，「被災地支援」と「観光」を組み合わせた新しい交流・支援の仁組みを作り，外部から今後も継続的に関心を持ってもらうことである。そこで，Ｃ氏が有していたネットワークを元に，2012 年 4 月から大手旅行会社と提携して，週末を中心に，ボランティア体験を組み込んだ被災地ツアーを開始した。Ｃ氏は自らの会社員経験とそのネットワークを生かして，後述する「創生牡蠣」の商標登録や創生村のホームページ開設や広報，対外的な窓口など，事務局の要として奮闘した。

ツアーの参加者は，登録料（5000 円）を支払うと，「住民票」が発行され創生村の取り組みを支援する「村民」になることができる。養殖業が復興して，

無事にカキやホタテが収穫できた際に，それを宅配で受け取ることができるという被災地支援の仕組みになっている。大手企業など団体での訪問も含めて，「村民」はツアー開始後1年あまりで300人に達し，ツアー後に再び同地を訪問するリピーターも生まれた。

第二に，漁業の協業化と生産方法の見直しである。具体的には，生産過程で温湯処理を施した「創生牡蠣」というブランド牡蠣を商標登録して，メンバーの漁業者間で生産過程・基準の共通化を図った上で共同出荷（協業化）を行うというものである。震災を機に，従来からの「質より量」的な，大量生産方式の養殖業のあり方を転換しようと考えたのである。「創生牡蠣」以外でも，とくに初期の段階では，養殖を各自で行い，水揚げとその加工・販売は共同で行う協業化も進めた。また，加工・直売施設を作り，生産から加工・販売までを行う六次産業化の計画があり，2013年には隣接地に2階建ての施設が完成している。

4-2　震災ボランティアとソーシャル・キャピタル

震災の前年，2010年に起きたチリ津波によって，収穫前のホタテがほぼ壊滅状態となる被害を受けて間もない時に，東日本大震災の巨大津波によって，住居が全壊・流出し，養殖設備もほぼすべて失われた。「避難所生活の時は暗い気持ち」で「落ち込んでいた」というD氏らは，「こんな小さなところにのべ2000人ものボランティアが来てくれて気分的にずいぶん救われ」，「一時は廃業して陸勤めをしようと思っていたが，もう1回やろうという気持ちになった」と語る。広島県など他県の漁業者（漁協）の物質的・人的支援によって，筏の早期再建ができたのをはじめとして，震災を機に生まれた多数の地域外部のボランティアとの交流，さらにC氏の献身的な姿は，D氏らが養殖業を中心に自ら復興活動をはじめる原動力となった。「創生村」には，「元に戻すという意味ではなく，新たに創り生み出す」という，彼らの決意が込められていた。

だが，C氏とD氏ら漁業者との密接な関係はその後それほど長続きしなかった。震災後から現地に住みこんでボランティア活動を行い，その後の創生村での復興活動を精力的に担ってきたC氏は，体調不良を理由に，およそ1年

半後の 2012 年の年末をもって唐桑を離れ，神奈川の自宅に引き上げた。そしてそれを契機として，徐々に創生村の活動から身を引くことになる。外部の流通企業と直接提携して「創生牡蠣」を売り出し，唐桑の新しい養殖業の可能性を創造しよう，そのために第二の人生を賭けて全面的なサポートをしようと考えていた C 氏に対して，県漁協青年部の幹部も務めていた D 氏らは，地元漁協との摩擦や，継続的に一定の生産量を確保することへの懸念から強い抵抗を示したのだった。

　創生村の理念をめぐって「同床異夢」であり，疎外感と空虚感，体力の限界を感じた C 氏の離脱を機に，人手不足に陥った創生村は，広報や情報発信，旅行会社との提携，外部との対応が後手に回りはじめる。2014 年にはツアーも数ヶ月に 1 回程度に止まっており，前項で述べた当初の活動は停滞傾向にある[注 19]。

　本事例がもつ意義と課題をソーシャル・キャピタルの観点からまとめると，以下の 3 点が指摘できる。

　①復旧および初期の復興において，他県の漁協のボランティアや RQ 唐桑など NPO セクターによるボランティア活動，被災地ツアーの参加者と多数の「村民」の誕生は，外部との新たなつながり（橋渡し型）を生み出すとともに，精神面を中心に，被災した漁業者が復旧，復興へと踏み出していく動機づけとなった。

　②震災を機にボランティア C 氏と漁業者 D 氏らとの新たなつながりは創生村の立ち上げに寄与した。他方で，C 氏のネットワーク（橋渡し型）を活かした創生村の取り組みやカキのブランド化，大手資本との提携構想が漁協を中心とした既存の地域内，集団内のつながり（結束型）や規範と相いれず，両者を調整する主体が不在であったために，「よそ者」である C 氏が離脱してしまった。

　③もっとも，これまで行政や漁協などの既存のシステムにどっぷり浸かって，目の前の生産に追われてきた D 氏らが，震災を契機に生まれたネットワークによって，「上」から与えられる復興事業以外に，新たな復興への道を見出したという点は過小評価すべきではない。ささやかではあっても，300 人の「村民」とのつながりを今後，どのように維持し，豊かにしていくことができるか

が当面の課題であろう。

結論——コミュニティの「受援力」を高めるために

　本章では，東日本大震災の巨大津波によって甚大な被害を受けた，宮城県気仙沼市唐桑地区を舞台にした2つの事例を取り上げて，震災前／後の社会的ネットワーク（ソーシャル・キャピタル）の種類と変化に注目しながら，住民主体の復興活動がもつ可能性と課題を検討した。復興が今後も続く中長期的なプロセスであることに留意して，ここでは，現段階の知見を整理し，暫定的な結論としてまとめておきたい。

　2つの事例から見出されることは，震災を契機に生まれた，あるいは強化された地元の漁業者の協力（協業）体制と，外部とのネットワーク（橋渡し型）の有効性である。1つ目の事例（「森・海」運動と復興活動）では，長年にわたって構築し，蓄積してきた地域外部との豊富な運動ネットワークが土台としてあり，漁村集落の伝統的なつながり（結束型）とをうまく調整・接合できる人的資源を有していたことが，運動や事業の復旧・復興だけでなく，地元集落の復興にさまざまな獲得資源を活用できた要因となった。

　2つ目の事例（創生村）は，震災を機に生まれた若手漁業者間の協業と，震災ボランティアをはじめとする外部の人びととの関係を元に，新たな「コミュニティ」形成をめざしたものであった。ただし，このような橋渡し型のネットワークと，漁協などの地域内の既存のつながりや関係性（結束型）との調整を担う人的資源が不在で，「みんなでゼロから作り上げて行く」ことをめざしたオルタナティブな復興活動は途中で停滞する結果となった。

　被災した地域の行政や住民が，復旧・復興に際して地域外部からの支援や資源をうまく受け入れ，適切に使いこなす力（受援力）を高めることは重要であるとともに，困難な課題でもある[注20]。コミュニティの「受援力」を高めるために，2つの事例から見出せることは，川脇（2014）をはじめ先行研究が指摘しているような平時からの地域内や地域外との社会的ネットワーク（ソーシャル・キャピタル）の蓄積・醸成の必要性だけでなく，2つのタイプのソーシ

ャル・キャピタルの特性を把握しつつ，両者を適切に利用したり，結びつけたりする技法や人材の重要性である。とくに巨大災害に見舞われた多くの被災地では，「復興災害」（塩崎，2014）と呼ばれるように，震災後に生じる多種多様な公的な復興事業とそれに付随する諸課題への対応と判断を迫られることになる。本章の事例では，集落（住宅）の移転・再建問題や防潮堤建設問題がその代表であるが，それらの諸課題に被災した住民だけで対応することには自ずと限界がある。さらに，今後ますます高齢化や人口減少が進むことが予想される中，農山漁村地区においては，複数の社会的ネットワークを構築し，涵養しておくことが必要である。たとえば，創生村の事例で萌芽的に見られたような，継続して産地を応援する地域支援型の漁業の仕組みはその具体的方策の1つであろう。

　阪神・淡路大震災の被災者の生活再建過程を継続調査した木村ほか（2006）によれば，家屋の被害が大きかった被災者は，震災を否定的に捉えている人が多く，震災から10年経過した時点でも自分を被災者として認識する割合が半数以上にのぼるという[注21]。家屋を含め甚大な物的・人的被害を蒙った東日本大震災の漁村地域では，それ以上の復興の時間が続くことが予想される。今後，震災後に急激に高まった各種支援や資源提供の減少と，日本社会全体の関心の低下が避けられない状況の中で，地域に根ざした住民主体の復興活動をどのように継続していくことができるのか。社会科学的な視点から中長期的な検証が不可欠である。

　［注1］ソーシャル・キャピタル（social capital）は「社会関係資本」とも訳されるが，本章では，さまざまな類似の概念との混同を避けるために，とくに，宮城県が掲げる復興方針（「創造的復興」）の中心的な位置を占める，大型土木工事による「社会資本」の再生・復興との区別をするために，この表記を用いる。

　［注2］調査環境の制約等もあり，本研究では，定性的な調査・分析に留まっている。定量的な調査については，被災地の復興状況などを考慮しつつ，今後の課題としたい。なお，岩手・宮城・福島の被災3県の居住者を対象とした意識調査を活用して，川脇（2014）は平時の地縁的活動への参加度と被災時の受援率が有意であることを明らかにしている。

　［注3］岩手・宮城両県の三陸海岸の漁村と漁業の歴史的展開と特徴，東日本大震災

後の両県の復興方針の相違と課題，水産業の被害と復旧・復興状況については，濱田（2013）が漁業経済学的に包括的な検討を行っている。また，三陸海岸の牡鹿・雄勝・広田の3つの半島の漁村に焦点を当て，集落の立地や生業，自然資源の利用などコミュニティの事例分析から被災地の復興の可能性と課題を検討したものとして，河村ほか編（2013）が参考になる。

［注4］240 ある個人経営体（うち養殖 81）のうち「後継者あり」は 86 にとどまる。

［注5］宮城県全体では 59% の減少であった。2008 年の漁業センサスによれば，唐桑地区の養殖で，年間販売金額が 100 万円未満の零細漁家は 70% を超えている。

［注6］唐桑漁協（現：宮城県漁業唐桑支所）の組合員で，震災前に専業で養殖業を営む組合員は約 80 人のうち，カキ養殖を営む組合員は 30 人であったが，震災後は約 20 人に減少した。震災を契機に廃業したのは零細かつ後継者不在の漁家が多いという（2013 年 3 月 4 日，宮城県漁協唐桑支所への聞き取りによる）。また，震災後初めて実施された 2013 年漁業センサスによれば，気仙沼市における 2008 年時点の養殖業の経営体数は 935 であったが，2013 年 11 月現在では，①継続経営体数 443（47.4%），②年間海上作業日数 30 日未満が 234（25.0%），③操業自粛 331（35.4%），④廃業 161（17.2%）であった（農林水産省大臣官房統計部，2013）。

［注7］たとえば，西田編（1978），植田（2012）を参照。

［注8］2015 年 3 月末時点。気仙沼市作成資料による。なお，宮城県によれば，気仙沼市の水産業関連被害額は 1478 億円にのぼる（宮城県気仙沼地方振興事務所，2015）。ここには，漁港施設，漁船，水産物，養殖施設，水産施設，漁業用資材が含まれる。

［注9］気仙沼市作成資料による。

［注10］震災後の各事例の記述は，2011 年 4 月以降，継続的に実施している関係者への聞き取り調査に基づく。

［注11］2000 年代初頭までの「森・海」運動の展開過程とその拡大要因に関する社会運動論からの分析は，帯谷（2004）を参照。

［注12］具体的には，2011 年 3 月に発足した「RQ 市民災害救援センター」である。東京本部のほか，唐桑や歌津，登米など，宮城県内 4 ヶ所に支部（ボランティアセンター）を開設して，各地でボランティア活動を展開した。2011 年 11 月に活動を一旦終了し，その後は，一般社団法人 RQ 災害教育センターとして災害教育を主眼にした活動を行っている。

［注13］研究者は，東京大学，京都大学，東北大学，首都大学東京など，計 20 大学にのぼった。2011 年 6 月以降，震災時の気仙沼湾での流出油による水質汚染の影響や，震災後の汽水域での生態系調査を，海洋微生物学や魚類行動学など多分野の

第6章　津波被災漁村における住民主体の復興活動とソーシャル・キャピタル　127

専門家とともに開始し，その情報を他の漁業者や市水産課に提供している。また，養殖筏の再建には他県の漁業者ボランティアが協力をした。さらに，企業や民間財団の各種助成金・支援金などによって，NPO の収入は，308 万円（2011 年度）から，5500 万円（2012 年度），1 億 2150 万円（2013 年度）へと急増した。

［注 14］今村ほか（2010）が指摘した「“遠慮がちな”ソーシャル・キャピタル」と呼ぶことができる。今村らは，個人の強い自発性を前提とした従来のソーシャル・キャピタルの捉え方に対して，「お互いさま」「おつき合いで」という気持ちを重んじる，日本の地域コミュニティで観察される規範や信頼関係を「“遠慮がちな”ソーシャル・キャピタル」として評価している。

［注 15］地元集落では，震災後の翌月に，地区防災集団移転促進事業期成同盟会を結成して活動を始めていた。

［注 16］植田（2012）は，伝統的な海との付き合い方が，舞根集落の早期意思決定に至ったとする文化論（民俗学）的な解釈をしている。ただし，それは唐桑地区の他集落でも共通する地域文化であり，文化論的要因だけでは，震災後の各集落の判断や対応の違いが説明できない。災害のレジリエンスを解明する際には，文化論はコミュニティに内在する資源や規範に注目する点で重要であるが，他方で，地域内外のさまざまなネットワークへの目配りも必要である。

［注 17］震災後には，同じ防潮堤問題への対応を迫られている県内他集落のリーダーや気仙沼市の復興まちづくり活動を担う若手・中堅層と B 氏らとの新たなつながりも生まれており，震災を契機としたネットワークの拡大と豊富化が進んでいる。また，上流地域（旧室根村）の農業者などが加わった，森・川・海をテーマにした独自の産品づくり（六次産業化）の試みも震災を機に始まっている。

［注 18］この集落は被災家屋が限られていたため，集団ではなく個別に移転をすることになった。D 氏は自宅の裏山に移転をする予定であるが，高台移転や道路付け替えなど，被災地で集中する復興工事のために，まだ目途が立っておらず，仮設住宅での生活が長期化している。

［注 19］これ以上の「村民」の数の拡大は求めず，既存の 300 人との関係を維持していく方針のようである。一方で，2014 年末の時点では，カキやホタテの生産および出荷が順調に回復しており，メンバーの漁業者は生産活動に時間とエネルギーの大部分を投入しているのが現状である。

［注 20］たとえば，国（内閣府）は災害時に外部のボランティアを受け入れる地元の知恵や環境を「受援力」と呼び，災害ボランティアへの理解を高めようとしている。外部からの支援（力）と受援力との関係を論じたものとして，渥美（2013）が参考になる。

［注21］ 全体では，自分が被災者だと意識しなくなった人が半数を超えるのは，震災
　　　　から約1年（10000時間）経過した時点であった（木村ほか，2006）。すまい（住
　　　　宅）の喪失の有無が被災意識の時間的持続を左右する大きな要因である。

参考文献

渥美公秀（2013）「大規模災害時の災害NPO・災害ボランティアの受け入れに関する
　　一考察」『都市政策』151号，11-18頁。

出村雅晴（2012）「宮城県におけるカキ養殖の震災被害と復興状況」（農林中金総合研
　　究所）http://www.nochuri.co.jp/genba/pdf/otr120628.pdf（アクセス日：2014年
　　9月16日）。

今村晴彦・園田紫乃・金子郁容（2010）『コミュニティのちから──"遠慮がちな"
　　ソーシャル・キャピタルの発見』慶應義塾大学出版会。

植田今日子（2012）「なぜ被災者が津波常習地へと帰るのか──気仙沼市唐桑町の海
　　難史のなかの津波」『環境社会学研究』18号，60-80頁。

浦野正樹，大矢根淳，吉川忠寛編（2007）『復興コミュニティ論入門』弘文堂。

浦野正樹（2010）「災害研究のアクチュアリティ──災害の脆弱性／復元＝回復パラ
　　ダイムを軸として」『環境社会学研究』16号，6-18頁。

帯谷博明（2004）『ダム建設をめぐる環境運動と地域再生──対立と協働のダイナミ
　　ズム』昭和堂。

帯谷博明（2010）「『森は海の恋人』運動と地域社会」『奈良女子大学地理学・地域環
　　境学研究報告』7号，85-94頁。

金菱清編（2013）『千年災禍の海辺学──なぜそれでも人は海で暮らすのか』生活書
　　院。

唐桑町史編纂委員会（1968）『唐桑町史』。

河村哲二・岡本哲志・吉野馨子編（2013）『「3.11」からの再生──三陸の港町・漁村
　　の価値と可能性』御茶の水書房。

川脇康生（2014）「地域のソーシャル・キャピタルは災害時の共助を促進するか──
　　東日本大震災被災地調査に基づく実証分析」『The Nonprofit Review』14巻1・2
　　号，1-13頁。

木村玲欧・林春男・田村圭子・立木茂雄・野田隆・矢守克也・黒宮亜希子・浦田康幸
　　（2006）「社会調査による生活再建過程モニタリング指標の開発──阪神・淡路大震
　　災から10年間の復興のようす」『地域安全学会論文集』8号，415-424頁。

工藤貴史（2012）「ワカメ・カキ・ホタテガイ養殖における復旧の現状と展望──宮
　　城県気仙沼市唐桑地区・大島地区を事例に」『漁業・漁村の再建とその課題──大

震災から 500 日，被災地の現状を見る』東京水産振興会，15-27 頁。

塩崎賢明（2014）『復興〈災害〉——阪神・淡路大震災と東日本大震災』岩波新書。

田村圭子，立木茂雄，林春男（2000）「阪神・淡路大震災被災者の生活再建課題とその基本構造の外的妥当性に関する研究」『地域安全学会論文集』2 号，25-30 頁。

西田耕三編（1978）『南三陸災害史』NSK 地方出版社。

農林水産省大臣官房統計部（2013）『被災 3 県における漁協経営体数の推移』。

濱田武士（2013）『漁業と震災』みすず書房。

原口弥生（2010）「レジリアンス概念の射程——災害研究における環境社会学的アプローチ」『環境社会学研究』16 号，19-31 頁。

林春男編（2006）「阪神・淡路大震災からの生活復興 2005——生活復興調査結果報告書」京都大学防災研究所。

宮城県気仙沼地方振興事務所（2015）「東日本大震災からの復興状況（気仙沼管内）」http://www.pref.miyagi.jp/uploaded/library/kesennumarecovery201503.pdf（アクセス日：2015 年 6 月 11 日）。

Aldrich, Daniel P.（2012）Building Resilience: Social Capital in Post-disaster Recovery, Chicago: University of Chicago Press.（＝ 石田祐，藤澤由和訳（2015）『災害復興におけるソーシャル・キャピタルの役割とは何か——地域再建とレジリエンスの構築』ミネルヴァ書房。）

第7章　被災地農業の復興

石 田 信 隆

はじめに

　東日本大震災で大きな被害を被った地域は，農林水産業の盛んな地域であった。これらの地域では，豊かな自然につつまれ，それを生かした農林水産業が営まれ，地域のコミュニティや文化が形成されてきた。

　しかし一方では，それらの地域の多くは中山間地域に位置し，農林水産業の担い手の減少と高齢化など，困難がさきがけて表れている地域でもある。震災による被害は，その困難を一気に現実化させることとなった。このためこれらの地域の復興は，同時に，これらの地域における農林水産業の将来像をどう描き，それを実現していくかという課題を抱えることとなった。このような問題は，東京電力福島第一原子力発電所の事故による放射性物質の汚染を被った福島県では，一層深刻なものとして表れている。

　重要なことは，これらの地域では，人口が定住する上で農林水産業が不可欠な役割を果たしてきたし，今後も果たすということである。被災者の暮らし，地域社会，地域経済を再建する上では，それらと一体の課題として，農林水産業をどのように復興するかが重要になる。

　被災地農業の再建を単に，農地・農業用施設の復旧や，条件のよい地域で目をひく農業経営が成立することだけと捉えるようなことがあれば，それは被災地域の農業だけでなくコミュニティの再建そのものを困難におとしいれることになるであろう。震災発生後5年を経過した現在，被災地農業の復興はこのような岐路に立っているといわなければならない。

　本章では，以上の認識の下に，まず，被災地における農業被害とその復興状

況について概観する。そして，調査の主なフィールドとなった南三陸町を対象
として，平野部の仙台と比較しつつ，復興への具体的な取り組みを見る。その
うえで，被災地の現状から見ていかなる復興への課題があるのかを考察する。

1. 農業被害の状況

1-1　被災地における農業

　東日本大震災は，豊かな農林水産業が営まれてきた地域に大きな被害をもた
らした。そこでまず，岩手・宮城・福島3県（以下，「被災3県」という）に
おける震災前の時点での農業概況について見ることとする（2010年）[注1]。

　被災3県が全国に占める割合を見ると，農家数で9.5%（239千戸），農業就
業人口で10.4%（270千人），耕地面積で9.6%（440千ha）と，概ね全国の1
割のシェアを占めていた。耕地面積や農業産出額の内訳を見ると，米の比率が
高く（12.2%），野菜（4.8%）・果実（5.6%）の比率は比較的低い。また，農
業の担い手に関しては，65歳以上の老齢人口の割合が62.7%で全国（61.6%）
よりやや高く，耕地面積に占める耕作放棄地面積の割合も10.5%と全国
（8.6%）より高い。日本農業が抱える農業の困難性の表れも一歩進んでいた地
域であることがうかがわれる。

　被災3県の主要品目を見ると，それぞれの県での産出額上位品目は全国で見
ても上位に位置する品目が多い。岩手県では，ブロイラー（産出額の全国順位
2位，シェア17.3%）・生乳（同6位，3.1%）・肉用牛（5位，4.1%）などの畜
産，りんご（3位，6.6%），米（10位，2.9%）など多彩な品目が上位を占める。
宮城県では，米（8位，4.2%）が県内産出額に大きなシェアを占めるほか，畜
産（肉用牛6位，3.8%，生乳9位，1.9%），大豆（4位，7.3%）などが上位を
占める。福島県では，米（4位，5.0%）をはじめとして，もも（2位，20.5%），
日本なし（3位，8.9%），りんご（4位，5.3%）などの果実の大産地であり，
きゅうり（4位，7.9%）などの野菜も上位を占めている。

　このように，被災3県では，米を中心としつつもそれぞれの県の自然条件や

第 7 章 被災地農業の復興 133

農地などの生産基盤を反映させて，多彩な農業が発展していた。

1-2 農業被害の状況

　農業被害についての全体をまとめたのが表 1 である。農地の損壊が 1 万 8000 ヶ所にも及んだほか，農業用水利施設，集落排水施設などの被害が多数に及んだ。また，農作物の被害は，金額的には農地・農業用施設の被害と比べると小さく見えるが，これらの数値には営農再開が遅れることによる売上減少等が含まれていない。

　今回の震災被害で特徴的なことは，太平洋沿岸地域で津波による浸水被害が甚大であったこと，また東京電力福島第一原子力発電所の事故によって，広範囲に放射能汚染による被害が出たことである。

　津波による浸水被害を受けた面積を見ると，岩手は 58 km^2（県の面積の 1.2%），宮城県は 327 km^2（16.3%），福島県は 112 km^2（4.6%）であった[注 2]。

表 1　農業関係被害状況（2012 年 7 月 5 日現在）

（金額単位：億円）

主な被害	被害数	被害額
農地・農業用施設等		
農地の損壊	18,186 ヶ所	4,006
農業用施設等の損壊	17,906 ヶ所	4,408
農業用施設：主にため池，水路，揚水機	（17,317 ヶ所）	（2,753）
農地海岸保全施設	（139 ヶ所）	（1,022）
農村生活環境施設：主に，集落排水施設	（450 ヶ所）	（633）
小計	36,092 ヶ所	8,414
農作物等		
農作物・家畜等		142
農業・畜産関係施設等（農業関係施設は，主に，カントリーエレベーター，農業倉庫，パイプハウス等。畜産関係施設は，主に，畜舎，堆肥舎等。）		493
小計		635
合計		9,049

出所：農林水産省「東日本大震災について──東北地方太平洋地震の被害と
　　対応」から作成。

宮城・福島両県では浸水被害面積が大きく，福島県では原発事故により避難指示区域等が指定され，被害からの復興に大きな困難を抱えている。また，岩手県も含め，津波被害を受けた地域は低地が徹底的に深刻な被害を受け，復旧・復興は大きな困難を伴うものとなっている。

ここで，津波浸水面積が大きかった宮城県について浸水被害市区町村別に見ると，石巻市（73 km²），東松島市（37 km²），亘理町（35 km²），岩沼市（29 km²），仙台市若林区（29 km²）などの浸水被害面積が多く，市区町村面積に占める浸水被害面積の割合が高いのは，仙台市若林区（60.4％），亘理町（47.9％），岩沼市（47.5％），七ヶ浜町（38.5％），山元町（37.5％），東松島市（36.3％），仙台市宮城野区（34.5％），塩竈市（33.3％）などとなっている。農地は低地に多く所在していたため，津波によって地域の農業が被った被害は，極めて深刻なものとなった。

2．農業の復旧・復興の状況

2–1　農業・農村の復旧・復興関連施策

農地・農業用施設の復旧事業としては，応急用ポンプ・仮堤防の設置，がれき・ヘドロ撤去，除塩等（「農地・農業用施設災害復旧事業」）にはじまり，農地・用排水ポンプ・海岸堤防等の本格的復旧（「直轄特定災害復旧事業」），農地の復旧と大規模化（「東日本大震災復興交付金 C–1 事業」），効率的営農が可能な生産基盤への整備（「直轄災害関連区画整理事業」）等が実施されている。

これらは，生産基盤全般に関する復旧・復興事業であるが，被災農家が経営を再開するための施策としては，以下のような事業が実施されている。

まず，がれきの撤去，農地の補修，水路の補修，土づくりを共同で行う被災農業者に対して支援金が支払われた「被災農家経営再開支援事業」が挙げられる。被災農業者は「復興組合」等を組織して復旧作業を行い，作業量（土地利用型農業の場合）または飼養頭羽数（畜産の場合）に応じて支援金が支払われた。

つぎに，「東日本大震災農業生産対策交付金」が実施されている。これは，農協や農業生産法人等が事業実施主体となり，農家に農業用機械や施設をリースして営農再開を図る事業である。受益農家等は原則として 5 戸以上であることが要件となっている。この事業の実施によって，営農の組織化が進んだ。

また，「被災地域農業復興総合支援事業」（東日本大震災復興交付金の「基幹事業」の C–4 事業）も実施されている。これは，市町村が事業実施主体となり，農業用機械や施設を被災農業者等にリースする事業である。この事業で貸与の対象となるのは，農業を行う法人や任意団体，農協等の組織に加えて，認定農業者や新規就農者などの個人も含められた。

このように，震災前から農業の担い手の高齢化と減少が進んでいた状況の下で，甚大な震災被害を受けて個々の農業者では営農再開が極めて困難な状況にある中で，これらの施策は営農の組織化を促し，リース方式による素早い営農の再開を後押ししたものと評価できる。

2–2　農地の復旧・整備

岩手，宮城，福島 3 県における津波被災農地は 2 万 530 ha に及んだ（表 2）。うち，福島第一原発事故に伴い設定された避難指示区域内農地が 2120 ha，農地の転用等により復旧不要となる農地が 3 県合計で 1260 ha ある。

避難指示区域と転用を除く津波被災農地 1 万 7150 ha のうち，2014 年度までに復旧が完了して営農再開が可能となったのは 3 県合計で 82.3％ となり，2015 年度までに 87％ の農地が復旧完了となる見通しである。

しかし県別には，復旧の進捗には差異が見られる。2014 年度までの進捗率が高いのは，被災農地面積が大きい宮城県の復旧率が 87.7％ と高いことによるものである。これは，広大な平野部の割合が高い宮城県で復旧が比較的早期に進んだためであるが，三陸沿岸地域にある岩手県では，津波被災農地の 27.9％ が 2016 年度以降の復旧見込みとなっている。原発事故の影響が広い範囲で表れている福島県では，32.2％ が 2016 年度以降の復旧見込みとなっており，復旧予定農地面積にほぼ匹敵する 2120 ha の農地が避難指示区域内に残っている。また，宮城県において 2016 年度以降の復旧見込みとなっているのは

表2 農地の復旧・整備の推移と見通し

(ha, %)

年度	2011-2014	2015	2016以降	小計	避難指示区域	転用等	合計
岩手県	(66.2) 450	(0.6) 40	(27.9) 190	(100.0) 680	0	50	730
宮城県	(87.7) 12,030	(3.9) 540	(8.4) 1,140	(100.0) 13,710	0	630	14,340
福島県	(59.1) 1,630	(8.7) 240	(32.2) 890	(100.0) 2,760	2,120	580	5,460
合計	(82.3) 14,110	(4.8) 820	(12.9) 2,220	(100.0) 17,150	2,120	1,260	20,530

（注）比率は「小計」に対するもの。
出所：農林水産省「農業・農村の復興マスタープラン」（平成23年8月26日策定，
平成26年6月20日見直し版）から作成。

8.4％であるが，それらの農地の中には，本調査のフィールドとした三陸沿岸地域で山がちな地域の農地が多く含まれる。それらの地域では，被災農地面積の絶対数では小さくても，それが地域の農業の復旧・復興にさまざまな困難を及ぼしているところも少なくない。

2-3 農業経営の再開と復興

東日本大震災で被害のあった農業経営体については，農林水産省が2010年世界農林業センサス結果と被災市町村での聞き取りから，震災被害を受けた市町村における農業経営体の被害状況と経営再開状況について集計した資料がある[注3]。それによれば，被災3県の被災市町村における農業経営体のうち，被害のあった農業経営体は，岩手21.8％，宮城15.3％，福島33.7％で，3県平均では24.0％となっている。おおむね2〜3割の経営体が被害を受けている。

しかし，県別にさらに詳しく見ると，被害状況と営農再開状況には大きな違いがあることがわかる。

岩手県では，被害のあった農業経営体のうち津波被害のあった経営体は6.2％と少ない。そして，被害のあった農業経営体のうち営農を再開した経営体の割合は，2014年2月1日現在，97.1％と高い割合になっているが，津波

被害のあった農業経営体について見ると，営農再開割合は 53.9％ に止まっている。営農を再開できない理由としては，「耕地や施設が使用（耕作）できない」（98.7％），「生活拠点が定まらない」（60.1％）が多く挙げられている。

なお，ここで言う「営農再開」とは，農業生産過程の対象作業又はその準備を一部でも再開した農業経営体で，被害のあった農業生産基盤，設備が未復旧である農業経営体を含んでおり，本格的に営農を再開した経営体はその一部である。逆に言えば，「営農を再開していない経営体」とは，営農再開の準備をまったく行っていない経営体，廃業した経営体，営農等を集落営農組織等に委託した経営体等である。津波被害のあった経営体のうち 46.1％ と半数近くがこのような「営農を再開していない経営体」となっている。

宮城県では，被害のあった農業経営体に占める津波被害のあった経営体の割合は 83.1％ に上る。そして，営農を再開した経営体の割合は 70.4％ に止まり，特に津波被害のあった経営体に限ってみれば，64.5％ と低い割合になっている。営農を再開できない理由は，「耕地や施設が使用（耕作）できない」が 94.3％ と圧倒的に多い。

福島県では，被害のあった農業経営体のうち津波被害のあった経営体は 16.5％ であるが，営農再開割合は 60.9％ と低い。津波被害のあった経営体について見れば，営農再開割合はわずか 23.6％ に止まっている。営農を再開できない理由は，「原発事故の影響」が圧倒的に多い。

これらのことから，宮城県のように津波被害の多かった地域で営農再開が特に遅れていること，津波被害を受けた地域の中でも，住居の高台移転等が進められている地域では，生活拠点が定まらないことが営農再開にも強い影響を及ぼしていることがわかる。また福島県では，原発事故による放射性物質の汚染により，津波被害を受けなかった地域でも広い範囲で，営農再開の遅れが生じていることがわかる。

3. 調査対象地域における復興への取り組み

この研究では南三陸町を現地調査の主な対象としたが，本節では，南三陸町

および隣接する気仙沼市（以下，「気仙沼・本吉地域」）[注4] における農業被害と復興への取り組みについて取り上げる。あわせて，対照的な自然条件の下にある仙台市の状況についても取り上げ，比較検討する。

3-1　気仙沼・本吉地域における農業復興への取り組み

(1)　震災被害の状況

　気仙沼・本吉地域は，リアス式海岸が続く三陸沿岸地域に位置し，東日本大震災の津波によって甚大な被害を被った。浸水被害にあった農地面積の割合は気仙沼市で 30.5％，南三陸町で 38.2％，被害のあった農業集落の割合は気仙沼市で 70.2％，南三陸町で 86.2％，被害のあった農業経営体の割合は気仙沼市で 29.7％，南三陸町で 48.0％ に達する[注5]。津波被害にあった農業経営体は気仙沼市で 450 経営体，南三陸町で 300 経営体あり，そのうち営農を再開した経営体は気仙沼市で 210 経営体（46.7％），南三陸町で 110 経営体（36.7％）に止まっている（2014 年 2 月 1 日現在)[注6]。

　これらの地域の農業は，震災以前から，中山間地域にあることから耕地が狭く，経営規模も零細で，基盤整備も遅れていた。農業の担い手の脆弱化が進んでおり，気仙沼市と南三陸町を合わせた耕作放棄地面積は，2000 年の 680 ha（耕作地面積に占める割合 21.3％）から 2010 年には 1279 ha（同 38.8％）と，実面積，耕作放棄地面積割合共に大きく増加している[注7]。このように，当地域は震災以前から農業の困難性が大きく，全国の中でも先駆けて表れていた地域であるといえる。このことは，震災からの復興を進める上でも，この地域独特の難しさにつながっている[注8]。

(2)　営農再開への取り組み状況

　当地域の農地復旧状況は，復旧対象面積 1130 ha に対して復旧着手面積が 1110 ha（98％），復旧完了面積が 940 ha（83％）となっている。稲作と園芸別に再開状況を見ると，稲作は，2010 年産米作付面積 1014 ha に対し 2014 年産米作付面積は 676 ha と 67％ の水準に止まっている。一方，園芸は，園芸用ガラス室・ハウスの復旧対象面積 5 ha に対し，復旧面積は 4.6 ha と 92％ ま

第 7 章　被災地農業の復興　　　139

でになっている。以下に記すとおり，園芸は営農を組織化し復興予算を活用することで比較的早い立ち上がりが見られているが，稲作は，零細な経営，傾斜地に分散する狭小な農地，担い手の脆弱性等が影響して，営農再開が遅れ気味であることがうかがわれる。

当地域では，2011 年度から東日本大震災農業生産対策交付金を活用した営農再開への取り組みが開始された。初年度は農協が，2 年度目からは組合等が事業実施主体となって，農業用機械や施設を貸与し，あるいは施設を取得している。

南三陸町では，共同利用施設として歌津ライスセンター，志津川集出荷施設が建設された。また，農家が集まって，組合を組織して生産を再開する取り組みも進んでいる。あぐり第一復興組合は，パイプハウス（1 ha）を設置して小松菜等を生産している。いちご生産組合は，42a のハウスで，津波浸水被害を受けた農家が移転して営農を再開した。南三陸町復興組合華（鉄骨ハウス 1.5 ha），園芸作物生産組合，フローリッシュ生産組合，リアス小菊栽培研究会は，震災前から産地形成がされていた輪菊の復興に取り組んでいる。また，中瀬町復興組合は，野菜生産農家がハウスにより営農を再開している。

気仙沼市では，共同利用施設として階上ライスセンター，本吉育苗センターが建設された。また，農家が組織化により営農を再開した事例として，階上大谷機械利用組合（5 戸，枝豆栽培），階上いちご復興生産組合（6 戸），階上いちご第 2 復興生産組合（3 戸）が復興に取り組んでいる。

また，市町村が事業主体となって被災農家等に機械・施設を貸与する被災地域農業復興総合支援事業も，南三陸町において，農業機械施設整備や菊生産施設等の整備のために活用されている。

このように，農業の復興は進んできたが，元々中山間地域で営農条件の困難な地域であり，営農再開の意思が明確でない農家も多い。傾斜地における小規模農地も多く，農地復旧も遅れがちである。そのような中では，ここで見たように，営農の組織化や施設園芸等による新しい作目への挑戦などを通して，新しい農業経営の育成を図っていくことが必要である。また，それらを後押しする，地域の特産物のブランド化なども求められる。このため JA 南三陸では，次のような特産物のブランド化を推進している。

①春告げ野菜——日照時間が長い立地条件を生かして，1月から3月に収穫する7種類の野菜（ちぢみほうれんそう，春立ちなばな，ちぢみ小松菜，菜花，ふきのとう，ちぢみゆきな，アスパラ菜）を「春告げ野菜」としてブランド化している。春を連想する色鮮やかなパッケージデザインで，スーパー等での浸透を図っている。

②気仙沼茶豆——気仙沼に伝わる地域特有の品種。香り高く甘みが強い茶豆。

③アンジェレ——全農オリジナル品種のミニトマト。

(3)　具体的事例

南三陸町のあぐり第一復興組合は，津波で自宅や畜舎等を流された青年たち3名によって組織された。

メンバーのHさんは，大学卒業後企業勤務等を経て帰郷して農業を継ぎ，花と野菜栽培に取り組んでいたところで津波被害に遭った。そして，雇用を生み出し，地域を活性化したいとの思いから，組合を結成して，ビニールハウスによる小松菜栽培に乗り出した。1haにハウス33棟を建設し，小松菜，春菊，ほうれんそう等を栽培している（写真1）。

施設と機械は東日本大震災農業生産対策交付金を活用して農協が取得し，当復興組合にリースしている。労働力は，収穫・調製に地元からアルバイトを雇用している。契約先への販売であるが，農協を経由するため代金回収は確実で，農協は販売先開拓にも協力した。

この組合の例は，復興への青年たちの思いと復興施策，農協の支援がうまくかみ合って，短期間のうちに大規模な施設園芸農業が確立した好事例といえる。

南三陸町の株式会社小野花匠園は，震災を契機に，青年たちが地元での雇用を増やすことを目標に新しい施設園芸農業に取り組んでいる例である。トマト，菊，いちご等に取り組んでいる（写真2）。

特徴的なことは，株式会社組織にして安定的な雇用をめざし，市場出荷から直接販売に切り替えて有利販売を実現し，品質にこだわり「はるちゃんトマト」などのブランド化を進めるなど，新しい取り組みを積極的に進めていることである。販路拡大面では，コンビニエンスストアやスーパーに軒並み飛び込み営業を実施して，仙台も含む広域的な販路を確保した。この結果，アルバイ

第7章　被災地農業の復興　　　141

写真1　南三陸あぐり第一復興組合（南三陸町にて 2014 年 3 月 27 日，筆者撮影）

写真2　小野花匠園の菊ハウス（南三陸町にて 2014 年 3 月 27 日，筆者撮影）

トだけでなく正社員雇用も増加して，地域を支える大きな力になってきている。

3-2　仙台市沿岸部における農業復興への取り組み

(1)　震災被害と復興への取り組み

　ここまでは，南三陸町を中心とする地域における震災被害と復興の状況について見てきた。これらの地域は，三陸沿岸地域であり，リアス式海岸が続き，狭隘な平地に津波被害が集中したという特徴を持っている。また，一般に農業経営の規模が零細であり，担い手が脆弱化しており，水産業その他の生業との兼業で暮らしが成り立ってきた地域である。

　そこで，ここでは対照的な地域として，広大な平野部が広がり，生産性の高

い水田農業が展開されてきた仙台市沿岸部における被害と復興について，JA仙台管内の状況を見ることとする。

　JA仙台は，海岸線に接する仙台市，多賀城市，塩竈市，松島町，七ヶ浜町，利府町の3市3町を管内に含む。仙台平野と呼ばれるこの地域は東北地方における最大の平野であり，豊かな米作地帯が築きあげられていた。

　海抜が低く平坦で広大なこの地域は，津波によって甚大な被害を被った。この3市3町内の耕地面積（樹園地を含む）は7612 haで，うち津波被害を受けた面積は3155 ha（41.4％）にのぼった[注9]。そのうち水田面積について見ると，総面積は6568 haで，津波被害を受けた水田は2831 ha（43.1％）であった。

　宮城県中・南部の平野地域では，被災農地の復旧を進めるとともに，農地の大区画化による生産性の高い営農の実現を図る大規模な圃場整備事業が多く実施されている。

　仙台東部地区においては，震災発生直後の2011年4月5日に，仙台東部地区農業災害復興連絡会が結成された。この連絡会の構成員は，JA仙台，仙台市，土地改良区で，後に宮城県地方振興事務所，東北農政局が加わった。このような，国・地方自治体・農業関係機関を網羅する体制の下に，復旧，復興計画の検討が進められた。そして，将来を見据えて農地の大区画化を図る圃場整備事業を実施することとなり，国直轄事業として仙台東地区圃場整備事業が2012年10月に開始された。2014年度内に農地復旧工事はすべて完了し，引き続き農地の大区画化等が実施されている。区画整理により，田1807 ha，畑102 ha，合計1909 haを整備する。圃場の大区画化と水田の汎用化により，水稲と大豆・野菜等を組み合わせた複合経営を確立する。

　この地域での営農の再開は，南三陸町でも見たとおり，組織化によって進められているケースが多い。津波によって農地・農業用機械・施設のすべてに被害を受けた被災者にとって，個別に機械・施設を再取得することは困難であり，また，東日本大震災農業生産対策交付金などの施策の多くが，受益者の組織化を条件としていること，さらに，後継者難等により，個別経営による営農再開に踏み切れない被災者も少なくないことによるものである。このため，JA仙台管内では36の担い手営農組織が生まれており[注10]，うち7組織が法人化し

ている。それには，農協自身が出資している法人もあり，また，法人化をめざ
す組織もある。

　一方で，販売面やブランド化でも，多彩な努力が行われている。JA 仙台は，
2011 年 10 月に大型直売所「たなばたけ」をリニューアルオープンし，総菜・
豆腐・スイーツ等の工房を開店，消費者に地域の農業を理解してもらう交流の
拠点として活用し，発信している。また，宮城県が全国 2 位の大豆産地であり
JA 仙台も県内有数の大豆産地であることに着目し，「仙大豆」ブランドとし
て，大豆を使用したチョコレート，焼き菓子，おつまみ等を開発するなど，ブ
ランド化と商品開発にも力を入れている。

(2)　荒浜プロジェクトに見る農業とコミュニティの復興

　以上のようにして仙台東部地区で進められている復興の事例として，「荒浜
プロジェクト」を取り上げる。

　仙台市若林区の荒浜集落は，農家戸数約 180 戸，水田を中心とした農地が約
180 ha ある集落であった。この地区では，震災前には，農事組合法人荒浜農
産が担い手として地区内の農地の半分を受託していた。ところが，震災によっ
て，荒浜農産を担っていた主なメンバーが亡くなり，荒浜農産は解散を余儀な
くされた。

　このような状況の下で農地の復旧が進んだが，復旧後の農地の担い手に誰が
なるかという問題に直面することとなり，2013 年 2 月に JA 仙台の主導によ
り荒浜プロジェクトが開始された。このプロジェクトの目的としては，以下の
ことが掲げられた。

　①壊滅的な被害を受けた荒浜地区の農業とコミュニティの再生

　②震災前の農業に戻すのではなく 5 年，10 年先を見据えた農業へ

　③次世代がしてみたいと思える農業の実現

　荒浜プロジェクトの構成員は，荒浜地区の農家代表者，東北大学大学院農学
研究科，仙台農業改良普及センター，仙台市，JA 仙台であり，事務局は JA
仙台である。

　そして，2013 年度には以下のような取り組みが開始された。

　①各種作物の試験栽培——いちご，小菊，ミニトマト，葉物野菜等の試験栽

培。農業を通じて農家が集まる場を形成する。

②復興イベントの開催──「ひまわり祭り」「せんだい×荒浜ウィークエンド」「復興感謝のつどい」「荒浜小農業体験学習」等。地区内住民は住居を失い，地区外に分散避難・居住していることから，イベントを通してコミュニティのつながりを実感してもらう。

③農地管理手法の検討──農地の所有と利用の分離（一括利用権設定等）

このような取り組みの上に，2014 年 12 月，震災前に集団転作を担っていた荒浜集落営農組合を母体として，農事組合法人せんだいあらはまが設立された。同法人には農業大学校を卒業した若者が 2 名就職した。こうして，同法人は，地区の農業復興の要として活躍を始めている。

3-3　地域別に見た農業復興の問題点

(1)　三陸沿岸地域における復興の問題点

気仙沼・本吉地域と仙台市における農業産出額の推移を図 1 に示した。震災前の時点で市町村別にデータを取れる最近年である 2006 年と比較すると，両地域ともに農業産出額は震災前の水準を回復するまでに至っていないが，仙台市は約 8 割の水準にあるのに対し，気仙沼・本吉地域は 6 割程度の水準に止まっている。仙台市では，大規模な圃場整備事業が実施されているために生産回復が遅れている面もあり，それを考慮すると，南三陸町・気仙沼市の回復の立ち後れ感が強い。

三陸沿岸地域は，山がちな地形で傾斜地が多く，農地は狭小で分散しており，農業経営も一般に零細であった。これらの地域では，小規模農業と水産加工業・商業・製造業等への従事を組み合わせた兼業により生業が営まれる姿が一般的であった。

このような特徴を持った農業は，担い手の減少と高齢化がより著しく進んでおり，耕作放棄も多くなっていた。農業の条件が不利であり，その脆弱性も強かったと言える。元々，将来にわたる営農の持続可能性には，黄色信号が灯った地域が多かったのである。そのため，震災からの復旧・復興を図ろうとする力もまた弱かった。

第 7 章　被災地農業の復興　　　　　　　　145

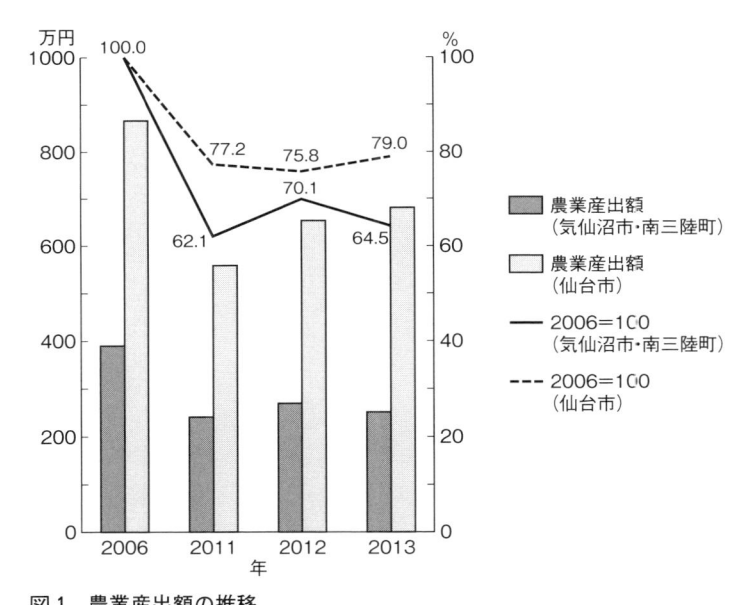

図 1　農業産出額の推移
（注）市町村別農業産出額は 2006 年で公表終了。2011 年以降当面公表するこ
　　ととされている。
出所：農林水産省「生産農業所得統計」から作成。

　また，農家の「なりわい」としてその全体を捉えると，これらの地域経済で
極めて重要な役割を果たしてきた水産加工業の復興の遅れが目立つ。これは，
経営再開までの間に失われた販路の確保が困難であること，原発事故に伴う風
評被害が根強いこと，地域住民が震災後広範囲に分散避難し，従業員の確保が
難しいこと等が原因であると言われる。その他の商業や製造業も，津波被災地
では，多くの低平地が土盛り対象となり，新しい土地利用計画に基づいた土地
利用が実現し商業や製造業の復興が軌道に乗るには日時を要するところが多い。
　さらに，津波被災地では，多くの土地が住居移転対象となり，高台移転や他
の市街地への移転が進められており，住居移転の完了にはまだほど遠い状況に
ある。
　このような状況の下では，農地の復旧，営農再開，住居移転等の対策が個々
に行われても，被災者の生業・生活再建の立場から見れば，将来にわたる生活
設計は描きにくい。他出している次世代が帰郷して農業を継ぐことへの期待も

弱まらざるをえず，営農再開への意欲も阻害されることになる。このように，三陸沿岸地域の農業の復興には，農地等の自然条件だけでなく，他の兼業先の状況，住居移転の状況，まちづくりの進行状況などが関連しあって，複雑な状況があるといえよう。

これらの問題が総体として示している大きな問題は，これらの被災地の農業とコミュニティの持続可能性をいかにすれば確実にすることができるかという問題である。仮に，農地の復旧・整備が完了し，それらの農地での営農が再開できたとし，また，被災者が災害公営住宅に入居し，あるいは防災集団移転事業により新しい住居を確保できたとしても，それによってその地域の農業やコミュニティが持続可能になるとは限らない。震災前に表れていた，耕作放棄の増加等の農業の脆弱性がこれからも進み，新しいコミュニティの住民の高齢化や減少が進む中で新しい住民の転入がないならば，その地域の農業とコミュニティは将来深刻な存続の危機に直面することになるかもしれない。

阪神・淡路大震災後神戸市で実施された新長田駅南地区再開発では，多くの大規模な商業ビルでシャッターが下りた区画が目立ち，復興公営住宅では入居者の孤立化と高齢者の孤独死が大きな問題になっているという[注11]。このような「復興災害」が，姿かたちを変えて東北の被災地で広範囲に起きないという保証はないのである。

（2）　平野部における復興の問題点

一方で，宮城県中・南部の平野部は，水田を中心に広く優良農地が広がる地域であった。海抜が低いため，津波はこれらの地域を南北に平野を貫く仙台東部道路から海側の地域に，きわめて甚大な被害を及ぼした。

すでに見たとおり，この地域の復興は，大規模な圃場整備を行い，農地の大区画化を図る考えによって進められている。これらの事業が完成すれば，生産基盤としての農地は優れた形で再生されることが見込まれる。

しかし，区画整理事業を成功させ，効率的な生産体制を実現するためには，地権者の調整など，乗り越えるべき課題も多い。また，荒浜プロジェクトのところで見たとおり，これらの地域でも，後継者不足が多く見られ，津波被害は今後の農業の持続可能性に強い警鐘を鳴らしている。さらに，復興にあたって

は，集落営農や営農法人などの組織化を通した農業復興が進められているが，法人経営のノウハウ不足などの，新しい問題も生まれている。

　また，住居の移転も農業の復興に影響を及ぼすこととなる。地方自治体は，建築基準法に基づいて条例で災害危険区域を指定することで，対象区域内での建築物等の建築を禁止することができ，津波浸水被害を受けた広範囲の地域でその指定が行われた。これにより，住居を移転した多くの農家に，遠隔地の農地まで通勤農業を行うことになり，また，従来のコミュニティが各地に分散してしまう問題を抱えることとなった。さらに，従来の農業経営の継続の意思はないが自給的農業は続けたいとする農家も少なくなく，このような自給的・生き甲斐農業の機会をどのように提供できるかという問題も生じてくる。大規模な圃場整備と区画整理を進めて生産性の高い農業のための基盤を整備しつつ，一方で自家菜園的な農地も確保していくことが，被災農家の生活再建を支え，ひいては魅力ある地域づくりにもつながるのではないであろうか。

4. 被災地農業の復興のための課題

　東日本大震災が農業にもたらした被害と復興への取り組みは，極めて広範囲で多岐にわたっており，この小さな章ですべてをカバーすることには無理がある。本章では，被害と復興状況をなるべく網羅的に概観したうえで，三陸沿岸地域と平野部という典型的な2つの地域を選んで，それらを具体的に見てきた。以下ここでは，本章の総括として，それらから導かれる復興のための課題についてとりまとめる。

4-1　豊かな自然に根ざす経済と社会の再生

　冒頭にも述べたとおり，東日本大震災の被災地は豊かな自然に恵まれた地域であり，それによって育まれた歴史と文化で個性ある輝きを放ってきた地域である。その復興は，恵まれた自然を十分に生かし，それと調和のとれた復興であるべきである。復興集中期間とされる5年が経過したが，この巨大な災害か

らの復興への道のりはまだまだ長い。復興への取り組みを不断に見直し，この地域が持つ自然環境と自然資源の優位性を最大限に生かしていくべきことを，改めて強調したい。

4-2　土木優先と省庁縦割りを廃し被災者に寄り沿う

　現実には，復興への取り組みは，高台移転，道路整備，巨大な防潮堤建設などの，土木工事が目立つ。各省庁においても，ハード事業の工程表の進捗状況を示して，復興の進捗を競い合っているかのようである。しかしその一方で，被災者は劣悪な居住条件の仮設住宅で長引く生活に疲れ，復興が実感できないとする声が強まってきている。被災者個々の思いを受け止め，その生活や生業の再建をいかにして確保するかという視点から，復興政策が見直される必要がある。

　農業に関して言えば，すでに指摘してきたとおり，農地の復旧・復興，農業外の就業機会の復興，住宅の再建や居住地の移転，等のさまざまな問題は，被災者の立場からすれば一人の身あるいは一つの世帯に生じている課題なのであるから，それらが個々の被災者にとって整合性ある形で解決されなければならない。そのためには，土木事業優先と省庁縦割りを廃し，被災者への相談活動を飛躍的に強化するなど，復興施策のハード重点からソフト重点への転換が求められる。行政と地域におけるさまざまな組織（農協，漁協，森林組合，商工会，自治体，集落組織等）が連携・協力する体制を築き，強化していくことが課題であろう。このような連携の例としては，本章3節で取り上げた，JA仙台，土地改良区，仙台市，宮城県，東北農政局が参加して震災直後から復興に大きな力を発揮した仙台東部地区農業災害復興連絡会が挙げられる。JA仙台の場合は広域合併農協として体制が整備されていたことから，その事務局として大きな力を発揮できたが，被災地の協同組合等のすべてがそのような体制を有しているわけではない。しかしそれらの組織は被災地住民の身近にありその実情がよくわかる組織であり，行政は住民視点の復興をはかる観点から，大いにそれらの組織と連携・協力を強めていく必要があろう。またそのために，基礎自治体である市町村においても，人員の増強と財政基盤の拡充強化を図るこ

とが課題である。

4-3　複線的復興

　復興をめぐる問題点や課題は，地域によってさまざまである。農業の規模は零細であっても地域で生活するうえでなくてはならない役割を果たし，それを磨くことでキラリと光るコミュニティが形成されることが期待される地域，有利な自然的条件を生かして明日の日本農業を牽引する農業を生みだすことが期待される地域等，それぞれの地域の特性をよく捉えて，複線的な復興を図るべきである。

4-4　魅力ある農業と地域を作る

　今回の被災地における農業は，震災以前から，担い手の減少と高齢化，耕作放棄など，農業の困難性が表れていた地域が多い。それは，三陸沿岸の中山間地域のみならず，仙台平野においても同様であったことは，すでに見たとおりである。復興を通してこのような状況から脱却するためには，それぞれの地域において，農業をはじめとする生業と暮らしの持続的発展のための新しい取り組みが求められる。そのために，新しい作目や新しい経営方式への挑戦，地域の良さを生かすブランド化の推進，販路の拡大などが求められる。

　また，再生可能エネルギーを地域が主体となって導入し，その利益が地域の経済を下支えするような取り組みや，復興まちづくりに再生可能エネルギーを積極的に取り入れ，それらと農林水産業の連携を図るなど，再生可能エネルギーの活用も図るべきである。

　いま，「田園回帰」の流れが全国的に生まれているといわれる。「失われた20年」といわれる長い経済の停滞と格差の拡大の中で，東京などの大都会での暮らしよりも自然が豊かで子育てがしやすい農山村でこそ真に豊かな人生を追求できるとする考え方が広がってきた。東日本大震災の被災地は，まさにそのような，新しい価値観に基づく生活の場としての条件にあふれている地域ではないか。魅力ある農業と地域づくりに挑戦することを通して，Ｉターン・Ｕ

ターン者が被災地の復興に加わり，それをとおして自らの人生にチャレンジしていける地域になっていくことが，被災地の持続可能な真の復興につながるのだといえよう。

4-5　福島県における課題

　この研究では，その主な対象を地震災害とし，福島原発事故については正面から取り上げていない。

　東日本大震災と同時に発生した東京電力福島第一原子力発電所の原発事故は，自然災害と人災が複合した未曾有の多重災害として，東北地方を中心とする広範な地域に深刻な被害をもたらしている。とくに福島県では，農業に限ってみても，自然に働きかけ自然の恵みをいただくという農業本来の姿が否定され，その再生に向けた多大な努力が注がれているが，まだまだ長い道のりが残されているというのが実情である。それは単に帰還困難区域だけの問題ではなく，避難指示を解除した区域，低線量でありながら風評被害に悩まされている地域等も含め，それぞれの地域において，農業の分野においても深刻で解決の難しい問題に直面している。

　そしてその中で，避難指示を解除し一律に帰還を進める政策が推進されているが，それは原発被災地の問題の解決につながるどころか，問題をますます複雑化かつ深刻化させるのではないかと懸念されるのである。

　すでに見てきたとおり，農業は，単に収益をあげるための事業というだけに止まらない，多面的な意義と機能を持っている。自給的な零細経営であっても，それは農村社会において多様な就業機会の「合わせ技」で成り立つ生業の欠かせない要素であり，また，農村に居住する人々にとっての生き甲斐に直結する営みなのである。農山村の暮らしとコミュニティは，農業なしには考えることはできない。

　このような，農村社会にとって多面的かつ不可欠な機能を持っている農業を，福島においていかにすれば再生することができるのであろうか。

　それに対する具体的な対応策を提起することは本章の守備範囲を超えるものであるが，ここでは，被害実態に関する調査と情報公開を徹底すること，被災

第 7 章　被災地農業の復興　　　151

農業者の思いをよく汲みとり，相談に乗れる体制を強化すること，農協をはじめとする地域に根ざして地域を支えている協同組合や住民組織の働きを重視し，国や地方自治体はそれらへの支援と連携を積極的に進めること，さらには，福島大学等の研究機関との密接な協力・連携体制を構築し，原発被災地域における農業の復興方策の研究を強力に推進すべきことを指摘しておきたい。

［注 1］農林水産省「東日本大震災と農林水産業基礎統計データ（図説）」，平成 23 年 10 月，同平成 24 年 6 月改訂版。
［注 2］国土地理院「津波による浸水範囲の面積（概略値）について（第 5 報）」（平成 23 年 4 月 18 日）。
［注 3］農林水産省（平成 26 年 3 月）「被災 3 県における農業経営体の被災・経営再開状況（平成 26 年 2 月 1 日現在）」。
［注 4］宮城県では，気仙沼市および南三陸町を一つの圏域として復興に取り組む地域振興指針「気仙沼・本吉地域振興指針」（平成 16 年 6 月 30 日策定，平成 26 年 7 月 10 日一部改訂）を策定している。
［注 5］宮城県（2014），2 頁。
［注 6］農林水産省（2014）
［注 7］宮城県（2014），15 頁。
［注 8］宮城県「復旧の進捗状況【気仙沼・本吉地域版】平成 27 年 4 月 1 日」3 頁。
［注 9］小賀坂（2014），48 頁。
［注 10］2014 年 9 月現在。JA 仙台へのヒアリングによる。
［注 11］塩崎（2014），9–24，40–51 頁。

参考文献
伊藤房雄，小賀坂行也（2013）「宮城県における被災地の農業復旧の現状と復興に向けた課題」『農村と都市をむすぶ』2013 年 2 月号，5–12 頁。
小賀坂行也（2014）「JA 仙台における被害状況と震災復興の取り組み──荒浜プロジェクトを事例として」『野菜情報』2014 年 6 月号，47–53 頁。
斉藤由理子（2014）「大震災からの農業復興における農業者の組織化・法人化」『農林金融』67 巻 3 号，2–14 頁。
塩崎賢明（2014）『復興〈災害〉──阪神・淡路大震災と東日本大震災』岩波書店（岩波新書）。
農林水産省（2014）「被災 3 県における農業経営体の被災・経営再開状況（平成 26 年

2月1日現在）――農林業センサス結果の状況確認の概要」。

宮城県（2014）「気仙沼・本吉地域振興指針」（平成16年6月30日策定，平成26年7月10日一部改訂）。

行友弥（2013）「被災農地の権利調整をめぐって――仙台東地区ほ場整備事業を中心に」『農林金融』66巻3号，20-32頁。

行友弥（2014）「宮城県における圃場整備をめぐる問題点」『農林金融』67巻3号，46-59頁。

第8章 震災以後の生産者・消費者関係
―― いかにして放射能汚染を乗りこえるか

中 川 　 恵

はじめに

　東日本大震災によってひきおこされた東京電力福島第一原子力発電所の事故（以下，原発事故と呼ぶ）を契機として，放射性物質による食品汚染への対策は喫緊の社会的課題となっている。放射性物質は五感では覚知できないうえに，人体への影響が懸念される。とりわけ食べものは日々口にする必需品であり，関心は高い。消費者庁の調査によれば，放射能汚染に関する相談は，事故直後よりは減ったものの，今なお全国各地から寄せられている（『消費者白書』各年度）。

　農林漁業振興と地域振興を結びつける取り組みとして，地域支援型農業モデルはひとつの理想として高く評価されてきた（中川，2012；2014）。地場の食料生産者と消費者が，直接に，長期的な取引関係を構築しようと試みることによって，消費者に対して農と食の倫理を啓蒙し，生産者の経営安定化へ貢献しうると期待されてきた。しかし，放射性物質への対策は，いわゆる「風評被害」の問題にとどまらず，被災地の農林漁業復興にとって，大きな課題として立ち現れている[注1]。

　原発事故の発生は，生産地に対する信頼関係の重要性を強調してきた地域支援型農業モデルに対して重大な挑戦を強いている。特に，地域産食品を扱うことを事業の柱とする生活協同組合は，「安全」な地元産品の消費を重視することによって組合員の購買活動を維持しなくてはならない。有機農家もまた，食の「安全」を生産者への信頼感のみでは担保できない状況に置かれている。

　本章は，宮城県内の2つの事例をもとに，地域支援型農業モデルは原発事故

を契機とする問題をも乗り越えうることを示す。宮城県南部の有機農業者によって設立された，大河原町の市民活動組織「みんなの放射線測定室てとてと」と，生活協同組合「あいコープみやぎ」での聞き取り調査データを用いる。いずれの例も，震災以前から地域支援型農業モデルを実践してきた団体であり，震災後は，他の生産者団体や生協組織とは一線を画す対応を取り，早期に生産者・消費者関係の再構築をなしえた事例である。

「みんなの放射線測定室てとてと」に対する調査は，2013年1月16日から2014年3月4日までおこなった。週末に開催される「てと市」への参与観察においては，出荷する生産者および購買にやってくる消費者から話を聞いた。「あいコープみやぎ」に対する調査は，2015年1月24日から2015年6月12日までおこなった。2015年5月28日には，商品部職員と専務理事に対するインタビューをおこなった。

1. 放射性物質の測定体系

原発事故に由来する食品の放射能物質に対して初めて行政措置が取られたのは，2011年3月21日付の福島県産の原乳および，茨城県産・栃木県産・群馬県産・福島県産のホウレンソウとカキナの出荷自粛に端を発する。厚生労働省は，緊急的措置として「飲食物摂取制限に関する指標」を提示し，都道府県自治体にたいして放射性物質の測定計画作成と実施を求めた[注2]。土壌や飼料の汚染がどのくらい可食部分に移行するかは，当初，よくわかっていなかったので，順次，目安が設定された。たとえば，飼料に含まれる放射性物質の当面の「許容量」目安は，2011年4月14日に設定され，以後，改定を経て現在に至っている。

食品に関する放射能測定は，2015年5月現在，次の4つのタイプの下で行われている。実施開始時期の順に，都道府県自治体による「行政安全検査」，民間事業者による「民間安全検査」，市民団体による「市民持込測定」，そして，市町村自治体による「基礎自治体持込測定」である。これらの名称は，本章における呼称である。表1はそれぞれの放射能測定タイプの特徴として実施主体，

第 8 章　震災以後の生産者・消費者関係　　　155

表 1　食品に関する放射能測定類型（2015 年 5 月時点）

本章における呼称	実施主体	開始時期	依拠する安全基準	検体の決定者	検査方法	基準超過の食品が見つかった場合
行政安全検査	県	2011 年 3 月17 日	国	実施主体	簡易検査と精密検査*粉砕型。一部，非粉砕型	旧市町村，作目単位での出荷制限
民間安全検査	民間事業者（企業，協同組合）	2011 年 8 月頃	＜国	実施主体	簡易検査と精密検査*粉砕型	取引停止
市民持込測定	市民団体（生産者団体，消費者団体）	2011 年 11 月以降（宮城県内）	—	利用者	簡易検査*粉砕型	なし
基礎自治体持込測定	任意の市町村	2012 年 6 月以降（宮城県内）	国	利用者	簡易検査*粉砕型	食用しないよう要請

出所：中川（2015：128）を修正。

　主な開始時期，依拠する安全基準値，検体の決定者，検査方法，基準超過の食品が見つかった場合の実施主体の対応を整理した。「みんなの放射線測定室てとてと」は「市民持込測定」を，「あいコープみやぎ」は「民間安全検査」をそれぞれ実施する例にあたる。

　測定体系の整理をつうじて確認したいことは，都道府県が国の制度にしたがっておこなう「行政安全検査」とは異なる独立した測定のしくみが，それぞれの必要に迫られて出現したことである。たとえば，2011 年初夏ごろには，一部の民間事業者が独自の検査システムを確立した。表 1 では「民間安全検査」と分類されている。「行政安全検査」によって，流通食品の安全性が確認されているにもかかわらず重ねて安全検査を実施するのは，事業者が消費者からの更なる安心感を獲得するためである。そのため，「行政安全検査」よりも低い数値を基準値として設定する。たとえば，日本最大級の小売業者・イオン株式会社の場合，一般食品の基準は 50 Bq/kg である。国の定めた「暫定規制値」が 500 Bq/kg，「新規制値」が 100 Bq/kg であることを考慮すると，より厳しい安全寄りの基準設定であるといえるだろう。

　それでは，宮城県において放射能汚染に関する影響はどのように把握されて

いるだろうか。都道府県のおこなう「食品安全検査」と国の定めた安全規制値をもって安全と判断する立場に立てば，宮城県産食料品の安全性はこれまでのところ充分に保証されているといってよいだろう。宮城県において，原発事故による農林水産業への影響という文脈から特に議論の焦点となってきたのは，畜産分野に限られる。農林産物の放射能汚染に対する補償を取りまとめた JA みやぎ中央会の報告をみると，2014 年 8 月 20 日現在の受領分である 238 億円の内訳は，廃用牛の価格下落と牧草の利用自粛に起因する補償が大半を占める。というのも，和牛については 2011 年 5 月に一部地域の稲わらから暫定規制値を超える放射性セシウムが発見され，その後 7 月に規制値を超える県産牛肉が市場を経由して 37 都府県へ出荷されたことがわかり，大きな騒動となったからだ。これを受けて自家飼料の制限や検査体制の強化が行われ，2012 年 8 月 19 日の出荷制限以降は全頭検査が行われているからだ。

　ならば，宮城県の肉牛生産者以外の生産者にとって原発事故の影響はなかったと言えるのだろうか。事実は，そうではない。2012 年 6 月–7 月に宮城県農林水産部がおこなった「東京電力福島第一原子力発電所事故に伴う宮城県の農林水産物風評被害の実態把握」調査によると，宮城県の有機農業者は，農協へ系統出荷する生産者と比較して，被害がより深刻であり法的補償を受けられていない。損害賠償請求の予定についても請求を始めた例は 1 割にも満たず，「請求の予定はない」もしくは「未定」という回答が大半を占める。しかし，このことは損害がなかったことを意味するものではない。有機農業を実践する生産者の場合，原発事故から 2012 年 5 月末までの減収額については平均で累計 285 万円，最大で約 3000 万円であることを同調査は明らかにしている。にもかかわらず，損害賠償請求をおこなわないのである。

　なぜ，有機農業実践者は損害賠償請求をおこなわないのだろうか。その背景には書類作成の煩雑さがある（中川，2015）。JA が流通を取りまとめてきた畜産部門の場合には，損害賠償請求にともなう煩雑な書類作成作業を JA が代行した。これに対し，有機農業をおこなう農家は JA による取りまとめとは独立した販路を開拓してきたがゆえに，これらの作成作業も単独個別におこなわなくてはならなかった。その結果，有機農業に関わる生産者が経営の立て直しにあたってより厳しい条件におかれた。

さらに，同調査は，被害の状況を自由回答方式で記述した結果を公開している。そこには，「県外の顧客に検査結果を添付しても，『宮城県産』，『東北産』という理由で予約のキャンセルや返品や注文が来なくなった」（同：34），「出荷先の自主基準で 10 Bq または 5B q 以下を指示され，何のための国で決めた基準値なのかわからない」（同：11），といった悲鳴にも近い声が多数収められている。これらの回答は，消費者の要求が，事実上，測定機が検出可能な能力以下を意味する「N. D.（検出下限値以下）」まで引き下げられているといわれる状況の証左と言える。

　以上の宮城県の調査からは，有機農家が次のような推測を抱いていたことが明らかである。「民間安全検査」の実施は，宮城県産食料の取引を続けるためではなく，むしろ取引を停止する根拠として用いられることがある。農協を経由しない販路を構築していた生産者は，賠償請求において特に厳しい条件にさらされたことから，「民間安全検査」の実施は歓迎されなかった。それでは，このような状況の中から生産者・消費者関係の再構築を成し遂げることは，いかにして可能だったのだろうか。

2.「放射線測定室てとてと」設立と消費者との新たな関係性構築

　「市民持込測定」における放射能測定のもっとも大きな特徴は，利用者自身が納得できるかたちで食品の安全性を確認できる点にある。では，誰が「市民持込測定」を運営するのか。多くの場合，それは既存の消費者団体である。典型的な「市民持込測定」所は，既存の団体が震災を機に設置され，利用者である消費者が集まる都市部に開設された。利用者は開設時にもっとも多く，年々減少する傾向にある。生産者が「市民持込測定」を開始する例はほとんどなく，その稀有な例における実施者は，有機野菜生産者である（たとえば，飯塚，2014）。このことは，次のようなことを意味する。

　原発事故後，農業協同組合など主要な生産者団体は，「行政安全検査」にたいして一定の信頼を表明した。つまり，主要な生産者団体は，重ねて検査が必要であるとは主張しなかった。個々の生産者の意向がどうであれ，生産者団体

の多くは，一貫して「行政安全検査」によって安全性が確保されていると主張した。こうした状況にあって「市民持込測定」を開始することは，他の生産者の意向とは異なる，独自の意見表明であると言ってよい。有機農産物の生産者による「市民持込測定」は，要約すると，持込測定の必要性を主張し測定体制を確立したこと，積極的に測定を続けていること，測定結果を公表することという3点から勘案して，農業者団体とも他の「市民持込測定」とも異なっていた。

　宮城県内には8ヶ所の「市民持込測定」所が設立されたが，生産者によるものは，仙台市の「小さき花」と大河原町の「みんなの放射線測定室てとてと（以下，「てとてと」と略記）」の2ヶ所である。

　「てとてと」の設立経緯について確認しよう。活動の運営者は，宮城県南部で有機農業をおこない個人や自然食品店へ販売してきた6世帯11人の生産者である。運営者の多くは，被災当時40代から50代であり，仙南地域への21年から30年来の移住者である。たとえば，運営者のひとりは23年前に丸森町へ移住し，公務員から一転，新規就農を果たした。震災前は，水田10aのほか，畑100aで50種類の無農薬野菜を栽培し，首都圏の消費者30件への直接販売によって生計を立てていた。彼らは有機農業にかんするイベントなどをつうじて震災前から顔見知りであり，仙台市の「小さき花」の運営者とも震災前からの知り合いである。彼らは，どのようにして測定所開設へ至ったのだろうか[注3]。

　2011年4月，震災後の混乱のなかで，彼らは東京電力と宮城県にたいして土壌や食品の放射能測定を打診した。だが，東京電力からの回答はなく，宮城県からはサンプリング検査によって安全性は確認されているから個別の要望には応えられないと回答された。その後，横浜市の専門機関に依頼した調査の結果，畑の土壌から放射性物質が検出され，経営をめぐる諸々の対応に各自が追われることとなった。だがその一方，意外にも野菜の放射線量は高くないことも明らかになり，このことに希望を見いだす。2011年9月は，千葉県柏市において，日本で初めての「市民持込測定」所が開設された。この活動を知ったことによって，生産者自身が測定して安全性を確認できる体制を整えようという機運が高まった，と彼らは振り返る。開設準備を進めるうちに，生産者以外

第 8 章　震災以後の生産者・消費者関係　　159

にも測定を求める声があることを知り，会員制の持込測定として運営するに至った。活動拠点を構える大河原町は，人口 2 万 3000 人の地方都市であり，宮城県南部の行政機関が集中する要所である。「てとてと」が開設された 2011 年 11 月 23 日は，牛乳や牛肉など宮城県産食品について放射能汚染を疑われる事態に発展していた上に，まだ南部のどの自治体も「基礎自治体持込測定」を開始していなかった時期であった。

　さて，施設名である「てとてと」とは，生産者と消費者が手と手を携え，心と心をつなぐ場所にしたいという思いを込めた名づけであった。それは，この施設を運営する有機野菜生産者たちが，原発事故によって生産者と消費者，生産者と生産者の間に深い断絶が生まれたと考えていることの裏返しでもある。それでは，有機農業にかかわる生産者がこのように「市民持込測定」所を早期に開設し，積極的な測定活動を続けてきたことは，どのような結果をもたらしたのだろう。

　改めて強調したいのは，宮城県産野菜はこれまで一度も国の定める「暫定規制値」，「新規制値」を超過していない。国の基準を前提とする限り，流通食品の安全性は証明されている。主要な取扱品である野菜からの高濃度汚染は一度も発見されていない。つまり，汚染されている可能性は高くないのに，測定活動をおこない続けているのである。にもかかわらず，「てとてと」を運営する有機農業実践者たちは，原発事故直後の 2011 年 3 月下旬以降から測定体制が確立される 11 月下旬までのあいだ，自らが育てた有機野菜の販売を停止した。つまり，県が検査を行い，安全であると示し続けていたにもかかわらず，彼ら有機農業実践者たちは，「自分が栽培する野菜が安全かどうかはわからない」と考え，自ら取引を休止した。しかし，彼らの言によれば，それは当然である，という。農薬や化学肥料をつかわず，自然のまま作られた野菜の安全性を信頼して購入してきた消費者にたいして，放射能に汚染されているかもしれない野菜を届けることなどできない。売るならば自分たち自身で測定し，放射線量を確かめてからでないと売れないと考え，休止を決断したのだ，と彼らは語る。

　このことの特殊性は，「てとてと」設立にあたって参考にしたという千葉県柏市の「市民持込測定」活動と比較するとわかりやすい[注4]。柏市の活動において特筆すべきは，この活動が持込測定の不在を問題視することから発生し，

当時国が採用していた「暫定規制値」よりも厳しい独自の安全基準値を設けることで利用者の信頼を勝ち得た点である。つまり，行政機構は，よりきめ細やかな検査体制を確立し，より厳しい安全基準を採用すべきだが，そうではないから「市民持込測定」をおこなうのだと活動を位置づけた。この論理は，「民間安全検査」実施の場合とよく似通っている。だが，「てとてと」の場合は，行政施策の不十分さを全面に掲げて「市民持込測定」の意義を語るのではない。有機農業の理念に照らせば，国に安全性の証明を委任しようとする姿勢は，決してとり得ない。安全性の証明について自ら確認できる体制をもたないことは，有機農業に取り組む生産者にとって義務の放棄である，と考えて測定を行っている。

　「てとてと」を運営する有機野菜の生産者たちは，「行政安全検査」によって安全性が証明されている，という立場には立たない。上記の立場に立って営農を再開することは，不誠実であり安全性の証明という点で確実ではない，と考える。たとえ手間がかかっても自ら測定し，結果を公表しなければならない，と言うのである。

　だが，そう考えることは，放射能測定を自らおこなわなくてはならないということを意味する。すべての作目について放射能測定をおこなうことは，むろん，容易なことではない。その大変さは，次のように語られる。

> １kg の野菜を細かく刻むのに要する時間，測定室の空いている夜間に運んでいって30分間の測定。（中略）年間50種類以上の生産物があるため，積算すれば膨大な時間と労力を費やすことになる。測定の済んだ野菜は，ニワトリに食べてもらってもよいのだが，その手間を考えれば，もったいなくて，自分たちの食事になる。大量のきざみ野菜料理，卵焼きは 2-3 日続く。（『てとてとミニ通信 2 号』2012 年 6 月発行号）

　「てとてと」での放射能測定は粉砕型と呼ばれる測定器を用いる。サンプルを粉々に粉砕し，必要量容器に詰めることが測定のために必要な作業である。これは，現在の一般的な放射能測定技術である。「てとてと」が設置する装置の場合，それは１kg 以上の分量と，30 分以上の測定時間が必要である。事故以前であれば売り物として販売できた野菜や卵を測定用にと取り分け，測定のために粉々に粉砕し，測定所へ通い，測定を待ち，測定結果を受け止めるだけではなく，測定が終われば後処理をしなければならない。この農園の場合，年

間 50 kg 以上の野菜や卵が，測定のために処理される。こうした測定にともなう苦労は営農を続ける限り，これから先も続けなくてはならない。彼ら生産者たちは，測定の苦労を吐露しつつも，自分の手で測定をおこなわなければならないと考えているのである。

　有機農業は，その成立期から国の安全基準や規制を批判的に捉え，自省的に厳しい安全性を追求する営みであった。それゆえ放射能測定に際しても「行政安全検査」が証明する安全性では納得せず，自らの手で確認できるまでの間は安全性が証明されていない，と考えたのである。もし，原発事故後に農協との関わりを強めるか市場出荷をおこなえば，一定の販路と収入を確保することができたかもしれない。しかし，調査の限りでは，有機農業を実践するＡさんたち生産者は，このような方法を選択しなかった。なぜならば，彼らがおこなってきた有機農業・自然農法の実践は，彼ら自身が自ら選び取り，追求してきたライフ・スタイルそのものであり，既存の農業と物流にたいするアンチテーゼだったからだ。有機農業において直接販売から市場出荷へ変えることは，営農方式の変更であるのみならず，既存の生産基準よりも厳しい条件を課して安全な食べ物をつくることに心血を注いできた生き方を否定する転向を意味する。そのため，原発事故を契機に有機農業を諦めて営農を続けるために市場出荷をする，という選択は彼らにとってあり得なかった。だからこそ，「てとてと」を立ち上げた有機農業実践者たちは，行政にたいして「新規制値」よりも厳しい基準設定を求めるのではなく，彼ら自身が放射能測定をおこなうことができる体制確立のために行動を起こしたのである。

　「てとてと」が開設されて３年以上が過ぎたが，現在の主な測定利用者は，地元の農産物直売所へ出荷する小規模農家である。当初は必ずしも歓迎されていなかった自主測定であるが，今や第三者機関による放射能測定に相当すると評価され，検査結果は出荷時の証明書として利用されている。賃貸する測定所では，平日はスタッフが常駐しつつ測定をおこない，週末は測定済み食品の産直市が開かれる。産直市は町内外の利用者に好評で，開店と同時に陳列物が売れていく。測定所を主催する生産者のなかには，営農を停止したままの生産者も再開した生産者もいる。復興に対する意識には差があるものの，放射線量を開示することで買ってくれる人がいることが失いかけていた自信を取り戻させ

てくれる，と話す生産者の表情は明るい。40代の，子どもを持つ女性を中心として，情報交換のために活用する利用者も多い。

　産直市「てと市」での消費者とのかかわりは，2012年以降，食品の部位ごとの放射性物質濃度の測定や通学路の放射線量測定，子どもの尿検査などへと発展し，「てとてと」は仙南地域における放射線に関する情報発信基地として機能するようになった。未だ放射能汚染について語ることがタブー視される当該地域において，「てとてと」のような議論や学習の場が果たす役割は，今もって重要である。

3. 「生活協同組合あいコープみやぎ」における検査体制の 早期確立と生産者の反応

　次に，「民間安全検査」における事業者の対応について確認しよう。事業者の放射能汚染への対応は，国の方針を採用し，独自の検査はおこなわないとする立場と，独自の安全基準を採用し独自の検査をおこなうことで安全を宣言する「民間安全検査」との2極分化を示し，どちらの立場にも厳しい批判が寄せられた。特に，国の定めた規制値を下回るより厳しい自主基準値を設定する立場は，宮城県産食料を市場から締め出しているという批判を，行政機関や生産者団体から受けねばならなかった（関根ほか，2013）。

　「あいコープみやぎ」は，被災3県の生活協同組合のなかで，独自の安全基準値を設定し，もっとも早く「民間安全検査」を実施した。食の安全を掲げる生活協同組合として，放射能汚染は事業の根幹にかかわる重要な問題であった。だが，一方で地域の生産者との信頼関係を事業の柱として学習や交流に力を注ぐこともまた事業の重要な柱であった。だとすれば，「あいコープみやぎ」は，いかにして「民間安全検査」の実施を決定し，それを生産者はどう評価したのだろうか。

　「あいコープみやぎ」は1979年に設立された，組合員約1.5万人，年間供給高約20億円の無店舗型生活協同組合である（2014年度）。宮城県にはふたつの生活協同組合があり，もう一方の生協の組合員は約71万人と大所帯である。

第 8 章　震災以後の生産者・消費者関係　　　163

「あいコープみやぎ」は相対的に規模が小さい，宅配方式の生活協同組合である。

　「あいコープみやぎ」が重視する特色ある活動は多岐にわたる。無農薬・環境保全型農業の励行，ネオニコチノイド系農薬の使用禁止に向けた研究，遺伝子組換え作物の自生調査，レンタル農地を利用した教育・農業体験，などが代表的な取り組みと言えよう。放射性物質に関する自主基準値の設定と検査体制の確立は，上記の取り組みに並ぶ，新たな特色ある活動だといえるだろう。

　組合員数・取扱高の推移を確認しよう。「あいコープみやぎ」では，大津波による生産・物流網の崩壊，その後の混乱・復旧の影響を受け，2011 年 3 月後半から 5 月までは活動が大きく限定された。しかし，震災を契機とした組合員の大幅な脱退はなく，直近の 10 年間では 1.4 万人から 1.5 万人の間を安定的に推移している。2014 年度の供給高は，直近の 10 年間で最も高い時期と比較して，8〜9 割を堅持している（「あいコープみやぎ」各年度事業報告資料）。事故の影響を理由とした脱退や売り上げ減は，一時的にはあったものの，この 4 年の間に持ち直しつつあるといえるだろう。

　「あいコープみやぎ」における放射能汚染への対応の経過を振り返りたい。2011 年 3 月 11 日の地震発生時刻は，「あいコープみやぎ」にとって，ちょうど各地の組合員宅に向かう配達時間にあたり，運搬を担当する職員 2 名がそれぞれ津波にトラックごと流され，一時連絡がつかなかった。津波は，物流と事業の拠点である本部センターまでは達しなかったものの，取引する生産者らの被災状況は甚大であった。食料の入荷はすぐに滞り，停電や電話の不通もあって注文品の配達は停止を余儀なくされた。3 月 14 日からは，組合員を訪問し支援物資を届ける安否確認を開始するも，すぐにトラックの燃料が底を尽き，これも中断を余儀なくされた。3 月 21 日から組合員の安否確認が始まったころ，各地の連携生協から支援物資が届きはじめた。

　4 月に入ると，大部分の地域で供給体制が復旧した。供給体制が整うにつれ，放射能対策が重要な課題であることが，組合員と組織双方によって認識されるようになる。2011 年 7 月からは産地の空間線量や土壌，生産資材などを中心に生産現場の放射能測定を開始し，食品の放射能測定も順次進められた。同年 11 月からは東北大学環境科学研究科の協力を得て取扱い食品の放射能測定事

業を開始し，2012年4月にはカタログに掲載するほぼすべての食品について放射能測定体制を整えた。

　原発事故から約1年が経過した2012年4月から，自主基準値は50 Bq/kgへ引き下げられ，現在は25 Bq/kgへと引き下げられた。この変更は，主たる測定依頼先である東北大学大学院環境科学研究科が所有する測定機械の精度によるところが大きい。2011年6月からの試行期間を経て，精度の判定を終えたことで，より低線量の放射性物質について測定することが可能となった。こうして，現行の体制が確立された。

　「あいコープみやぎ」による「民間安全検査」の結果は，文書として全組合員に通知される。図1に例示したように，通知には簡易検査を行った品目の一覧と検査結果詳細が掲載される。放射性物質が検出された場合には，「放射性物質が検出されました」という見出しのもと，検出された放射性セシウムの数値，該当する注文週，検出の原因，対策が報告される。文書は組合員へ通知されるだけでなく，すべて，インターネット上のウェブ・ページにて組合員・非組合員を問わず閲覧できる。

　初期の対応において特に注目すべきは，2011年3月末に公表された放射能測定方針，5月末に公表された理事会の方針，そして，6月上旬におこなわれた宮城県を中心とする生産者に向けた放射能測定方針の説明会である。

　「あいコープみやぎ」は，3月28日付文書において，提供する食品に含まれる放射性物質への対応方針を打ち出す。そこでは，国と他生協がおこなう検査結果に依拠して，食品の流通を停止することが告げられる。3月11日に地震が発生し，3月21日に給油体制を整え，組合員への安否確認をようやく再開したことを思えば，迅速な対応であったといえるだろう。その後，理事会は議論の末に，「これまでの地場生産者との信義を重んじること，それ以上に，私たちの文化であり風土そのものである東北の農畜産業・水産業を滅ぼさないために「地産地消」の旗を掲げ続けてゆくこと」（「あいコープみやぎ」2011年度事業報告資料「特別報告」14頁）を確認した。

　この報告が意味するのは，「地産地消」を団体の基本方針とすることに対して，当時は異論があったということだ。2011年3月末には，福島県や北関東地方産の葉物野菜から放射性ヨウ素が検出され，茨城県沖産のコウナゴからも

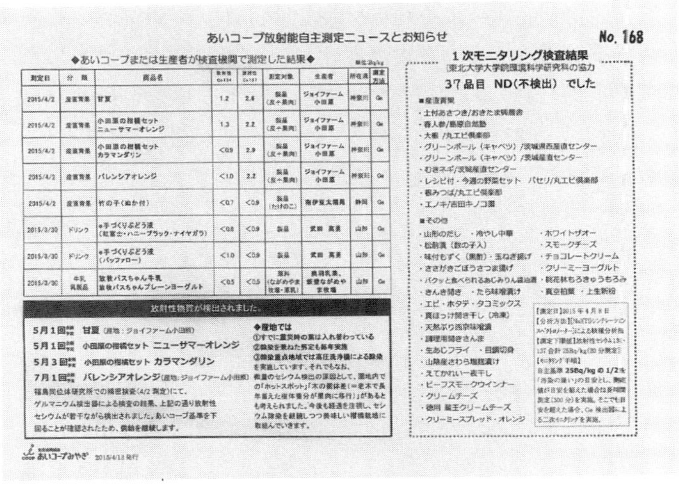

第 8 章　震災以後の生産者・消費者関係　　165

図1　「あいコープみやぎ」における放射能測定結果の通知

放射性セシウムが検出されていた。宮城県内に住む組合員からは，国の設定する安全基準は信頼できないという声が強く，「東北産のものは扱わないでほしい」という声さえ聞かれた。しかし，理事会は次のように考え，宣言をおこなう──もしも，この先，宮城県産食品から放射能汚染が見つかり，それが度重なるのだとしたら，その時は，他地域の生産者と新たに取引関係を結ぼうとするのではなく，生協の解散を考えるべきだ。なぜなら，食品の汚染は土壌や水の汚染であり，食料を中心に扱う生活協同組合にとって，それは，事業と活動の基盤が脅かされていることを意味するからだ。もちろん，検査することもなしに，地場生産者に対して「組合員が不安がっているから別の人から購入する」という説明は信義にもとる。だから，どのような結果が出ようとも，自前の検査体制を確立し，その検査結果に依拠して対応を決めるべきだ──これが理事会の結論であり，「地場生産者との信義を重んじること」の意味だという。

　こうして，5月30日付文書において，測定体制確立のために放射能測定機器を発注済みであることが，組合員に向けて報告された。以上の対応は，宮城県内の食品について，どのような結果が出ることになるかわからない中でおこなわれた。きわめて，勇気のいる決断だった。

　6月10日には，宮城・山形県の関係生産者を対象に，検査活動の基本方針

が説明された。復旧作業に追われるなか，説明会には 50 名ほどが集まったという。自前の測定機を用いた放射能測定は，6 月 16 日から開始され，高い関心をもって動向が注目された（ミヤギテレビ「震災特集」2011 年 7 月 31 日放送；『河北新報』2011 年 8 月 27 日夕刊）。

　測定活動を続けることで，組合員の反応は当初の拒絶的なものから徐々に変わっていった。このことは，たとえば，「あいコープみやぎ」が取引する神奈川県小田原市産の柑橘類からも見て取ることができる。柑橘類に含まれる放射性物質量は年々減少しているものの，2015 年 5 月 13 日発行分測定結果によると，およそ 3 Bq/kg の放射性セシウムが検出されている[注5]。ここでは，放射性セシウムが検出されたにもかかわらず，取引量が回復傾向にあること，柑橘類は必需品目ではないことに着目しよう。図 2 に示すように，柑橘類の取扱量は，原発事故以前の水準まで回復しつつある。組合員 1 世帯あたりの取扱量を換算すれば，原発事故の取扱量を上回る品目さえある。発災後初めての出荷年度には，例年を大きく下回る取扱高だったが，その後回復傾向にある。図 2 に示した品目以外に取引している柑橘類 7 点についても，おおむね同様の傾向を認めることができる。また，この傾向は，宮城県産および茨城県野菜にもおおむね当てはまる。このような回復傾向は，測定結果のすべてを公表していることに対して，組合員が信頼を寄せているのだと解釈できる。

　さて，このような対応は，生産者にとってどのように受け止められたのだろうか。6 月 10 日の説明会にて，独自に検査をおこなうことと，独自の基準値を 100 Bq/kg にすることが「あいコープみやぎ」から通知されると，生産者からは，不安の声が上がった。しかし，この当時は，市場や大手量販店が，宮城県産食品を，汚染状況に関わらず，宮城県産であるという理由で拒否している状況にあった。生産者が「あいコープみやぎ」の提案を受け入れなかったとしても，他の取引が回復する見通しは，立っていなかった。つまり，皮肉なことだが，市場において回避行動が主流であったがゆえに，「あいコープみやぎ」と取引する生産者は，厳しい測定体制の確立に協力的な態度を示した。

　生産者が独自の検査に協力したのは，「あいコープみやぎ」が，食の安全にこだわりをもつ生活協同組合であったことも大きい。会場に集まったのは，いずれも宮城県において食の安全に対してリーダーとして評価される生産者団体

第 8 章　震災以後の生産者・消費者関係　　　　　167

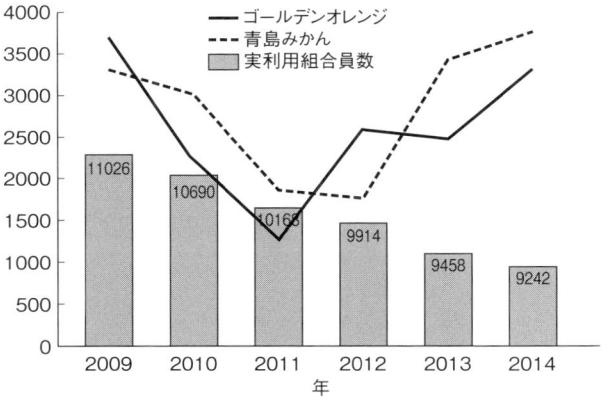

図 2　「あいコープみやぎ」における神奈川県産柑橘類の取引
量推移
出所：「あいコープみやぎ」提供（2015 年 10 月 1 日）。

であった。もし，彼ら生産者がこの方針を受け入れられないと言うならば，県
内に他の生産者を探すことは難しい。だからこそ，地元食品の取り扱いを続け
るためには，彼ら生産者の理解は不可欠だった。説明にあたった職員は，無農
薬野菜を提供してきた生産者の 1 人が「今は，地元の人に買ってもらうしかな
い。だから，検査を受けよう」と，他の生産者に協力を呼びかけた姿を，今も
よく覚えているという。
　その後，「あいコープみやぎ」は自主基準値を 50 Bq/kg，そして 25 Bq/kg
へと厳格化する。けれども，これらの変更に対して，生産者からの反対する意
見は，ほとんど聞かれなかった。なぜなら，すでに多くの品目について，これ
らの基準をクリアできると予測できていたからだ。対策を打たなければいけな
い品目についても，努力すれば達成できる目標であると捉えられていた。自主
基準の設定と検査の実施に対して生産者が消極的な態度をとったのは，汚染状
況の把握がすすんでいなかった上に，検査の実施が事実上の取引停止を意味す
るのではないかと危惧したからである。「あいコープみやぎ」の姿勢が明示さ
れ，汚染状況の把握と対策がすすんだ時期には，生産者は「民間安全検査」の
実施に協力的な態度を示した。
　「あいコープみやぎ」の方針は，他地域の関連生協組織との情報共有をつう

じて活動方針を明示し，第三者研究機関との協力体制を早期に整えたことによって，より高い信頼を得ることができたと評価することができる。原発事故後少なくとも１年間は，政府や生産者団体による検査結果に対する消費者の信頼感が低かったことを考慮すると（栗山，2012），大学機関とのネットワークを活用して検査体制を整え，その後，検査精度の向上を図ることができたことは，消費者にとって大きな安心材料であった。また，他地域の関連生協組織と足並みをそろえ，同程度の安全基準と検査体制を確立することを宣言することによって，地場生産食料にこだわりつつ安全性については今まで以上に決め細やかな対応をするという見通しを明示したことも大きい。測定結果によって，注文量には変動があるという。それでも，総体として見れば，取扱量は原発事故以前の水準まで回復しつつある。このことは，高く評価されてよい。

まとめ

　消費者が自分や家族の健康を気づかい，細心の注意を払って食料を選ぶことは，当然のことである。有機農業運動や生協活動は，そもそもそうした消費者の高い関心から出発したものである。その関心の高さを批判することはできない。「てとてと」の例に見るように，たとえ消費者が原発事故を契機に取引関係を断ち切ったとしても，それは消費者の「無理解」によるものだということはできない。筆者はむしろ，関係の解消は，食の安全という旗印を掲げた関係であるがゆえに，必然的に生じた事態であると考える。食をめぐる生産者と消費者の信頼関係は，土地の安全性を前提として，生産者の技術力を信頼して結ばれる取引契約である。それが土地の汚染について証明を必要とする事態になったとき，消費者は，その取引関係を支える重要な条件が損なわれたとみなし，取引関係を断ち切った。この事実をもって，それまでの関係性が脆弱であったとか希薄であったと判断することもまた，妥当ではない。

　本章では，地域支援型農業モデルを採用してきた宮城県内の２つの事例が，放射能への積極的な対策を講じることによって，早期に生産者・消費者関係の再構築をなしえたことを示した。「市民持込測定」事例である「みんなの放射

第8章 震災以後の生産者・消費者関係　　　169

線測定室てとてと」では，放射能測定の拠点が，食の安全に関する学習の場となった。「民間安全検査」である「あいコープみやぎ」では，検査の実施を生産者も受け入れ，取扱量の回復へと結びついている。いずれの事例も，測定結果の徹底的な開示にこだわる一方，安全かどうかの判断は消費者にゆだねるという当初の方針を貫いている点は共通している。そのことが，結果として，新たな消費者との関係性構築にむすびついたと言えるだろう。

　政府がおこなう「行政安全検査」に対して不信感が強かった時期には，自分たちが測定をおこなうこと以外に信頼できる方法がなかった。しかし，結果として「民間安全検査」や「市民持込測定」は，「行政安全検査」の結果を裏付ける結果を示した[注6]。また，「行政安全検査」とは独立に測定をおこなうことによって，政府に対するモニタリング機関としての役割を果たした。つまり，「民間安全検査」や「市民持込測定」実施が「行政安全検査」が信頼に足ることを広く示し，生産者・消費者関係の再構築に寄与したのだといえる。

[注1] 食を介した生産者・消費者関係の再構築について，福島県の事例をもとに検討をすすめている論考においても，生活協同組合の役割や市民による放射能測定に大きな期待を寄せる立場がある（小山・棚橋，2014；小松，2014）。

[注2] 国が定める安全基準は2011年3月17日から2012年3月31日までの間の「暫定規制値」が，2012年4月1日以降「新規制値」が採用されている。「暫定規制値」は一般食品500 Bq/kg，牛乳・乳製品・飲料水200 Bq/kg。「新規制値」が一般食品100 Bq/kg，乳幼児用食品と牛乳50 Bq/kg，飲料水10 Bq/kgである。コメと大豆については，経過措置がとられた。

[注3] 2015年5月12日，運営者A氏による講演資料および，『おうらい（往来）春季号』2013年1月20日発行号より。

[注4] 五十嵐泰正は，独自の安全基準値設定を国の「暫定規制値」を意識したものではないが，メンバーが納得する数値であると述べている。このことは，メンバーが国の規制システムとの対比のなかで納得していることを意味する，と筆者は考える。柏市の事例は，五十嵐・「安全・安心の柏産柏消」円卓会議（2012）に詳しい。

[注5] 3 Bq/kgを安全とみるかどうかは判断が分かれるだろう。2015年5月末現在，柑橘類への出荷制限指示はいずれの産地でも出ていない。しかし，常葉樹であることから可食部への放射性セシウム移行率が比較的高いことが経験的に知られている。そのため，各産地では低減対策が試みられているが，規制値以下の微量な放射性物

質は，検出され続けている。この農場の柑橘類についての検査結果は，そうした各地の動向と比較して，特に高い数値ではない。

［注6］「行政安全検査」の結果と「民間安全検査」の結果は，当初から常に合致していたわけではない。「あいコープみやぎ」の自主検査は，測定開始から1ヶ月が経過した2011年7月19日に，茨城県産「干しいたけ」から国の暫定規制値を超過する放射性セシウムを検出し，公表する（『読売新聞』（宮城県版）2011年7月23日）。この時期，「きのこ」にかんする出荷制限対象は，福島県の一部の露地栽培の「生しいたけ」のみであった。つまり，「民間安全検査」の実施によって，福島県以外の産地でも規制値を超過する食品が流通している可能性を指摘したのである。

ただし，こうした例は，ごく限定的である。「行政安全検査」は，このような「民間安全検査」の結果を参考に，測定品目や産地について補整をおこなうことで精度を高めている。その証拠に，「行政安全検査」の必要性を低く評価する「民間安全検査」や「市民持込測定」実施者は，調査の限り皆無である。

参考文献

飯塚理恵子（2014）「住民自治組織による里山再生・災害復興プログラム──二本松市東和地区」，守友裕一・大谷尚之・神代英昭編『シリーズ地域の再生6　福島　農からの日本再生–内発的地域づくりの展開』農山漁村文化協会，93–114頁。

五十嵐泰正，「安全・安心の柏産柏消」円卓会議（2012）『みんなで決めた「安心」のかたち──ポスト3.11の「地産地消」をさがした柏の1年』亜紀出版。

栗山浩一（2012）「放射性物質と食品購買行動──選択実験による分析から」『農業と経済』78号，30–38頁。

小松知未（2014）「住民による放射線量調査と新たな地域づくり──伊達市霊山町小国地区」，守友裕一・大谷尚之・神代身英昭編著『シリーズ　地域の再生6　福島　農からの日本再生──内発的地域づくりの展開』農山漁村文化協会，71–92頁。

小山良太，棚橋知春（2014）「原子力災害に立ち向かう協同組合」，守友裕一・大谷尚之・神代身英昭編著『シリーズ　地域の再生6　福島　農からの日本再生──内発的地域づくりの展開』農山漁村文化協会，153–174頁。

関根良平，日高良友，多田忠義（2013）「福島県産農産物における風評被害──卸売市場と小売業者の動向」『地理』58巻1号，99–109頁。

中川恵（2012）「地域支援型農業と持続可能な地域づくり──地域が支える『鳴子の米プロジェクト』から」『社会学研究』90号，119–141頁。

中川恵（2014）「生産現場から立ち上がるCSA──提携運動の今日的展開」『社会学研究』93号，177–198頁。

中川恵（2015）「放射能測定と産消提携——宮城県南部の事例をもとにして」『社会学研究』95 号，125-143 頁。

宮城県農林水産部（2012）『東京電力福島第一原子力発電所事故に伴う宮城県の農林水産物風評被害の実態把握』（東京電力福島第一原子力発電所事故対応みやぎ県民会議 2012 年 8 月公表資料）。

第9章　域内外のネットワークを通じた被災地の新たな森林管理と山村復興
——南三陸町を事例に

立花　敏

はじめに

　地域をいかに活性化するか，それは都市部においても農山漁村部においても重要かつ共通な課題である。それに自然災害が加わると，格段の取り組みが必要になることは想像に難くない。また，森林資源は再生可能であり，適切に管理・利用するならば，私たちの目指す「循環型社会」や「低炭素社会」の実現に結び付き，ひいては「持続可能な社会」が具現化していくと期待される。森林管理を促しながら地域を活性化する方策は，被災地の復興においても有効な手段になると考えられるのである。

　本章では，まず東北地方太平洋沖地震による被災について森林や林業に注目して整理を行いつつ課題を抽出し，続いて森林や林業を介して地域の活性化に取り組む南三陸町の事例を，この震災を契機に強まった山村コミュニティと企業との関係に注目し，聞き取り調査と文献資料に基づき[注1]，その経緯と見え始めた成果，そして展開方向の面から論考する。

1.　宮城県の森林・林業への東北地方太平洋沖地震の影響

1-1　林野関係の被害

　森林や林業，木材産業に関する東北地方太平洋沖地震にともなう被害状況を見ておきたい。農林水産省の公表した「林野関係被害（第84報）」によると，

2012 年 7 月 5 日 17 時現在までの林野関係被害は，民有林が 3606 ヶ所（うち森林被害 1062 ha），1771 億 2000 万円，国有林が 350 ヶ所，384 億 1400 万円であり，合計 3956 ヶ所（同 1065 ha），2155 億 3500 万円に達した。とくに治山施設への被害が 275 ヶ所，1262 億 1100 万円と被害額の約 6 割に達し，木材加工・流通施設の 115 ヶ所，466 億 9700 万円，林地荒廃 458 ヶ所，345 億 8000 万円も被害としては大きかった。そのほかには，林道施設等，特用林産施設等への被害もあった。

　林野関係被害（民有林と国有林の合計）を都道府県別に見ると，宮城県が 886 ヶ所，1164 億 8500 万円と被害額の過半を占め，福島県の 1237 ヶ所，495 億 400 万円，岩手県の 830 ヶ所，298 億 5400 万円がそれに続く被害額であった。宮城県では，治山施設が 97 ヶ所，645 億 4400 万円，木材加工・流通施設が 42 ヶ所，321 億 1400 万円，林地荒廃が 113 ヶ所，182 億 300 万円の被害となり，これらで大部分を占めた。木材加工・流通施設への被害として，たとえば東北地方太平洋沖地震にともなう津波により，日本製紙株式会社石巻工場（佐々，2014：288）や，石巻市にあるセイホク株式会社と石巻合板工業株式会社の合板工場（川喜多，2011：506-508）等が甚大な被害を受け，再建に多大な労力と費用を要した。

　宮城県内の森林に関しては，海水を被って利用に適さなくなった塩害木の発生が深刻であった。宮城県農林水産部が 2012 年 7 月に取りまとめた資料によると，気仙沼市で約 7000 m³，南三陸町で約 1 万 2000 m³，女川町で約 1000 m³，石巻市で約 3 万 m³ の塩害木が発生し，宮城県事業等により 2011 年度から 2013 年度の間に伐採をともなう処理が行われた。

　南三陸町産業振興課農林業振興係によると，南三陸町における主な林野関係被害は以下のとおりである。まず，スギ人工林等への津波にともなう塩害（たとえば枯損）が発生し，面積にして 11 万 9400 m²，処理数量にして 4 万 0322 本の伐採処理が行われた。具体的には，震災後に枯損木等を南三陸森林組合が中心となって伐採し，焼却処分を行った。2014 年夏の時点では，「人の入りにくい箇所に被害木の残っているところもあるが，人の出入りのできる箇所の処理は終えられている」とのことだった。処理後の林地については，一部に広葉樹を植えたという例はあるが，そのままのところも少なくなく，いかに森林を

第9章　域内外のネットワークを通じた被災地の新たな森林管理と山村復興　175

再生させるかは1つの重要な課題となっている。また，木材加工・流通施設への被害としては，製材企業（工場）1社が工場の建屋ごと流されたが，経営者の強い意志により2011年12月には高台に移転して再建がなされた（吉田，2014：15-16）。南三陸町内には製材企業（工場）が4社あるが，外の3社も震災後に程なくすべて復興している。

1-2　宮城県の森林・林業，素材市況への影響

　宮城県内産業別総生産額を表1にまとめた。1995年度以降に第一次産業の総生産額は減少傾向が続いており，第二次産業では「しの字」型を描いて増加の兆しが見え，第三次産業に関しては安定していると言える。震災の前後として2010年度と2012年度を比較すると，第一次産業では2012年度の生産額が2010年度の水準に回復しておらず，第二次産業と第三次産業は2010年度の水準を上回っている。自然資源を主たる対象とする第一次産業へのダメージが大

表1　宮城県内産業別総生産額

（単位：億円）

年度	1995	2000	2005	2010	2011	2012
第一次産業	2,377	1,878	1,348	1,174	964	1,104
農業	1,615	1,194	865	712	694	803
林業	76	84	33	36	27	27
水産業	687	600	450	426	243	274
第二次産業	22,282	21,098	16,798	15,034	15,007	18,815
第三次産業	61,486	68,050	66,480	62,419	61,036	63,513
小計	86,145	91,021	84,626	78,626	77,005	83,431
税・関税等	−2,752	−2,630	38	83	−228	132
県内総生産	83,393	88,390	84,664	78,709	76,777	83,564

出所：宮城県農林水産部「みやぎの森林・林業のすがた　平成26年版」，2015年，1頁。

注：1）林業の範囲は，育林業・素材生産業・特用林産物生産業（きのこ類の栽培を除く）・林業サービス業・その他の林業・野菜作農業のうち「きのこ類の栽培」。
　　2）推計方法の改善や基礎資料の改定に伴い，2001年度まで遡って改訂している。
　　3）2000年以前の値は参考値として記載した。
　　4）四捨五入のため，計が一致しない場合がある。

きかったのである。第一次産業のうち農業は2012年度の生産額が2010年度のそれを上回っているが、林業と水産業は2011年度の減少から回復するに至っていない。つまり、産業別総生産額から判断して、林業と水産業の復調には課題が多く残されていると考えられる。以下では、宮城県の森林・林業への影響を整理してみる。

宮城県の森林面積は41.8万haであり、そのうち20万ha（48％）が人工林となっている。約7割をスギが占める人工林は、2011年3月現在で41〜50年生の面積が多い山形を描く林齢構成になっている。つまり、健全な人工林とするには間伐等の森林整備が必要な段階にある。また、「2010年世界農林業センサス」によると、宮城県の林家数は約2万戸であり、その90％が10ha以下の所有規模という小規模零細な経営で成り立っている。だが、森林所有者の高齢化や、木材価格の低迷、林業の停滞が進む中で、森林や林業への森林所有者の関心は総じて薄くなっているのが現実である。

健全な森林造成に必要な間伐実施面積を時系列で見ると、1990年度の5997 ha、1995年度の4653 ha、2000年度の4658 ha、2005年度の4680 ha、2010年度の4089 haというように、やや減少傾向を示しながらも4000 haから6000 haの範囲で推移してきた。その後の間伐実施面積については、2011年度になると林野庁補助事業の森林整備加速化・林業再生基金事業によって伐り捨て間伐が大量に実施されたためにやや増加したが、その後は2012年度3619 ha、2013年度2806 ha、2014年度2972 haというように一段と少ないものとなった。間伐の実施については、2011年を挟んで地域による差違が大きくなり、石巻市や女川町等を含む東部地方、気仙沼市や南三陸町等を含む気仙沼地方、仙台等の沿岸部において2012〜2014年度に大きく落ち込んだ状態が続いている（表2）。たとえば、東部地方では間伐実施面積が2010年度の348 haから2012年度の127 haへ64％、2013年度の91 haへ74％も激減し、気仙沼地方でも同じく417 haから188 haへ55％、154 haへ63％も減少した。林業従事者が塩害木処理へ向かわざるを得ない状況下となり、森林整備に遅れが生じたのである。甚大な震災被害があった南三陸町では、塩害木処理や、高台移転のための候補地の伐採工事、三陸道工事の支障木伐採工事という緊急性の高い作業が優先されることとなり、本来の間伐作業が大きく遅れることにな

第9章　域内外のネットワークを通じた被災地の新たな森林管理と山村復興　177

表2　宮城県地域別間伐面積実績

(単位：ha，%)

年度	大河原	仙台	北部	北部栗原	東部登米	東部	気仙沼	合計
2008	1,217	590	675	643	465	289	589	4,468
2009	1,175	1,246	785	521	487	394	617	5,225
2010[a]	742	960	684	501	437	348	417	4,089
2011	1,253	775	904	713	541	285	596	5,067
2012[b]	893	675	541	862	333	127	188	3,619
2013[c]	579	412	484	833	253	91	154	2,806
2014	604	457	470	743	235	188	276	2,972
b×100/a	120	70	79	172	76	36	45	89
c×100/a	78	43	71	166	58	26	37	69

出所：宮城県農林水産部森林整備課。

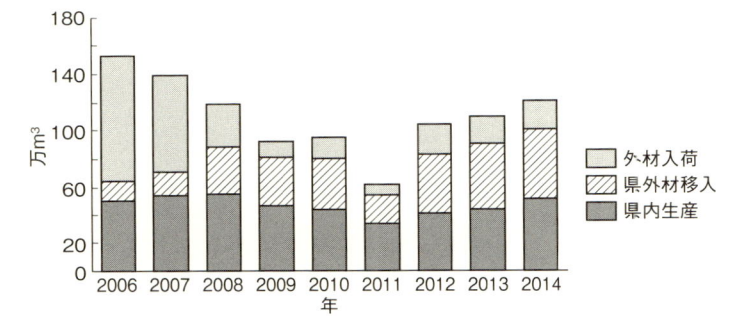

図1　宮城県の素材供給量
出所：農林水産省「木材需給報告書」。

った。なお，地域別には丸森町や白石市等を含む大河原地方，大崎市や加美町等を含む北部地方，北部栗原地方で2011年に間伐実施面積が大幅に増え，2012年にも比較的安定した間伐面積実績となったことがわかる。

　近年の素材生産量については，2006年の50.6万m³，2008年の55.6万m³，2010年の44.4万m³と変化した後，2011年に33.8万m³へ10万m³超の減少となった（図1）。2008年のリーマンショック以降に減少傾向が現れていたわけだが，震災は林業生産へも少なからずダメージを加えたのである。その後，素材生産量は2012年に40.9万m³，2013年に44.2万m³，2014年には51.2万

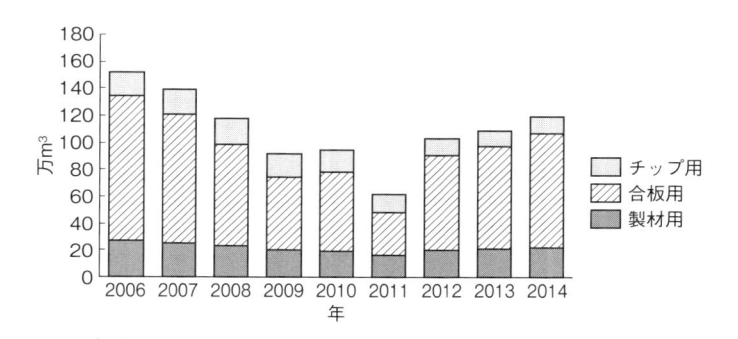

図2 宮城県の素材需要量
出所：農林水産省「木材需給報告書」。

m^3 と回復傾向が続いている。県外材の移入に関しては 2008 年から 2010 年に年間 30 数万 m^3 であったが，2011 年には岩手県や福島県の被災の影響もあって 20.2 万 m^3 へ大きく減少した。だが，2012 年以降に復興とともに木材需要が増大するのにともなって県外材移入量も増加するようになり，2014 年には 48.8 万 m^3 を記録するまでに増えている。また，外材入荷量は 2006 年の 88.6 万 m^3 から 2009 年の 10.8 万 m^3 へ大幅に減少し，さらに震災により 2011 年には 8.0 万 m^3 と一段と少なくなった。ロシアの針葉樹丸太輸出関税の引き上げの動き等の影響により，2000 年代後半に輸入量が急減したのである。だが，2012〜2014 年には合板用や製材用の米材素材の輸入が増加して年間 20 万 m^3 前後に回復している。

　このような素材供給量の変化には，素材需要量の回復が影響したことも見逃せない。宮城県内の素材需要量は 2006 年の 152.4 万 m^3 から 2009 年の 92.2 万 m^3 へ減少し，さらに 2011 年には 62.0 万 m^3 まで低下したが，2012 年と 2013 年に 100 万 m^3 を超し，2014 年には 120 万 m^3 に達するまで回復した（図 2）。東北地方太平洋沖地震の津波の影響を直接に受けた港湾立地の合板工場や製紙工場が再び稼働するようになると，とくに仮設住宅や復興住宅の資材として合板生産が増加し，合板用素材需要量が 2011 年の 32.3 万 m^3 から 2014 年の 84.8 万 m^3 へと 2.6 倍に増加していった。このことが，県内素材供給量や県外素材移入量，外材素材入荷量の増加へ寄与したのである。他方，製材用の素材需要量は 2012 年〜2014 年に 2011 年比で年間 5〜6 万 m^3 の増加にとどまり，チッ

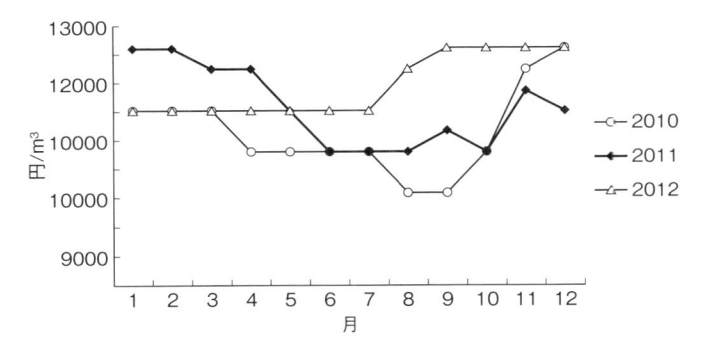

図3 スギ素材価格：3.00 m 長・14〜18 cm 径
出所：宮城県森林組合連合会木材センター。

プ用素材需要量は 2011 年の 13.1 万 m³ から 2013 年の 10.9 万 m³ へさらに減少
した。宮城県内で生産された製材品に対しては，合板のような復興需要が顕著
には生じなかったのである。残念ながら，仮設住宅や復興住宅において宮城県
内で加工された製材品がさほど使われなかったことを示唆するものと言えよう。
また，製紙産業については，リーマンショック後に全国的な紙製品の需要減退
があり，それが素材需要量の増加を生じさせなかったと考えられる。

　素材価格は，需給双方の要因により変化するため，東北地方太平洋沖地震の
影響を特定することは難しい。だが，既述したとおり素材供給量も素材需要量
も 2011 年に減少する中で，宮城県内の素材市売市場における柱適寸の素材価
格（3.00 m 長・14〜18cm 径）は 2011 年 5 月と 6 月に 1 m³ 当たり約 700 円と
大幅に低下した（図 3）。2010 年 10 月 1 日に施行された「公共建築物等におけ
る木材の利用の促進に関する法律」により大型建築物等での木材需要の増加が
生じ，素材価格が上昇を見せていた時期だけに，2011 年 3 月から始まる素材
価格の低下は震災の影響を少なからず反映したとして過言ではないだろう。

1-3 企業との協働による森林管理の促進

　多面的機能を有する森林資源がその機能を十全に発揮するためにも，全国的
に間伐等の森林整備をいかに進めるかが重要な課題となっている。2005 年の
京都議定書の発効を受け，その取り組みは一層重要になったわけだが，宮城県

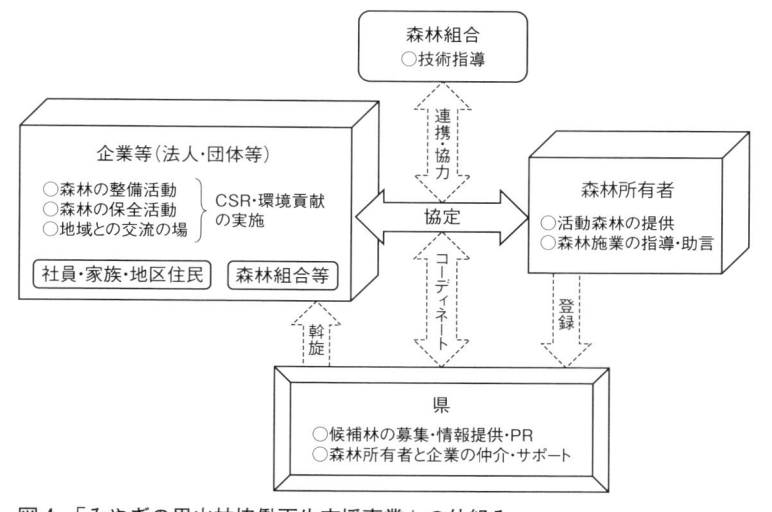

図4 「みやぎの里山林協働再生支援事業」の仕組み
出所：宮城県環境生活部自然保護課。

は2008年に「みやぎの里山林協働再生支援事業候補林募集要領」を制定して「みやぎの里山林協働再生支援事業」を進めてきた。「環境貢献や社会貢献を目的として森林整備を行おうとする法人，団体等」に対し，「市町村，団体有林を含む森林所有者等」から森林の提供を受け，両者が結ぶ協定のもとで協働により森林の整備・再生を進めようとする取り組みである（図4）。宮城県が行政の立場から協定を締結するためのコーディネート役を果たし，森林組合は技術指導等により連携・協力する仕組みとなっている。里山林協働再生支援事業のような取り組みでは，一方でマッチングと継続にとって課題となる林地や森林に関する情報共有や信頼関係の構築に行政が関与し，他方で森林の手入れなどの技術面に専門家として森林組合が協力するという構図が想定されている。

「みやぎの里山林協働再生支援事業」において協定が結ばれたのは，2015年9月現在20件，延べ面積は89haとなっている（表3）。2010年度までの実績は12件であったが，震災後の2012年度から14年度に8件が加わった。1haに満たない森林面積を対象とする場合も少なくないが，数haを上回る対象面積も増えてきている。また，所在地は当初に県南端の白石市や仙台市北の富谷町に多かったが，震災後には南三陸町や女川町等の沿岸地域が増えていること

表3 みやぎの里山林協働再生支援事業

団体・企業名	所在	面積(ha)	森の名前	施業内容	協定年度
仙台コカ・コーラボトリング（株）	白石市福岡	7.81	うるおいの森	植栽・下刈り	2006
パナソニック労働組合北部営業支部	富谷町明石	0.02	-	植栽・下刈り	2008
パナソニック電工（株）東北総務センター	富谷町明石	0.03	-	植栽・下刈り	2009
（株）佐元工務店	富谷町明石	0.06	-	植栽・下刈り	2009
セルコホーム（株）	富谷町明石	0.05	-	植栽・下刈り	2009
イオンリテール（株）東北カンパニー	富谷町明石	0.05	-	植栽・下刈り	2009
三菱商事（株）東北支社	登米市東和町米谷	3.05	かじかの村	植栽・下刈り・除間伐	2009
KDDI（株）東北総支社	登米市東和町米谷	2.34	かじかの森	植栽・下刈り・除間伐	2009
NPO法人森は海の恋人	白石市大鷹沢	2.50	芽吹きの森	植栽・下刈り	2009
NECトーキン（株）	利府町菅谷	5.94	イオンの森	植栽・下刈り	2009
イオンリテール（株）	登米市東和町米川	35.65	タムラの森	植栽・下刈り	2010
（株）登米村田製作所	蔵王町宮	3.05	うるおいの森	植栽・下刈り	2010
仙台コカ・コーラボトリング（株）	南三陸町入谷	10.61	こころの森	植栽・下刈り	2012
全日本空輸（株）	仙台市泉区	1.00	根白石の森	植栽・下刈り	2013
三井ホーム（株）	女川町小乗浜	1.00	みやぎの森林づくり	植栽・下刈り	2013
仙台ターミナルビル（株）	女川町小乗浜	0.60	みやぎの森林②	植栽・下刈り	2013
三井ホーム（株）	南三陸町入谷	5.00	KDDI取扱説明書リサイクルの森	-	2010
KDDI（株）	富谷町明石	0.08	-	除間伐	2013
キリンビール（株）	女川町浦宿浜	9.60	楽天の森	除間伐	2014
楽天（株）	-	-	-	間伐	2014
仙台ターミナルビル（株）	女川町	0.59	-	植栽	2014

出所：宮城県農林水産部「みやぎの森林・林業のすがた 平成26年版」2015年3月、19頁及び宮城県環境生活部自然保護課ホームページ（2015年9月25日取得）。

注：協定年度とは森林づくりについて森林所有者と企業が協定締結した年度。

が表3から読み取れる。そして，施業内容としては植栽や下刈りのみならず除間伐を行う協定も3分の1ほどとなった。

震災をきっかけに，「みやぎの里山林協働再生支援事業」に面的なかつネットワークとしての拡がりが生じ，東証一部上場企業をはじめとする新たな企業が参画するようになったのである。被災地において森林を仲立ちとする域内外のネットワークの拡がりや強まりが生じ，被災地の新たな森林管理と山村復興へと結び付く可能性が出てきていると考えられる。この動きを一過性のものとはせずに，しっかりと定着させ，地域としても企業としても長期的視点からウィン・ウィンの関係に発展させていくことが重要となる。その胎動を次節で見ていこう。

2. 域内外のネットワークを通じた南三陸町の森林管理

2-1 域内外のネットワーク

道路網や運輸技術等の交通手段の発達と通信技術の進歩にともない，1980年代辺りから山村部と都市部との交流がニーズの高まりとともにさまざまに展開されている（国土庁計画・調整局，1995：224）。そして，人的ネットワーク（つながり）は山村の存続へ重要な役割を果たすことが期待されている。

人的ネットワークは精神的つながりと物質的つながりを合わせたものと定義できる。前者は血縁や地縁，社縁，友縁からみたつながりであり，後者は人の往来やモノの往来，電話や手紙のやり取りからみたそれである。図5に示すように，山村の親世代はコミュニティとの地縁や血縁，友縁，社縁の中で生活し，都市部の子ども世代や近隣市町村の兄弟・親戚，村外にいる友人や同僚・元同僚らとのつながりを有する。このような関係性の中で，都市部の個人や組織，企業等のさまざまなボランティアとの交流が生じ，その深化によって山村コミュニティの新たな展開へと結び付くことが期待される。

また，森林を含む地域の自然資源には環境財を提供する公益的機能と木材等の経済財を産出する木材等生産機能があり，山村の住民や木材産業等の管理・

第9章　域内外のネットワークを通じた被災地の新たな森林管理と山村復興　183

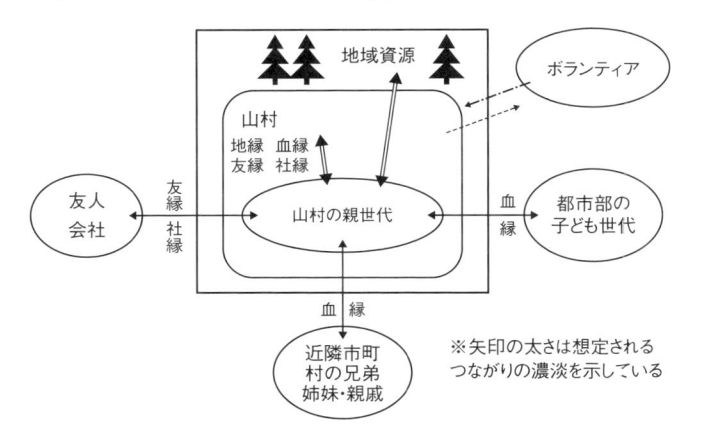

図5　山村地域と外部とのネットワーク（筆者作成）

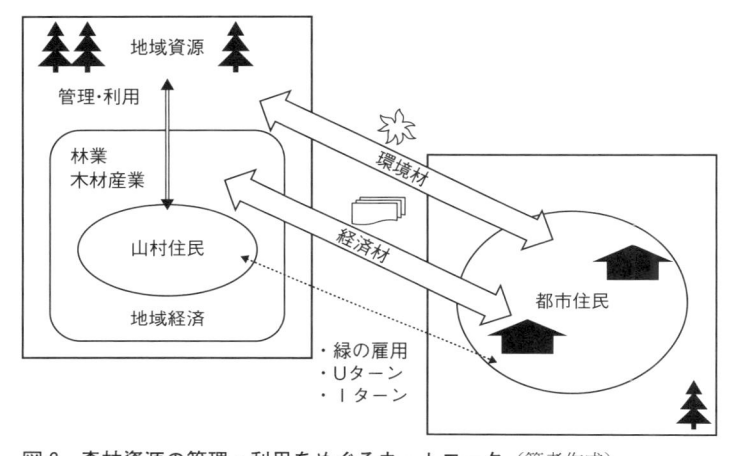

図6　森林資源の管理・利用をめぐるネットワーク（筆者作成）

利用のみならず，都市部とも多面的に強く結び付いている（図6）。地域資源の管理・利用という面でも，山村部と都市部とが連携することにより管理の充実や新たな利用の開発へと展開する可能性がある。

　このような認識の下で，次項からは南三陸町の森林や林業の概況を把握し，その上で入谷生産森林組合を事例に，新たなつながりとしての企業との交流の

経緯と成果を分析し，展開方向を考察する。

2-2　森林の所有と林業の位置づけ

　南三陸町は標高 300 m から 500 m の山々，つまり分水嶺で囲まれる独特の地形であり，山林の適切な管理により水産資源も豊かになるという特長を有す。南三陸町の面積は 1 万 6374 ha であり，森林面積は 1 万 2655 ha で 77% を占める（「南三陸町統計書平成 25 年度版」）。森林のうち個人や生産森林組合，会社，南三陸町，部落等が所有する民有林の面積は 1 万 918 ha，森林面積の 86% と多く，その 61% の 6717 ha が人工林である（「南三陸町森林整備計画書」（2014 年 3 月策定））。民有林蓄積量は 305 万 m^3 と多い。民有林については，南三陸森林組合を中心に森林整備や林産等の事業が担われている。南三陸における人工造林の対象樹種はスギ，ヒノキ，アカマツ，クヌギ，ミズキ，ケヤキ等である。

　規模別林家数の分かる「2000 年世界農林業センサス」によると，南三陸町の林家 918 のうち 60% が 1 ha〜3 ha 未満，31% は 3 ha〜10 ha 未満であり，小規模零細な所有構造となっている。他方，林家以外では共同所有が 172，各種団体や組合の所有が 51 と多いことにも特徴がある。

　南三陸町内総生産は 2006 年度〜2010 年度に平均 389 億円／年であり，その内訳は第一次産業が 10〜13%，第二次産業が 15〜21%，第三次産業が 67〜73% と第三次産業が大半を占めた（「南三陸町統計書平成 25 年度版」）。林業の占める割合は 0.3〜0.5% に過ぎず，1 億 400 万円〜1 億 9800 万円／年の範囲であり，南三陸町において産業としての林業の位置づけは低い。町内の木材生産量は，震災前に年間 5000〜6000 m^3 であったが，震災後には林家からの木材生産がなくなり，2013 年度に生産を行った入谷生産森林組合と町有林の合計は約 3500 m^3 にとどまった。また，森林組合は間伐，素材生産業者は主伐を担うことが多い。なお，南三陸町は住宅再建の進展に資するべく南三陸材利用促進事業で住宅の新築に地元材の利用を促しており，南三陸森林組合は復興木造住宅建築に地元材（優良南三陸材）の供給を行っている。

　南三陸森林組合の事業内容から林業活動を把握しよう（南三陸森林組合「平成 23 年度通常総代会」資料および「平成 26 年度通常総代会」資料）。林産事業（一般用

材とパルプ材）では，2010 年度に 4093 m³，4064 万 2000 円であったが，2013 年度には間伐事業を行えなかったことから 1943 m³，1807 万 5000 円に減少した。他方，販売事業では 2010 年度の 227 m³，203 万 4000 円から 2013 年度の 920 m³，808 万 5000 円へ 4 倍近くに増加した。これは，三陸沿岸道路（2008 年と 2011 年に事業化）の「伐採工及び防災集団移転地の支障木伐除処理事業」が起因した増加であった。

南三陸森林組合の森林整備事業は 2010 年度の 6521 万円から 2013 年の 242 万円へ減少している。内容としては，造林と除間伐と下刈の委託事業が 2010 年度の 6.94 ha と 3.38 ha と 25.06 ha から，2013 年度の 4.60 ha と 0 ha と 20.50 ha へ減少した。また，南三陸町や宮城県，林業公社等からの請負森林整備でも，事業費が 3 分の 1 に大幅に減少した。

南三陸森林組合の現場作業員は 15 人，平均年齢は 40 歳であるが，総じて震災復興関連事業に人員配置する中で，除間伐等の保育作業が十分に行えない状況がこれらの数値として表れている。上述の他にも，南三陸町では津波による塩害木が多数発生したため，2012 年 7 月から 2014 年 3 月の事業（事業費 2 億 2363 万円）として 575 筆及び 3 箇所にて 4 万 322 本の処理が行われたのである。

2-3　被災を契機とした町外との連携

震災後に多くのボランティアが復興のために活動した。そうした中で，森林に関しては企業の活動がさまざまに行われた。その中から象徴的と考えられる事例を見ていきたい。

まず，全日空（ANA）は，2012 年夏より南三陸町の森に関心を持ち，社員 30 人ずつが年 2 回の頻度で作業路や森林の整備を行っている。南三陸町と ANA との関係の始まりは，震災直後に歌津地区の入浴施設に ANA が入浴剤を携えていち早く入ったことからであった。この時には，飛行機の翼に積もった雪を溶かすための装置も活躍した。

活動の内容は，作業路の整備とヒノキの枝打ちと伐り捨て間伐である。活動に当たり ANA から鍬 100 丁の寄贈を受け，作業道の整備から始まり間伐も行

写真1 ANA の社員が整備した森林（2014 年 8 月，筆者撮影）

う活動へと展開している。対象はスギ，ヒノキ，アカマツからなる 33〜59 年生の 10.61 ha であり，入谷生産森林組合が所有している。ここに，2012 年 7 月 26 日に前述の「みやぎの里山林協働再生支援事業」による企業の森づくりに関する土地使用契約（協定）が 2 年間を期間として締結され，「南三陸町 ANA こころの森」として森林整備が行われた（写真 1）。地元からは，長い付き合いになることへの期待が寄せられている。

　また，KDDI は，「KDDI 取扱説明書リサイクルの森」として森林整備により発生した間伐材等を活用し，復興支援活動も継続的に行うべく，2013 年 12 月 1 日から 2018 年 11 月 30 日までを契約期間とし，スギ，ヒノキ，アカマツの 32 年生から 51 年生の 5.0 ha を対象に「みやぎの里山林協働再生支援事業」の協定を締結した。これと併せ，2013 年 12 月 18 日には入谷生産森林組合と「南三陸町森林づくり協定」を交わした。これらにより，KDDI が全国の au ショップで回収した取扱説明書等の古紙売上金を，東北地方太平洋沖地震で被災した南三陸町の森林整備支援のために寄贈し，間伐材を利用した木工品等の製造を行う活動をしている[注2]。社員による現地での支援活動ではないが，入谷生産森林組合にとっては森林整備（写真 2）に対する資金を得られるという利点がある。対象となる入谷生産森林組合の所有林で間伐された木材を福井県の加工場へ送り，卓上カレンダー置きが製作される。

　他方，東芝およびグループ会社は，新入社員の研修の一環として 2012 年度

第 9 章　域内外のネットワークを通じた被災地の新たな森林管理と山村復興　187

写真 2　KDDI の資金により整備された
森林（2014 年 8 月，筆者撮影）

より南三陸町と石巻市北上町で支援活動を行っている[注3]。2012 年度に 767
人，2013 年度に 784 人，2014 年度に 867 人が参加し，2013 年度より年に 2 度
のペースで南三陸町の共有林の手入れをしている。2013 年度に桜を植える作
業を，2014 年には 350 人が枝打ち作業を 3 日間かけて行った。南三陸森林組
合の担当者によると，「2.5 ha の枝打ちを 3 日間で行ってもらう予定だったが，
熱心な活動だったため 2 日間で終わり，3 日目には間伐作業を追加し，間伐材
をコースターにしてお土産にした」という。

　NTT ドコモは，2012 年よりアミタグループとの共同プロジェクトとして，
南三陸町の農山漁村に関する情報発信を行い，都市住民の参加や体験のニーズ
とを繋ぐ取り組みをしている。具体的な取り組みとしては，南三陸町直営林の
うち 814 ha を対象に 2013 年 2 月 1 日に認定を受け（フォレストック制度），
年間 4444 t のクレジットのうち 3250 t 分が NTT ドコモとフロンティア・ジ
ャパンにより購入された。南三陸町の間伐材を利用した「森林保全クレジット
付き」ドコモダケグッズ（ケータイスタンドやマルチスタンド等）を製作して
販売し，その売り上げの一部を南三陸町の森林保全活動に還元するという内容
である。2014 年 8 月に NTT ドコモは森林保全クレジット（フォレストック認

定制度における CO_2 吸収量クレジット）を 820 万円（半分がグッズ売り上げ
の一部）で購入しており，2013 年のクレジット購入額は 3250 万円に達する。

2–4　入谷生産森林組合の取り組み

　まず，入谷生産森林組合の設立からの経緯を概観しておこう[注4]。このよう
に企業の森林整備活動で 1 つの対象となっている入谷生産森林組合は 60 年程
前に設立された。元々地域で所有していた山林を，市町村合併時に町に持ち込
まず，旧入谷村の全戸加入（組合員 520 人）で法人を立ち上げ，入谷生産森林
組合として所有する形にした。いわば山村コミュニティと言える存在である。
1950 年代後半には木材価格が高まり，山林への期待が多大となった時期であ
った。

　だが，1980 年代以降に木材価格が低下するようになり，伐採跡地を資金借
入により再造林せざるを得なくなって借金が積み重なり，1990 年代になると
脱退の増加により組合員の減少が始まった。脱退する組合員には 1 人（1 口）
当たり出資金 2 万 5000 円の払い戻しをしなければならない。そして，生産森
林組合所有林の一部を売却して返済や納税に充てたり，組合員から 1 人当たり
年間 3000〜5000 円を徴収して維持費に充てたりせざるを得なくなった。さら
に，1990 年代終わりには生産森林組合の解散が検討されるに至り，定期総会
へも組合員は集まらなくなっていた。2006 年に脱退者は 10 人であり，組合員
数 210 人に対して実際に出席した者は 38 人にとどまったのである（表 4）。

　そうした中で，2000 年代半ばに森林経営の専門家である南三陸森林組合の
職員に立て直しに向けて白羽の矢が立った。それを契機に 2005 年度に所有林
の調査を行って翌年に施業計画を策定し，収益性の観点からスギ人工林の間伐
を繰り返し行い，経営の黒字化を果たした。その後，三陸沿岸道路の一部，南
三陸道路（志津川字小森から歌津字白山）が 2008 年に事業化され，施業計画
の変更による対応を迫られることとなった。そうした中で，2011 年 3 月に東
北地方太平洋沖地震が発生し，震災後しばらくは間伐作業を行えない状況が続
いた。

　つぎに，入谷生産森林組合と企業との協働による森林整備の実績を見ていこ

表4　入谷生産森林組合の概要

（単位：人，%）

年度		2006	2014
組合員数		210	190
総会出席	実出席	38	128
	代理出席	70	0
	書面議決員数	0	11
	計	108	139
	出席率	51	73
当該年度脱退者		10	0

出所：2006年度および2014年度「通常
総会議案書」。

う。ANAから入谷生産森林組合へは60万円の支援があり，所有林を活動に提供している。2012年から2014年の3ヵ年に合計6度目のボランティア活動が行われ，間伐も進み出している。2015年度には間伐率30%の間伐作業を行う予定となっている。KDDIとは協定を結び，5haを対象に157万5000円（税込み，5年分）を預かり金として使用する。2014年には47年生から48年生のスギ林0.7haを伐り捨て間伐した。KDDIの支援による間伐材の一部は，KDDIが使用することになっている。

　南三陸材を利用したグッズ製作の核をなすのがフロンティア・ジャパンである[注5]。震災を契機に，廃校となった校舎を活かして南三陸二場を設立し，ANAやKDDI等多くの企業の間伐材グッズを手掛けている。それらは，各社の活動に用いられたり町内で配布されたりする。森林整備のみならず，間伐材の有効活用により雇用の創出にもつながり，南三陸町にとって重要な役割を果たしている。

　このような経緯により，入谷生産森林組合の総会への参加は組合員数190に対して128に増加している。企業との関係が深まる中で組合員にとって入谷生産森林組合の経営への関心を高めることとなっている。また，複数の企業が関係を作る中で，企業同士のコラボレーションに結び付き始めている。今後，同じ森林において複数の企業が互いに見えるように活動し，森林を育てていく姿も想像に難くないことだろう。ここで大事になってくるのが企業の山村コミュ

ニティに対する姿勢であり，一過性の取り組みとして終わることなく，継続して山村コミュニティとのつながりを保ち深化させていくことである。手入れの必要な日本の人工林資源は少なくとも40〜50年の期間をもって成熟し，順次伐採して木材として使用されると共に，その伐採跡地には次世代への更新を促さなければならない。その意味でも，森林の成長に合わせ，長期的な視点に立った企業の取り組みが不可欠なのである。

3. 被災地の林業復興・山村復興のための課題

　被災地にとっては，域外との良好な人的ネットワークが継続し，さまざまな交流が進展し，地域内で新たなアイデアが生まれることが望まれるだろう。企業にとっては，被災地での活動ということのみならず，活動を通じて社員の士気が向上したり，離職率が改善したりという企業経営への貢献も期待されるに違いない。ある電気機器メーカーの例を挙げると，長野県信濃町の森林セラピー基地で2008年より新人社員研修を行うことにより新入社員の離職者が大幅に減少し[注6]，森林や地域での活動の効果が企業経営の中でも高く評価されている。さらに，この例では信濃町へ私的に訪問する社員も生じ，地域とのつながりが強まっているという。

　山村コミュニティと企業とが継続的なネットワーク関係を構築できれば，森林の保全や有効活用のみならず，地域の活性化にも企業経営の向上にも繋がると期待される。南三陸町の事例は，津波による塩害木処理後の林地への植林や，管理の行き届いていない森林への手入れが進むことにより，森林の状態が改善するのみならず，人的交流を通じて山村をはじめとした地域コミュニティの活性化へと結び付く可能性を示唆している。良好な関係が継続し，深まることにより，企業としてのみならず，社員の私的なネットワーク構築にもつながることにもなるだろう。被災地あるいは山村コミュニティとのネットワークを構成するようになった企業は，前節で取り上げた活動を一過性のものとはせずに，様々な交流の中で継続することにより，互いにとってより良い状況（ウィン・ウィン）が現実化すると期待されるのである。

第 9 章　域内外のネットワークを通じた被災地の新たな森林管理と山村復興　　191

［注 1］宮城県農林水産部林業振興課，宮城県森林組合連合会，南三陸森林組合，入
　　谷生産森林組合，南三陸町役場，製材工場，住民への聞き取り調査を 2013 年 8〜9
　　月と 2014 年 8〜9 月に行うとともに，それぞれにおいて関連する資料を収集した。
［注 2］http://news.kddi.com/kddi/corporate/csr-topic/2014/01/15/114.html
［注 3］http://www.toshiba.co.jp/social/jp/support/higashinihon.htm
［注 4］聞き取り調査と入谷生産森林組合「平成 18 年度通常総会議案書」および「平
　　成 26 年度通常総会議案書」に基づく。
［注 5］http://www.minamisanriku.eco-pro.ne.jp/
［注 6］一般的な研修に加え，コミュニケーション能力向上プログラムの実施，森林
　　セラピー体験，社有林での間伐等の森林作業，各種野外プログラム，地域住民との
　　交流体験を行うもの。今後は，中堅社員・管理職への拡充をすることで早期離職対
　　策と創造的な人材育成を目指すとしている。
　　http://www.tdk-lambda.co.jp/about/news/fy10/100311.pdf

参考文献
川喜多進（2011）「東日本大震災後の我が国合板産業の取り組みについて」『木材工
　　業』66 巻 11 号，506-508 頁。
国土庁計画・調整局（1995）『交流人口――地域を見つめる新たな視点』大蔵省印刷
　　局。
佐々涼子（2014）『紙つなげ！　彼らが本の紙を造っている』早川書房。
南三陸町（2013）「南三陸町統計書平成 25 年度版」。
南三陸町（2014）「南三陸町森林整備計画書」（2014 年 3 月策定）。
南三陸森林組合「平成 23 年度通常総代会」「平成 26 年度通常総代会」。
吉田茂司（2014）「特集　不屈の東北企業――被災を乗り越える経営者スピリット」
　　『戦略経営者』29 巻 7 号，15-16 頁。

付記：本章第 2 節は，立花敏（2015）「被災地域の林業と山村コミュニティ――入谷
　　生産森林組合の企業との取り組み」（『環境と公害』44 巻 3 号，41-44 頁）を加筆・
　　修正したものである。

第10章　被災地復興とエネルギー自律
──自律・分散型エネルギーシステムを地域コミュニティにつくるには

中 田 俊 彦

はじめに

　東日本大震災を通して，東北地方に生きる人々は，大規模なエネルギーの途脱を経験した。停電や携帯電話不通にともなう情報アクセスの途脱，灯油・ガス不足や停電にともなう空調，給湯，厨房に至る生活機能の逸失，ガソリン販売停止に伴う移動手段の欠如。これらが突然前触れもなく，同時に機能停止する，壮大かつリアルな社会機能の挽変に，大勢の人々が巻き込まれた。翌日の暮らしが見えないこの経験は，戦争を知らない多くの世代にとって，初めてのできごとといえよう。

　地域社会のコミュニティは，このような惨禍の下で，自力で生き延びるためにさまざまに行動を模索して，初期の大混乱を乗り切ってきた。しかし，エネルギー途脱にともなう混沌は，人々に賢明な判断を下す機会を失わせて，多くの犠牲とその後遺症は現在までこころの中に横たわっている。

　復興庁は，①被災地の自立の施策が必要であり，日本の再氙と成長を牽引し地方創生のモデルとなることをめざす，とする一方で，②人口の将来見通しを踏まえた事業内容の見直し，にも言及している。被災地で不足しているのは，恒久的な社会住宅や地域特性に合致する雇用とともに，将来の地域社会をデザインするプロフェッショナルである。地域コミュニティの特徴を見きわめて，従来延長型継続路線（BAU, Business As Usual）をいかに進路変更していくのか，地域社会のバージョンアップを立案できるリーダーを必要としている。被災地の多くは人口減少が予想されるので，上記②の事業内容の見直しを受け

る候補地域になり得る。既計画の防潮堤や道路建設の一部見直しも事実上始まっている。本章では，東京などの大都市に比べて圧倒的に不利な状況に置かれている被災地のエネルギーアクセス（Energy access）を切り口として，今後向かうべき持続可能な自律・分散型エネルギー社会への道筋を考える。

第1節では，脆弱な地方部のエネルギーセキュリティを抜本的に改革しレジリエンスを担保する地域社会の概念として，自律・分散型エネルギーシステムを定義する。第2節では，寒冷地東北でもっとも重要な熱エネルギーの役割を取り上げる。第3節では，国のエネルギー政策と地方の実情との差異を実例を挙げて紹介する。第4節では，震災後に被災地を対象に始まった地域エネルギープロジェクトの現況とその進捗から見えてきた課題を述べる。第5節では，地域社会が主体となるエネルギーシステムのデザインを，欧州の先進事例を挙げて紹介し，それを実現する上で重要な障壁を述べる。第6節では，被災地東北の将来への道筋を述べる。

1. 自律・分散型エネルギーシステムとは

持続可能な自律・分散型エネルギー社会は，政府復興推進委員会（復興庁, 2013）が2013年6月に提唱したキーワードである。新しいエネルギー社会に求める機能として，従来の低炭素化や省エネルギーに加えて，新たな機能として地域社会の強靭性（レジリエンス）が加わった。つまり，災害時には，通常の生活機能の数分の1の小規模スケールで，生存に不可欠なエネルギーアクセスを保障するものである。自然エネルギー王国を分離して独立するのではなく，従来のエネルギーシステムの一部に，地域社会にて自律制御が可能な分散型エネルギーシステムを内在するようにデザインするのである。この分散型エネルギーシステムは，下記の3機能を備えることが要件となる。

・電力へのアクセス。たとえば，照明，情報，空調機能の継続。
・熱エネルギーへのアクセス。たとえば，給湯，暖房，厨房機能の継続。
・輸送用燃料へのアクセス。たとえば，旅客と貨物輸送機能の継続。
上記3機能が災害後にも継続して担保されれば，被災地域の混乱は最小限に

とどまり，その後の回復は速やかに進むだろう。被災した人々が，自力で合理的かつ最適な判断を下すことが可能となり，初動の自助努力を促すことができる。期待できるのは，このようなエネルギーアクセスが担保される地域では，その社会の価値が大きく向上することである。災害時に弱者となる高齢者，子ども，障がい者らの暮らしが保障されることは，日常生活に大きな安堵と余裕を生み出す。

さらに，通常時にも大規模集約型の従来型エネルギーシステムの機能を補完することも重要である。エネルギー供給構成の転換と，建物の断熱性能向上による最終エネルギー消費の削減が進めば，輸入オイル漬けのキャッシュアウト型地域社会が，エネルギー価値創成のキャッシュインに換わっていく。小規模だが地域に賦存する多様なエネルギー資源，たとえば廃棄物，水力，地熱などを隣接地域にて相互に利活用するしくみが整えば，その恩恵を受けるのは地域社会である。

経済性は，もっとも重要である。原油は1バレルあたり12ドル（1998年時点）から106ドル（2013年時点）まで，15年間で8.8倍（OPEC, 2014）に高騰した。安価だった灯油は，6.5円/kWh（1999）から11.0円/kWh（OPEC, 2014）まで，約2倍に上昇した。原油価格は，その後50〜60ドルまで急落したが，これは2005年の価格と同等であり，その後の円安傾向を考えると実質負担は重くなっている。原油価格と連動してガス資源価格も上昇し，社会の必需品である電力，ガス，灯油，ガソリン等の全製品の高騰を招き，結果としてエネルギー版エンゲル係数の上昇と，エネルギー貧困率の増大は止まらない。これらの結果として，分散型エネルギー供給事業は，大規模集約型のエネルギー供給事業に比べて経済性が劣るのが，従来の一致した常識だったが，それが覆される可能性が高まってきた。2016年度開始の家庭部門の電力自由化は，欧米に遅れること十数年，エネルギーを消費者の視点から見つめ直す絶好の機会となる。東北には地域主体の電気事業を設立して，中山間地に拡がる集落の発展に努めてきた歴史がある。そのことの現代的な意義を再認識すべきである。

2. エネルギー需給のフローを把握する

エネルギーとは,「仕事をする能力」である。石炭や太陽光などの物理的素材は,あくまでもエネルギーを作り出す資源（原材料）である。エネルギーキャリアは,「電力」,「熱」,「輸送用燃料」の三種であり,電力と熱は目に見えない。電力は家電製品にてお馴染みだが,熱は,産業における石炭利用の製鉄プロセスや水蒸気を利用する加工,ガスや石油による給湯や空調の影の主役である。輸送用燃料は,ガソリンや軽油など,おもに石油から製造される。需要家からみると,エネルギー消費の約 50% を熱が占めていて,残り各 25% が電力と輸送用燃料である。寒冷地である東北は,冬期の暖房需要が多いので,熱の占める割合がさらに増大する。ちなみに,日本の全需要家がエネルギー購入のために支払った総額は,税額を含めて年間 41.9 兆円である。これは,国民総所得の約 8% に相当する。このうち約半分の 20.6 兆円は,貿易を通して海外に支払われていて,とくに原油およびガスの調達に多額が費やされている（瀧田・古林・中田,2015）。

化石燃料から太陽など再生可能エネルギー資源に至る多様な資源が,エネルギーキャリアに変換加工されて利用可能な形態に換わり,需要家はこのエネルギーを消費することによって動力,給湯,輸送等の仕事を得ている。したがって,エネルギー効率には,資源から「エネルギー」を生み出す資源変換効率と,「エネルギー」から仕事を取り出す利用効率の二種が存在する。国内でよく耳にする「日本の省エネは,乾いた雑巾を絞るよう」というのは,前者の変換効率を指していて,発電所や産業用機器が主体を占める。後者は,家庭・商業・産業・運輸の四部門にて構成される最終需要家が利用する。したがって,国あるいは地域のエネルギーを考える際には,資源から需要家に至る,一連のエネルギー需給のフローを把握することが第一歩となる。

図 1 の日本のエネルギー需給フローを参照すると,2013 年の 1 年間に日本で供給されたエネルギー量は 19.0EJ（エクサジュール,10 の 18 乗ジュール。1 カロリーは 4.186 ジュール）。需要部門別に見ると,産業部門に 3.43EJ,業務部門に 2.81EJ,家庭部門に 1.92EJ,運輸部門に 3.07EJ のエネルギーが供

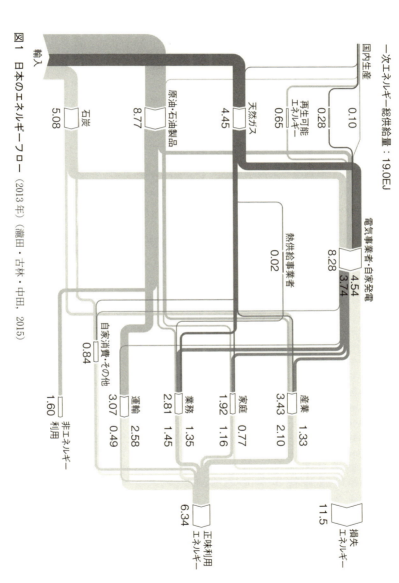

図1 日本のエネルギーフロー (2013年) (瀧田・古林・中田, 2015)

給された。しかし，各需要部門で有効に利用されたのは 6.34EJ のみで，全体の 60% にあたる 11.5EJ が熱として廃棄された。全需要家の年間エネルギー支払総額は 41.9 兆円なので，25 兆円が無駄に捨てられた。その内訳は 4.54EJ が発電部門，2.58EJ が自動車など運輸部門，1.33EJ が産業部門，1.35EJ が業務部門，0.77EJ が家庭などからの廃熱だ。発電効率の低さと，自動車の燃費の低さが多くの熱を廃棄する要因だ。

　次に消費側を見てみよう。2013 年の日本のエネルギー消費量を利用形態別に見ていくと，熱がもっとも多く，全体の 41.0% を占め，次いで電力が 32.7%，輸送用燃料が 26.2% と続いている。これらのデータから，日本はエネルギーを熱として利用することが多いにもかかわらず，発電と運輸のためにその熱を大量に廃棄している現状が浮き彫りになる。

3. 地域コミュニティが直面する課題

3-1　国の視点と地域の視点

　国のエネルギー政策が，エネルギーフローの上流側に位置するエネルギー供給に重点を置くのに対し，地域社会はエネルギーフローの下流にある需要家の視点に立つ。したがって，東北の被災地を主体とするエネルギーシステムをデザインする際には，需要家での創意工夫によって改善される要素と，発電構成のように上流側まで関わる要素に分けると，わかりやすい。

　一次エネルギー消費量は，159 GJ（ギガジュール，10 の 9 乗 J）／人であるのに対し，需要家側の最終エネルギー消費は，117 GJ／人に減少する。東北地方に限ると，104 GJ／人と全国最小である。その理由として，東北地方では，エネルギー多消費型の重化学工業が少なく，またエネルギー価格が割高なので節約せざるを得ない実情もある。

第 10 章　被災地復興とエネルギー自律　　　199

3-2　地域エネルギー供給の事情

　日本のエネルギー供給の特徴は，エネルギーキャリアの形態別に法律で定められることである。電力は，電気事業法によって供給義務（18 条）と，料金許可制度と利潤保障（第 19 条）が明記されている。都市ガスも，ガス事業法によって供給義務（第 16 条）と，料金許可制度と利潤保障（第 17 条）が規定されている。

　いっぽうで，LP ガス（プロパンガス）は，いわゆる液化石油ガス法によって，販売事業の登録（第 3 条）と器具等の製造の届出（第 41 条）が定められるが，供給義務や料金設定の規定はない。同様に石油は，石油需給適正化法，石油備蓄確保や揮発油等品質確保に関する法律はあるものの，供給義務や料金設定の規定はない。したがって，エネルギーキャリアからみると，経済産業大臣の規制料金下の電力と都市ガスの 2 グループ，料金許可制度自体がない自由料金下の LP ガスと石油（灯油，ガソリン，軽油）の 2 グループが混在する。

　消費者からみれば，エネルギーキャリアである電力，熱，液体燃料など製品自体には，商品としての新規性はなく，従来型の公共財に近い。それらが地域の民間事業者によって別々に調達され販売されるビジネスモデルで，もっとも安価にその恩恵を享受できるのは，需要密度の高い大都市部の消費者である。

3-3　ガスの内々価格差

　中山間地を主体とする地方部は，既存のエネルギー供給ビジネスから見れば，市場規模が著しく小さい。その結果，大都市と地方部にて価格差の大きなエネルギーは，ガスである。

　都市ガスがもっとも安価なのは東京，名古屋，大阪の大手 3 社である。家庭用の小売単価は 13.5 円/kWh（日本エネルギー経済研究所，2014）であり，工業用商業用の法人向け単価は，平均で 6.1 円/kWh と半分以下である。東北の太平洋沿岸部では，都市ガスが利用できるのは八戸市，釜石市，気仙沼市，石巻市，仙台市など一部である。家庭用の小売単価は，仙台市は 1.1 倍，気仙沼市は 1.9 倍と割高である。その他の市町村は，久慈市，宮古市，大船渡市を含め

て LP ガスが唯一の選択肢である。その価格は，単価が約2倍であるのに加えて，毎月の平均基本料金1968円（エルピーガス振興センター，2011）を加えると約3倍になる。そのため，LP ガスが割高な地方部ほどオール電化に替えた方が安価だったが，最近の電力料金の値上げによって，電力単価も27.3円/kWh に上昇して，LP ガス単価25.6円/kWh と並んだ（資源エネルギー庁資源・燃料部石油流通課，2014）。

　日本の一般世帯の約45%である約2410万世帯が，LP ガス世帯であり，英国の4.8%やドイツの7.2%（日本エネルギー経済研究所，2010）に比して格段に高い。地域別では，近畿地方23%，関東地方38%から東北・四国地方の72%まで，差が顕著である。被災三県でも，岩手県80.4%，福島県75.9%，宮城県56%と差がある。このように，被災の東北三県では都市ガスへのアクセスがない地域が大半を占めていて，これが改善されるような計画はまだない。

4. 被災地におけるエネルギー自律の試み

4-1 被災地の実情

　東日本大震災直後から，政府主導による自律・分散型エネルギーの立案が始まった。復興庁は「『新しい東北』の創造に向けて」（復興庁，2013）を主題として，先導的な地域での取り組みを奨励してきた。単に従前の状態に復旧するのではなく，復興を契機にこれらの課題を解決し，日本や世界のモデルとなることをめざしている。ただし，支援期間が1〜2年間と短いために，本格的な事業化に至る予備検討や事前調査が主体である。再生可能エネルギーやスマートコミュニティの導入などを想定しているものの，被災地で本趣旨に基づくプロジェクトを立案し主導するプロフェッショナルが不在である。また大都市から被災地に遠征して事業提案する企業と，独自の事情を併せ持つ被災自治体との間の相互理解不足が進捗の障壁となることが多い。

　つまり，プロジェクト初期の立案段階では，被災自治体は，全国型の大企業に立案を含む一連のプロジェクト用務を一任することによって，企業の技術力

や知識ストックにねざす実行力に信頼をおき，自治体の行政組織内の負担を減らすことも期待する。いっぽうで大企業は，他地域で展開する全国型ビジネスを被災地に転用することを想定して，地域社会独自の歴史，文化，地理的制約条件などへの配慮は消極的となり，ましてや行政組織内の固有の事情はうかがい知れない。

　プロジェクト立案の進捗につれて，企業の社会的責任（CSR, Corporate Social Responsibility）を意識した震災復興への強い思いに加えて，小規模のエネルギービジネスから得られる収益が見込みよりも少ないことに気づく。とくに大企業では，損益分岐点を超えるために FIT（固定買い取り制）補助金を確実な歳入と見込んで，太陽光発電事業の規模拡大を図るプロジェクトに集約していく。同時に，現場では農地転用や地権者の同意手続きなど，交渉する側にも想定外の多大な労苦と時間を伴う。

　いっぽうで被災自治体側では，当初期待した地域振興，たとえば地場産業や地域商工会議所の会員企業への発注が乏しく，むしろプロジェクトを通して最も恩恵を被るのは地域コミュニティではなく進出企業ではないかという懐疑心を抱き始める。さらに，多忙が続く被災自治体の行政組織内で，これ以上のマンパワーを特定企業が関わるプロジェクトに提供することへの合理性について，ボトムアップ型の現場組織の多くでは説明がつかなくなる。行政組織内の戸惑いを打破するには，首長のリーダーシップに大きく依存することとなり，かつ首長の委任を受けた組織内のプロジェクトチームの裁量権の程度に左右されるであろう。被災自治体の行政組織を見ると，「復興・企画部」のように，震災後の復旧・復興を担当する部局が多くある。しかしその実態は，震災後に，(1) 従来の企画部を改称したもので，行政組織内の用務の調整や振り分けを主務とするもの，(2) 首長の特命を受けて新設したもので，従来型部局の上位に位置するもの，に分けられる。地方自治体の多くは，エネルギーを主務とする部局を持っていないので，エネルギーを主体とするプロジェクトを進めるためには，後者の組織形態でないとほぼ機能しない。

　このような立案に関わる調整や試練を経て，ようやくプロジェクト計画の立案を終えて事業化に移行する段階では，①プロジェクトを中断する，②プロジェクトに大幅な修正を加えて，当初の計画とは異なる事業参画者を迎え入れて

仕切り直す，③プロジェクトに若干の修正を加えて事業化に移行する，のいずれかの選択肢に達する。震災後5年を経過して，立案段階から事業化への移行時期に到達した，被災地の各プロジェクトの現況を整理して，共通の課題を考える。

4-2　スマートコミュニティ導入促進事業（経済産業省）

　東北被災3県（福島，宮城，岩手）にて，スマートコミュニティの構築に向けたマスタープランの立案を支援し，このプランに基づくスマートコミュニティ構築を支援するものである。補助金の予算総額は80億円である。経済産業省資源エネルギー庁省エネルギー・新エネルギー部新産業・社会システム推進室が主管して，その補助金の執行団体として新エネルギー導入促進協議会（NEPC, New Energy Promotion Council）が担当している。平成23年度に募集した，マスタープランつまりプロジェクト立案に採択された地方自治体とその参画団体を表1に示す。全部で8自治体が採択されて，その参画団体は地域毎に異なることがわかる。大別すると，地域電気事業者と大企業から成る3地域（釜石市，石巻市，会津若松市），大企業を主体とする2地域（北上市，大衡村，山元町），大企業と中堅企業の連合体から成る2地域（宮古市，気仙沼市）に大別できる。

　その後，3年経過した平成26年度の事業化への移行段階の状況を，表2に整理した。合計で7自治体に減少したのは，宮城県山元町が事業中止したためで，上記①に相当する。山元町によると，その後の協議で状況の変化や採算面などから縮小，変更した計画が当初の目的と大きくかけ離れたと判断。被災者の集団移転先となる新市街地整備を優先したい考えもあり，事業の補助金申請は難しいと結論づけたという（河北新報，2014）。平成25年9月6日の第3回山元町議会定例会の議事録からは，積極的な取り組みを求める町会議員に対して消極的な町長の答弁が記されていて，町役場内にて事前調整に難航する様子がうかがえる。

　次に，釜石市と北上市は，参画団体が大幅に変わり，立案段階の事業者は消えている。これは，上記②に相当する。とくに，釜石市は「製鉄のまち」とし

第 10 章　被災地復興とエネルギー自律　　　203

表 1　2011 年度スマートコミュニティマスタープラン策定事業の採択自治体

地方自治体		プロジェクト名	参画団体			
岩手県	釜石市	釜石市スマートコミュニティ・マスタープラン策定事業	東北電力	新日鉄エンジニアリング		
	北上市	あじさい型スマートコミュニティ構想モデル事業	北上オフィスプラザ	JX 日鉱日石エネルギー		
	宮古市	スマートコミュニティ導入促進事業	エヌ・ティ・ティ・データ	エネット	日本国土開発	
宮城県	石巻市	石巻スマートコミュニティ・マスタープラン策定事業	東北電力	東芝		
	大衡村	「F−グリッド」を核としたスマートコミュニティ計画	トヨタ自動車	トヨタ東日本		
	気仙沼市	スマートコミュニティ・マスタープラン策定事業	スマートシティ企画	気仙沼水産加工業協同組合	荏原製作所，マルフジ他 7 社	
	山元町	山元町コンパクトシティ型スマートコミュニティ事業	東日本電信電話	エネット		
福島県	会津若松市	会津若松地域スマートコミュニティ導入促進事業	東北電力	富士通		

出所：新エネルギー導入促進協議会（2015）から作成。

ての共通点を持つ北九州市の支援を多く受けていて，参画団体にもその傾向がみえる。結果として，北九州市にて進む「北九州スマートコミュニティ創造事業」の水平展開を想定したが，釜石市の地域の実情には合致せずに，事業者を交替させて当初計画の大幅な見直しを図ったといえる。

4-3　グリーンニューディール基金（環境省）

　環境省は，東日本大震災を契機として，従来のグリーンニューディール基金制度を活用して，被災 7 県（青森県，岩手県，宮城県，秋田県，山形県，福島県，茨城県）と政令指定都市（仙台市）に合計で 840 億円を提供した。主管は，

表2 2014年度スマートコミュニティ構築事業の採択自治体

地方自治体		プロジェクトを構成するエネルギー事業	参画団体		
岩手県	釜石市	公共施設 BEMS, EV, エコ漁港, エネルギー管理, PV 等	釜石瓦斯, 富士電機	釜石流通団地水産加工業協同組合	東京センチュリーリース
	北上市	PV, 市役所 BEMS, 蓄電池	NTT ファシリティーズ		
	宮古市	PV, BEMS, カーシェアリング, 野菜工場	宮古発電合同会社	エネット, 日本国土開発	宮古エコカーシェアリング
宮城県	石巻市	BEMS, エネルギー管理	東北電力	東芝	
	大衡村	ガスコジェネ, FEMS, 温水供給	トヨタ自動車		
	気仙沼市	水産加工団地のエネルギー管理	スマートシティ企画	気仙沼水産加工業協同組合	荏原製作所, マルフジほか7社
福島県	会津若松市	PV, エネルギー管理, 蓄電池	東北電力	富士通, 富士電機	昭和リース株式会社

出所：新エネルギー導入促進協議会（2015）から作成。
注：富士電機は，子会社の富士グリーンパワーが実質担当。荏原製作所は，事業会社の荏原環境プラントが実質担当。トヨタ自動車は，F-グリッド宮城・大衡有限責任事業組合が実質担当。

総合環境政策局環境計画課である。この再生可能エネルギー等導入地方公共団体支援基金は，地方自治体が環境省のガイドラインに基づいて任意に執行することが可能であり，集中復興期間5年間（2011年度から2015年度まで）での計画完了を前提としている。用途は，非常時における避難住民の受入れや地域への電力供給等を担う防災拠点に対する再生可能エネルギーや蓄電池，未利用エネルギーの導入等を想定している（環境省，2015）。

　被災地自治体を優遇する施策が5年目の最終年度に到達した2015年度では，各自治体は予算執行が完了しないことに頭を痛めている。使い切れない基金は国に返還しなければならず，岩手，宮城は400前後の施設に太陽光発電設備などを導入したが，2015年度中に着手できない事業が岩手で25億円，宮城では10億円分に上り，環境省に期間延長を要望している（河北新報，2015）。遅延の主な理由は，かさ上げや高台移転など被災地での土地造成に年数を要していて，移転後に建設予定の学校や集会場などの公的施設自体が完成しておらず，そのため，屋根に載せる太陽光発電パネルを施工できないことによる。このような

第 10 章 被災地復興とエネルギー自律　　　205

事態は，以前からも予期できたので，被災県内の被災度の軽い也地域への施工を重点的に進めれば予算執行は可能であるが，本基金の主旨に必ずしも応えていないことになる。このようなジレンマは，集中復興期間の 5 年間における公共インフラ整備の遅延が及ぼす影響として，エネルギー面だけにとどまらず深刻である。

4-4　分散型エネルギーインフラプロジェクト（総務省）

　総務省は，2013 年 2 月 8 日に総務大臣を本部長とする「地域の元気創造本部」を設置して「地域の元気創造プラン」を進めている。分散型エネルギーインフラプロジェクトは，これらの地域活性化インフラプロジェクトの 1 つとして位置づけられる。当初は，電力の小売自由化で 7.5 兆円の市場が新しく地域にも開放されることを踏まえ，地域でのエネルギー関連産業を地域経済の拡大の起爆剤とすることを目的としていた（総務省，2014）。最近では，電力だけではなく，熱エネルギーにも着目して，地域での熱導管敷設による熱供給プロジェクトを奨励している。図 2 は，青森県弘前市におけるプロジェクト案である。中心市街地の小学校跡地にエネルギーセンターを新設し，市立病院及び周辺の大型施設等へ熱と電力を供給する地域エネルギー事業を開始し，同時にコンパクトシティエリアに大規模融雪インフラを整備し，エネルギーの自立と冬でも安心・快適な都市空間を創造する（総務省地域力創造グループ地域政策課，2015；総務省，2015）。ただし，燃料源となるガスが割高であること，かつ木質バイオマスボイラーのチップ燃料の安定供給方式など，実証に向けた新たな課題が横たわっている。

　総務省のプロジェクトで注目すべきは，先進事例としてドイツのシュタットベルケ（Stadtwerke）を想定していることである。自治体あるいは公民連携の法人を設立して，電力・ガス・熱供給を行う地域社会のエネルギービジネスモデルは，日本には無い形態であり注目に値する。ただし，ドイツなど欧州では，エネルギーインフラの成熟度が格段に高い。送電線だけではなく，国外と連結したガス・石油パイプライン，ゴミ焼却場の廃熱を利用する温水パイプラインが，約 1 世紀を要して国内を縦横無尽に敷設されている。地方自治体や企

**図2 弘前市における地域エネルギーサービスを核としたコンパクトシティ
創造事業**（総務省地域力創造グループ地域政策課，2015）

業の創意工夫だけでは，一向に進まないエネルギーインフラの整備を，政府が
本気で進めるか否かに，地方自治体の今後の命運がかかっている。地方創生の
主題とは，欧州先進国に比して著しく劣っているエネルギーインフラの整備で
あるといっても過言ではないだろう。

4-5　岐路に立つエネルギー政策

　以上に述べた各政策の特徴と被災地での事例からわかることは，省庁別の予
算は類似性や重複を認めない財務省の方針のもとで，予算執行にあたっては大
きな凹凸を内在している。この制約を地方自治体を主体とする地域社会が，い
かに上手く運用するかに成否が委ねられることになる。現場では，復興に向け
ての強い意思のもとで複数のプロジェクトを組み合わせて，プロジェクト全体
の整合性を取るなどの工夫が試されている。

　参画団体は，本来であれば，地域社会にねざす価値を新たに創造してその価
値を共有できる CSV（Creating Shared Value）を目標にすべきであったが，
実際には利益をシェアするビジネスモデルに矮小化する傾向が強い。新たに発
足するプロジェクト自体が持続可能であるべきとの理想は優れるが，結局は地

域ならではの共有価値の創造よりも，すぐに目に見えて誰にでもわかりやすいプロジェクトに短絡したのである。

　前述のスマートコミュニティ導入促進事業（経済産業省）では，被災地へのスマートコミュニティ導入の定量目標として，大都市でも始まったばかりの先進的 CEMS（地域向け），BEMS（商用ビル向け），HEMS（住宅向け）等各種エネルギー管理システムの構築を必要条件としている。とくに，参画団体に加わるエネルギー事業者要件には，「現に電気事業法上の一般電気事業者，特定電気事業者，特定規模電気事業者，特定供給を行う者，ガス事業法上の一般ガス事業者，熱供給事業法上の熱供給事業者のいずれか」と参画団体を特定し，しかもそれで利益を上げるために SPC 等の事業体設立を奨励している。つまり，地域独占あるいは大規模集約型のエネルギービジネスの既得企業群に対して，もっとも不慣れかつ無関心な被災地エネルギービジネスへの転用を促しているのだ。実際には，これらの大企業が参画することによって，母体企業への影響を慮り，復興とは直接関係の薄い限定区画のエネルギー融通に矮小化した事例が多い。なかには，事業の予算執行直前になっても具体的なビジネスプランを提示せずに，事実上の非協力を態度で示す企業もあり，このようなプロジェクトの自爆行為にやる気ある地方自治体ほど振り回されている。

　これらほぼすべてのスマートコミュニティ・プロジェクトの足踏み状態と，現場での各メンバーの労苦を慮ると，「復興フェーズにある地域で，災害に強いまちづくりとして再生可能エネルギーの活用」の理念こそ美しいが，その制度設計には無理があったと言わざるを得ない。結局のところ，地域社会の現状の理解・実績不足，それを無視した内情に大都市目線の政策が上乗りして，地元のやる気だけではけっして解決できない地点に 5 年間を要してたどり着いたといえる。本来は，エネルギー事業に関わるさまざまな‘しがらみ’から脱却する好機会であったのだが，実際にはその利害関係の当事者を中心に据える事業設計を強いられたのである。復興とは，先進的なハイテク技術の結集によって実現するものではなく，従来技術から成る技術群と社会システムとの最適な組合せによってこそ実現可能である。一歩振り出しに戻って，このような地域コミュニティを対象とした社会イノベーションを引き起こすリーダーを育てることから，次の一歩は始まるだろう。

5. 地域エネルギーシステムをつくるために

　わが家やオフィスビルから外に出て，街全体を持続可能なエネルギー社会に変えるのに必要な創意工夫とは何だろうか。その解は，エネルギー需要密度マップの作成，統計情報と連動する統合型データベース構築，空間情報分析を加えたエネルギー設備の最適配置など一連のアプローチから成る地域社会のシステムデザインにある。つまり，供給キャリア毎に分割された従来の単品売買の習慣から脱却して，エネルギーシステム・インテグレーションとしてのビジネス展開の機会が到来したのだ。その具体的なアプローチを考える。

5-1　エネルギー空間センシングによる地域エネルギー需給の実態把握

　地域エネルギーシステムをつくるためには，まず自ら地域コミュニティのエネルギー需給の実態を把握することから始める必要がある。熱需要を主体として年間のエネルギー消費量の分布とその時間変動を，エネルギー空間センシングによってデータ取得し，電力，熱，輸送用燃料などエネルギーキャリアに応じた多層レイヤー構造を作成する。つぎに，エネルギー版の地理空間データベースを作成して，地域コミュニティに熱供給ネットワークを最適な配置でデザインする。一連の調査は，米国発のソフトウェアの一種である地理情報システム（GIS, Geographical Information System）を用いて分析可能になってきた。

5-2　エネルギーインフラとしての社会資本整備

　北欧や中欧の寒冷地域では，給湯や暖房等エネルギー供給機能を重要な社会資本の１つと考えて，公的な整備が進められた。ヨーロッパの暖房に関するエネルギー有効利用の歴史は大変古く，1896年のドイツのハンブルク市の熱電併給方式による市庁舎への地域暖房が最初である（落藤・谷口，1995）。水蒸気や温水を供給する温熱ネットワーク設備は，ゴミ，廃材，泥炭など多様な低品

第 10 章　被災地復興とエネルギー自律　　209

位燃料を混焼させる。近年では，発電機能を付設して，市場のエネルギー価格
変動と需要量の変動に応じて発電量と熱供給量の割合を自在に可変して，需要
家の利便性と事業者利益の最大化を同時に実現している。新設火力発電所がこ
の熱電併給（CHP, Combined Heat and Power）であるデンマークなど欧州
の小国も多い。

　さらに，国内外と接続する天然ガスパイプラインは，新たな地域ビジネスを
創出する。日本国内のガスパイプラインは，高圧，中圧，低圧の三種に分類さ
れ，そのうち送電線に相当する高圧導管の延長距離は，3159 km である。これ
は，1990 年代初めのイギリス，フランス，ドイツ，イタリアのヨーロッパ 4
カ国の幹線パイプライン長 13 万 6000 km，米国 45 万 3000 km（山本・秋山，
2004）に比べて，10 分の 1 から 100 分の 1 と短くきわめて脆弱であり，韓国の
3900 km よりも短い。日本では，東京―大阪間のガスパイプラインもいまだに
整備されず，東海道新幹線（1964）や東名高速道路（1969）に比べても社会資
本整備として大幅に遅れている。

　発電用を目的として，東北電力株式会社と石油資源開発株式会社が出資する
東北天然ガス株式会社が 1993 年に敷設した新潟―仙台間（260 km）のパイプ
ラインが，東日本大震災時のバック機能を果たしたことは，重要な成果である。
仙台市ガス局は，津波で被災した太平洋岸のガス基地の復旧を待つことなく，
新潟からの発電用ガスを市ガスに切り替えてガス供給を 3 週間後に再開し，
人々のくらしの再建に大きく貢献した。

5-3　欧州におけるエネルギーインフラに基づくエネルギー自律

　欧州では，廃棄物起源のバイオガスをパイプラインに混入するガスの逆潮流
が進んでいる。牧場の家畜排泄物を嫌気性発酵させると，可燃性メタン CH_4
成分を半分ほど含むバイオガスが生成する。これを現地でガスエンジン等によ
って発電して，電力の形態で需要地に輸送するのが従来の方法であるのに対し
て，バイオガスを天然ガスパイプラインに直接混入して，ガスの形態で需要地
に送るのが本方法である。発電損失や送電線容量を懸念する必要も無く，ガス
パイプラインの輸送量に比べればごく僅かな混入量であるので合理的である。

さらに，風力や太陽光の変動電力分を水電解に用いて，この水素 H_2 を二酸化炭素 CO_2 と反応させて作るメタンをパイプラインに混入するパワートゥーガス P2G も始まった。この方法では，送電線容量や発電出力変動を懸念する必要が無いので，再生可能エネルギーから得られる変動電力を故意に出力抑制して使用しないのに比べればまったく合理的である。

　このように，エネルギーインフラは，地域の再生可能エネルギーを利用する上で，きわめて重要な役割を果たす。エネルギー需要密度が著しく低い地方部では，ビジネスの集積性つまり収益性が低く，私企業が設備投資を効率的に進める資本整備は限界に達している。地域社会の特徴に合致するエネルギー資本整備への支援形態を，大都市圏ではなく地方部に導入していくことが求められる。上水道施設や一般廃棄物処理施設は 20 世紀末までに公的な資本整備が完了しているので（黒川，2006），21 世紀はエネルギーインフラへの資本整備を進めるのが重要である。エネルギーを輸送する熱供給用温水パイプライン，ガスパイプライン，燃料パイプライン，送電線などのインフラは，公的資本を主体に整備し，エネルギー生産機械であるボイラーや発電機などは民間の活力を主体とする。これらを組み合わせて構成するエネルギーシステムの運用と維持にあたっては，コペンハーゲン市のように NPO が参画する公民連携も参考になる。

6. 被災地復興への道筋

　東日本大震災は，まちづくりの意味を地域社会に問いかけている。1 世紀前の東北各地に息吹いた地域主体の電気事業の設立後，戦中戦後を経て，地域のエネルギー社会構築の動きはすっかりと息を潜めた。震災復興の意気込みだけでは立ち上がらない構造上の壁に遮られている。その壁を固持する大規模集約型エネルギービジネスの利害関係者の保身が，被災地復興の致命的な足かせとなっている。エネルギー行政は産業行政と異なり，先進的なデバイス開発よりはむしろ，インフラを含む社会システム設計と系統立てた整備が求められる。鉄道や道路整備が進んだ 1 世紀間にすっかりと忘れ去られたエネルギーの近代

化を，大いなる反省と共に進めるのが唯一の解だろう。わが国のエネルギーインフラには，新幹線も高速道路もなく，在来線すら貧弱なのだ。

　そのためには，第一にエネルギー教育が重要，つまりエネルギーリテラシーの向上である。現状では，エネルギー供給企業による業界の事情説明を兼ねた広報がお茶の間に入り込んでいる。オール電化，ウィズガス，ダブル発電，創エネなど，基本理解が無いままにガラパゴス用語が氾濫している。これが，スマートコミュニティのような新たな造語を生み出して，都市ガス配管すらない被災地に押しつける原因になっている。エネルギー政策基本法（2002）は，「国民の努力（第8条）」と「エネルギーに関する知識の普及（第14条）」のようなトップダウンが顕著である。先行する環境教育（環境基本法（1993）と環境の保全のための意欲の増進及び環境教育の推進に関する法律（2003，2012改正））を手本として，学校教育において体系的にエネルギー教育が行われるよう，参考となる資料等の情報提供，教材開発，研修等教育職員の資質向上など多様な取り組みが必要である。

　第二に，きめ細かな市町村単位でのエネルギーデータを整備することである。日本のエネルギー統計データは，わかりにくい。専門家ですら数表を前にして頭を悩ますのは，さまざまな落とし穴が潜むからである。国の統計データが十分ではない。比較的データが揃っているのは，供給側の輸入の燃料資源ぐらいであり，これは財務省貿易統計によって詳細に把握できる。さらに，需要家側のエネルギー消費データは，試行錯誤による推計が主体である。とくに，業務部門はデータ自体が存在しないため，全体から他部門を差し引いた残りを統計値としているので，精度が劣る。米国エネルギー省のエネルギー統計局（EIA, Energy Information Administration）のデータベース整備と情報公開は，良い見本となる。米国の国立研究所は，民生部門に強いローレンスバークレー国立研究所（LBNL, Lawrence Berkeley National Laboratory）が，主要な研究プロジェクトとしてサポートしている点も見逃せない。

　地方部のエネルギーデータは，国データを家計調査で按分した都道府県値が数少ない情報源であり，市町村単位では，ほぼ存在しない。したがって，国よりも，地域スケールのエネルギーシステム立案の方が，データが揃わないだけに難しい。

第三に，われわれは地方部でのまちづくりのモデル設計に不慣れであり，その認識も希薄であった。被災地における復興スピードの地域差は，失われた故郷の現況を，自らが主体的に観察してかつその特徴を客観的にいかに把握できたかに起因するところが多い。大都市圏での資本投資を先進事例として，その経験を地方部に波及させる水平展開モデルは通用しないのだ。欧州では，分散する地方部を主体として，公共交通機関やエネルギー社会資本を含むまちづくりの経験が豊富である。中欧や北欧のエネルギーインフラを組み込んだ街づくりと，その運用実態を深く学ぶべきである。

参考文献

エルピーガス振興センター（2011）「石油ガス流通実態調査報告書」。

落藤澄・谷口孚幸（1995）『地域暖房とエネルギーの有効利用』理工図書。

河北新報（2009）「ガスパイプライン開通」2009 年 12 月 19 日。

河北新報（2014）「再生エネ活用　山元町が事業断念」2014 年 10 月 28 日。

河北新報（2015）「被災 3 県が再生エネ支援基金延長を要望」2015 年 5 月 31 日。

環境省（2015）「再生可能エネルギー等導入地方公共団体支援基金」。
　　（https://www.env.go.jp/policy/local_re/funds.html, 2015 年 5 月 30 日取得）

黒川俊夫（2006）「21 世紀のエネルギーインフラ整備　公民連携主導による地域分散
　　型エネルギーインフラ整備が鍵」Best Value 13 巻，1–4 頁。

経済産業研究所（2012）「総合エネルギー統計の解説　2010 年度改訂版」。

資源エネルギー庁資源・燃料部石油流通課（市場班）（2014）「石油製品価格調査」。

資源エネルギー庁総合エネルギー統計検討会事務局（2007）「2005 年度以降適用する
　　標準発熱量の検討結果と改訂値について」。
　　（http://www.nepc.or.jp/smartcommunity/index.html, 2015 年 5 月 30 日取得）

新エネルギー導入促進協議会（2015）「スマートエネルギーシステム導入促進事業」。

仙台ガス局（2015）「仙台市ガス局供給区域図」。
　　（http://www.gas.city.sendai.jp/top/about_us/area/index.php,　2015 年 5 月 30 日
　　取得）

総務省（2015）「自治体主導の地域エネルギーシステム整備研究会第 2 回資料」。

総務省地域力創造グループ地域政策課（2014）「「分散型エネルギーインフラ」プロジ
　　ェクトについて」。

総務省地域力創造グループ地域政策課（2015）「「分散型エネルギーインフラ」による

地域経済活性化とサービスイノベーション」。

瀧田祐樹・古林敬顕・中田俊彦（2015）「再生可能エネルギーのポテンシャルを考慮したエネルギーフローの作成と分析」『日本機械学会論文集』81 巻，1-12 頁。

東北経済産業局（2015）「北上・金ケ崎地域における天然ガス利活用勉強会取りまとめ」。

（http://www.tohoku.meti.go.jp/s_shigen_ene/gas/pdf/naturalgas.pdf, 2015 年 5 月 30 日取得）

東北電力（1960）「東北地方電気事業史」。

日本エネルギー経済研究所（2010）「海外 LP ガス価格調査報告書平成 21 年度」。

日本エネルギー経済研究所（2014）「EDMC エネルギー経済統計要覧」省エネルギーセンター。

復興庁（2013）「新しい東北の創造に向けて（中間とりまとめ）」。

復興庁（2015）「集中復興期間の総括及び平成 28 年度以降の復旧・復興事業のあり方について」。

（http://www.reconstruction.go.jp/topics/post_164.html, 2015 年 5 月 30 日取得）

山本純・秋山雅彦（2004）「天然ガス輸送と日本における幹線パイプライン敷設の問題点」『札幌学院商経論集』21 巻，53-82 頁。

Dincer, T., and M, Rosen（2007）. *Exergy: Energy, Environment and Sustainable Development*. Oxford: Elsevier.

Lund, D.（2014）. 4th Generation District Heating（4GDH）: Integrating smart thermal grids into future sustainable energy systems, *Energy*, 68: 1-11.

OPEC（2014）OPEC basket price.（http://www.opec.org/opec_web/en/data_graphs/40.htm, 2015 年 5 月 1 日取得）

第11章　住民主体の福祉コミュニティづくり
——南三陸町民が取り組む被災者支援の事例から

本　間　照　雄

はじめに

　東日本大震災は，太平洋東北沿岸部に壊滅的な被害を与えた。被災地は，今，景観が一変するほどの事業量で，防潮堤等の防災施設，産業・生活基盤，道路などのインフラ整備が進められている。こうした復旧・復興過程において，とくに，小規模自治体は，人財の確保及び事業の進捗において困難を極めている。また，語られることが少ないが，大規模化・長期化している被災者支援は，これまでに例のない規模と時間の中で行われている。本章では，こうした津波被災地の小規模自治体で行われている被災者支援に着目し，住民を主たる担い手とする宮城県南三陸町被災者生活支援センターを事例に取り上げ，住民主体の福祉コミュニティづくりについて検討する。とくに，住民が主体となって進めるための仕組みやその狙い及び地域福祉推進に持つ可能性について言及する。また，あたりまえの生活に戻るための取り組みや被災者支援に関わった人々の地域人財化の状況に触れ，最後に，「受縁力」という言葉を使い，長期化する復興期支援のあり方についての提案を試みる。

1.　街が消え町が造られている

　宮城県南三陸町は，巨大地震が引き起こした大津波によって，1万7666人（平成23年2月末住民基本台帳）のうちの9746人（平成23年3月19日消防団等確認）が避難者になり，人的被害835人（死者・行方不明），建物（住家）

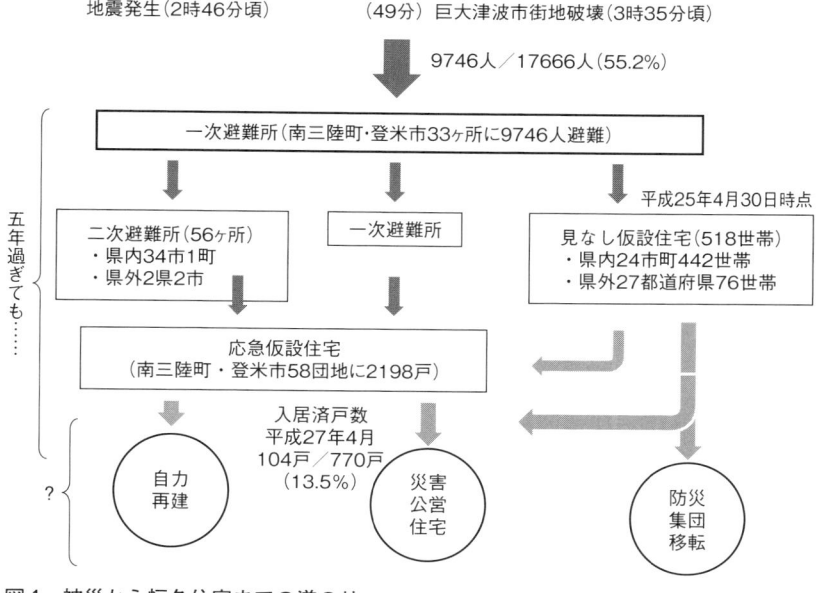

図1　被災から恒久住宅までの道のり

被害3321戸（半壊以上）の壊滅的被害を受けた。南三陸町全体の罹災率は62％だが，産業・行政の中心である志津川地区の罹災率は75％で，町がほぼ壊滅的状態になったといっても過言ではない。仙台，石巻，気仙沼も非常に多くの家屋が被災しているが，残っている部分も相当ある。こうしたことから，南三陸町の再興は「まったく新しい町をもう一回つくる」という被災規模である。図1のように，南三陸町では住まいの再建が始まったばかりで5年過ぎても町づくりの真っただ中にある。

　町では，平成32（2020）年度を復興達成の目標年次に定め，大きく3区分し連続的かつ継続的に推進する「復旧しながら復興し，復興しながら発展する」ことを目指している。東日本大震災から5年目に入り，震災復興計画上は復旧期から復興期（県計画では再生期）に移り，町内は，約10ｍの防潮堤や河川堤防の整備および土地の嵩上げで以前の景観を一変させている。また，被災者の生活は，復旧・復興事業によって大きく変わろうとしている。

　今，南三陸町では槌音が響き渡り，復興町づくりが急ピッチで進められてい

る。住宅地の整備に限っていえば，高台移転の宅地造成は 35 団地 1713 戸，災害公営住宅整備は 8 地区 770 戸（集合住宅 670 戸，戸建住宅 100 戸）と，被災前世帯数 5362 世帯（平成 23 年 2 月末）の 46.3% が新たな住まい方を必要としている。災害公営住宅は，約 9 割が中層集合型住宅になり，被災者の多くはなじみのない住まい方を求められている。

1-1　応急仮設住宅から災害公営住宅へ

被災者の生活の場は，応急仮設住宅から災害公営住宅に移り始めている。同時に，応急仮設住宅の集約化に関する議論も始まっている。南三陸町長は，2014 年 12 月の時点では，入居率 82.6% であることを踏まえ，「高い入居率やコミュニティ形成を考えると集約化は非常に難しい」と語っていた。しかし，2015 年に入ると 3 月時点での入居率が 77.3%（58 団地 2176 戸）になるなど転居が進んでいることを踏まえ，入居率が 30% を下回る見込みとなる平成 28 年度から拠点団地 8 ヶ所（669 戸）へ集約化を進める方針を議会に報告している。具体的には，入居率が 50% を下回った時点で住民との話し合いを始めるとし，集約時期は防災集団移転事業の宅地引き渡しから 1 年半後を想定している。平成 27（2015）年度中には，住民に住宅再建方法や時期に関する意向調査を行い集約化計画の策定が始められる。南三陸町の応急仮設住宅は，図 2 のように小規模の応急仮設住宅団地が多数あり，少ない人数の移動でもコミュニティ維持への影響が大きく，集約化による安全・安心の確保は避けられないのである。

応急仮設住宅から災害公営住宅等の恒久住宅への転居は，応急仮設住宅を出る者と残る者，双方に新たなコミュニティの再構築を求めている。応急仮設住宅団地では，資力のある者，働き盛りにある者から抜けていき，結果として高齢者世帯が残されていく傾向にある。このことは，役員の担い手不足など自治会運営にも影響をもたらす。こうしたことが懸念されることから，応急仮設住宅団地の集約化は，生活環境の安全安心を維持するためにも避けて通れない現実である。

災害公営住宅への転居に関しては，災害公営住宅団地単独での自治会設置や周辺地区自治会への編入など，自治会に関わる課題が生じる。空き家が多くな

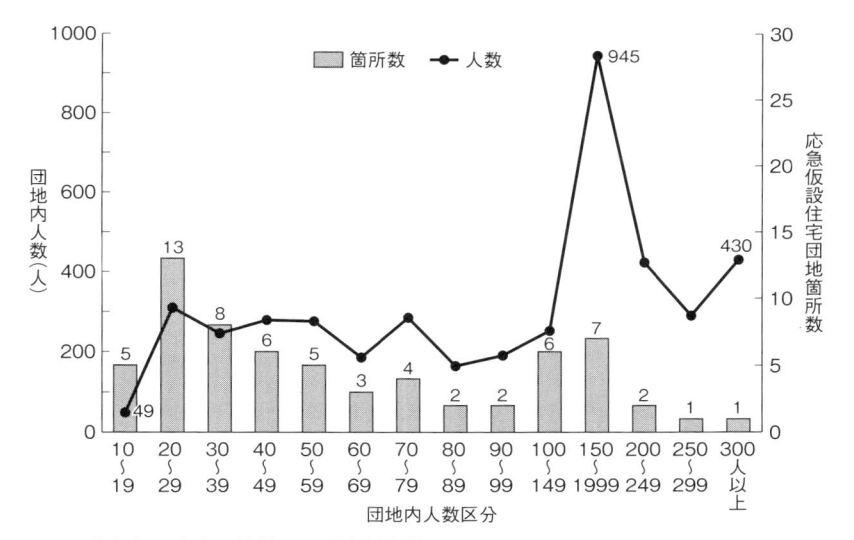

図2　応急仮設住宅団地数および生活者数

る応急仮設住宅団地，集約化する応急仮設住宅団地，既存地域に設置される災害公営住宅団地，新たな土地造成でつくりだした災害公営団地および他地域での自立再建など，それぞれの住まいには，コミュニティ再構築に関わる異なる課題が突きつけられている。

1-2　災害公営住宅の集会所

　しかし，こうしたコミュニティに関する課題は，「住民自治に関すること」として行政は関与することを避けがちである。各地で自治という名の放任が見受けられるのも現実である。コミュニティづくりが住民の手で行われることは大切である。しかし，自治という名を借りて住民自治が機能するための環境づくりを怠ってはならない。

　中でも，コミュニティに関する課題が大きいのは，コミュニティについての蓄積がない災害公営住宅である。災害公営住宅におけるコミュニティづくりで課題に挙がることの1つに集会所の光熱水費の負担の問題がある。多くの場合，既存地域の例に合わせて全額自治会の負担と考えている自治体が多い。家賃が

災害公営住宅家賃低廉化事業や東日本大震災特別家賃低減事業により，5年まで（特段の低減措置）とそれからの5年（段階的に家賃の引き上げ）の10年間軽減措置が講じられる。こうした期間においても，共益費，自治会費は住民自治のための費用として各世帯で負担せざるを得ない。しかし，災害公営住宅は多くの場合高齢者世帯，すなわち主たる収入が年金に依存していることが多い。こうしたことは，家賃よりも共益費，自治会費が高くなるという現象を起こしてしまう。こうした状況は，阪神・淡路大震災での例を待つまでもなく，光熱水費の負担を軽減するために，普段は集会所を閉め特別の場合だけ開くなどの事態を引き起こしてしまう。集会所は3つの場として機能する。1つ目は自治会の会議・打合せ等の住民自治の場，2つ目は役所の説明会・保健師による健康づくり等の公共的事業の場，そして3つ目は住民がふらっと立ち寄り他者と交わる居場所としての憩いの場である。こうした集会所機能の中で，光熱水費の負担が重くのしかかると，始めに制約がかかるのは，ふらっと立ち寄る憩いの場としての集会所機能である。こうしたことから，鍵がかけられ閑散とした真新しい集会所が散見することになる。すでに入居し始めた災害公営住宅の集会所では，このような光景がいたる所にみられる。こうした状況下では，行き場を失った住民が自宅に籠もってしまうのは当然の成り行きである。既存地域と異なり災害公営住宅団地では，自宅以外の居場所は集会所しかない。せめて，孤独死防止，引きこもり予防を目的として，お茶会等何らかの対応をしている自治会には，光熱水費の基本料を行政が負担し従量は自治会負担とするなど，住民自身による見守り機能を果たせる環境を整えるための工夫が必要であろう。

1-3　残っている応急仮設住宅団地での苦悩

　災害公営住宅や防災集団移転地造成の工期延伸，自立再建にかかる建設費の高騰などの経済的理由，家族間の利害対立など，さまざまな理由で態度を決めかね，応急仮設住宅での生活が，震災から5年を過ぎた現在でも続き，月単位で解消される様子はない。

　災害公営住宅は，3団地104戸（全計画の13.5%）で入居が始まった（平成

27 年 9 月末現在）。応急仮設住宅からは，櫛の歯が欠けるように災害公営住宅入居，自立再建した人々が抜けていく。これまでなら近所の方々がこぞって祝いの言葉をかけ，引越しする方がこれまでのお礼に近所を回るのだが，引越す家族は残る人への気兼ねや遠慮，場合によっては妬みにも似た感情を感じ取り，極々親しい人や自治会長にだけ事の次第を語り，静かに仮設住宅を後にする。残る者は，「挨拶もなく逃げていった」と噂する。そんな例が散見し，出て行く人も残る人も複雑な心境にある。制度の時間，工事の時間，避難生活者の時間，それぞれの中に異なる「現在」があり，被災直後とは別の重い負担感が幾重にも被災者に覆い被さっている。

2. 南三陸町被災者生活支援センターの制度設計

こうした状況にある被災地において，これまでの被災者支援はどのように行われ，今に続いているのか，その始まりに戻ってみたい。

発災から 1 ヶ月ほど経過した 4 月下旬，写真 1 のような街中の状況の中で，町民は避難所から応急仮設住宅に移りはじめ，阪神・淡路大震災で大きな問題となった「孤独死」の対応が必要になった。しかし，少ない専門職は目前の業務に忙殺され，介護保険事業者も著しい業務停滞に陥っており，応急仮設住宅

写真 1　防災対策庁舎

に移り住む被災者に対して，個別に見守りを行うことまでは手が回りそうになかった。また，国が想定している専門職を配置する被災者サポートセンターの仕組みでは，町内外58ヶ所に点在する応急仮設住宅入居者に対応することは難しかった。

　こうした中で町が着目したのは，被災者でもある町民と緊急雇用創出事業である。自ら被災しながらも町の復旧復興に何らかの形で役に立ちたいと考えている町民は多くいた。何より彼らは生まれ育った地域社会を知り尽くしている。同時に，仕事の場を失った彼らに収入を得る機会を設ける場にもなる。町ではこうした考えをもとに多数の被災町民を雇用し，彼らを被災者支援の第一線に立つ生活支援員に据え，加えて，多数の町民から上がってくる情報を整理，精査して行政につなぐ役割を担う少数の看護師等と地域福祉活動の専門職を配置する被災者生活支援センターの設置を構想した。

2-1　南三陸町被災者生活支援センターの概要

　南三陸町は，2011（平成23）年7月19日，多くの町民を生活支援員とした被災者生活支援センターを設置した。被災者生活支援センターは，日常的に関わる生活支援員に町民を充てて被災者生活支援の第一線に据え（第1層），その上に彼らから上がってくるさまざまな情報を再確認あるいは整理（トリアージ）するコミュニティ・ソーシャル・ワーカー（社会福祉協議会職員）および看護師等の専門職員を置き（第2層），最終判断や評価を行う役場保健師等（第3層）につないで事案の解決を図るという，三層構造の体制で支援を行うシステムを構築している。

　南三陸町の被災者支援は，地元の社会福祉協議会に事業委託して行っている。被災者生活支援センターは役場の近くに設置され，保健福祉課被災者支援係と同居している。これは行政と緊密な連携協働を図りながら進める必要があるために取った措置である。支援活動は，本部機能を担う被災者生活支援センター1ヶ所と個々に具体的活動を展開するサテライトセンター6ヶ所に拠点を設けて行っている。各サテライトセンターは，南三陸町の4地区（歌津，志津川，入谷，戸倉）に加えて登米市の南方地区および横山地区に設置された応急仮設

住宅を担当する2ヶ所を合わせて6地区にそれぞれ1ヶ所ずつ設置し，個別具体の活動を展開する巡回型支援員が詰めている。また，民間賃貸住宅（みなし仮設）を担当する訪問型支援員は，県内全域を担当することから被災者生活支援センターの一角を活動拠点にしている。なお，応急仮設住宅に住みながら訪問活動をする滞在型支援員には，独立した拠点は設けず，各応急仮設住宅団地を担当するサテライトセンターの所属にしている。サテライトセンターに配置する生活支援員の人数は，応急仮設住宅の戸数や団地数を基に20戸から30戸に1人の割合で大まかに決めている。

2-2 生活支援員

被災者生活支援センターでは，最大時241人の3種類の異なる役割を持つ生活支援員で見守り支援事業を行っている。1つ目は巡回型支援員である。応急仮設住宅を全戸訪問し，見守りや相談相手になる生活支援員の基本形態である。南三陸町及び登米市に設置した6ヶ所のサテライトセンターに応急仮設住宅戸数等を勘案して配置している[注1]。2つ目は滞在型支援員である。自らが居住する応急仮設住宅団地内の気になる世帯を朝と夕の2回，杖をつきながら，あるいは二人連れだって訪問する。3つ目はみなし応急仮設住宅利用者を対象とする訪問型支援員である。みなし応急仮設住宅利用者は，宮城県内は12市12町，県外は31都道府県に973世帯散らばっている（2012年1月11日現在）。この内県内対象者714世帯については，各住宅を直接訪問して孤立感を深めぬように寄り添い，帰郷の想いを支えている。県外居住者については，月1回程度の電話で対応している。

2-3 被災者生活支援活動の実績

被災者生活支援センターが設置された2011（平成23）年7月から2015（平成27）年8月まで4年2ヶ月間の訪問件数は，95万3822回[注2]である。

95万回の訪問というのは驚異的な数字である。いかに地道にそして丁寧に見守り活動を行っているかが現れている数字である。また，この訪問見守りは，

対象者をAランク，Bランク，C1ランクおよびC2ランクに区分し，対象者の身体的・精神的・社会的状況に応じて訪問頻度を変えている。気がかりな世帯については，巡回型支援員に加えて滞在型支援員も訪問し，見守りの重層化による隙間のない見守りを行っている。

　この数字からもわかるように，南三陸町の被災者生活支援は，地道にそして丁寧な訪問活動によって紡ぎ出された，生活支援員と被災者との関係性の下に行われている。この関係性は，常に身近な存在であることを心がけている訪問によって構築され，支援する者とされる者との関係を越えて，共にこの悲惨な現状を越えていこうとする一体感をつくり出している。この一体感こそが，不自由な生活を強いられている応急仮設住宅での安全安心の確保には不可欠である。それゆえに，地道にそして丁寧な見守り活動を旨として行っているのである。

3. 町民を主役にする被災者生活支援

　南三陸町で避難者支援を担うのは，保健福祉課[注3]である。保健福祉課の職員は，災害救助法に関わる事務を所管し，被災者の健康管理，一次避難所の感染症対策，二次避難所への集団移転，支援物資の管理運営，義援金の配分等々，被災者支援に関わる主要な事務を担当している。中でも，保健衛生の専門職である保健師は，避難者の健康管理や避難所の感染症対策等の衛生管理に忙殺されていた。

　こうした事情の中で南三陸町は，被災者支援に多くの町民を雇用して，小規模自治体に共通する，限られた数の専門職の配置実態を克服して，きめ細やかな対応と迅速かつ専門的対応との双方を満足させうるような取り組みを進めようとした。この方針を実現するにあたって鍵になったのが町民である。

3-1　町民を人財にする

（1）　はじめにしたこと

　南三陸町が着目したのは，未曾有の大震災で生き残ったことの意味を考え，町のために何かをしたいと考えていた町民の存在である。町は被災者に雇用の場を設けるために制度化された緊急雇用創出事業を活用して，2011年6月に被災者支援を行う臨時職員を100名募集した。募集に際しては，知識もない素人に被災者支援ができるのか，個人情報は守れるのか，100人もの素人を誰がどのように教育するのか等々の声もあった。しかし，地域福祉の実践経験を有する担当者には「町民は人財／資源」という確信[注4]があり，実施に戸惑いはなかった。採用された職員には，3日間の初任者研修が行われた。研修では，「被災して肉親や財産を失い仕事もない中で，不自由な応急仮設住宅暮らしを強いられる町民は，苛立ちややるせなさを隠さない」，「被災者支援は生やさしい仕事ではない。ストレスの多い仕事である」ことをハッキリ話し，その上で「皆さんの手でこの町を救ってほしい」，「皆さんの手で被災者の生活を支えてもらいたい」と懇願した。町民を人財にするために真っ先に行ったのは，誰のために何をするのかを明確に示し，加えて壊滅的被害を受けた町の復旧復興を担うという社会的役割を強調した。

（2）　人財育成の基本項目

　南三陸町は沿岸部の町であることから，被災者支援の担い手となった町民は，沿岸養殖漁業に従事していた者が多く，見守り支援の経験は皆無に等しかった。こうした中で町民を被災者支援の担い手にするために行ったことは，一見するとこれまでの常識を覆すものであった。町は人財育成の基本に次の項目を挙げている。

・マニュアルはつくらない（創意工夫を引き出す）
・できることを活かす（主婦目線／生活者目線に着目）
・工夫をシステムにする（やる気を活かす）
・上手くできたことを意図的にとりあげる（北風と太陽）

　これらの項目すべては，町民を主役に据えることを基本にした考え方である。

第 11 章　住民主体の福祉コミュニティづくり　　225

この人財育成の基本となる考え方は，町民自身の主体性を喚起し時々刻々と変わる状況および個々人の多様なニーズに応えるために考え出された。応急仮設住宅というこれまでに経験のない生活環境の中にあって，その状況との向き合い方や対応力は多様である。こうした中での支援は，限られた想定で作成されたマニュアルでは対応が難しい。このため，南三陸町では，町民の創意工夫，やる気，主婦目線等々を被災者支援の基本にし，町民自らの気づきや工夫をシステムにし，マニュアルによる押しつけを極力避けたのである。

（3）　事業展開のシステム設計

　次は，この考え方を基にして被災者生活支援を具体的に展開する際のシステム設計である。特筆すべきは，三層構造と高齢者を活かす支援システムである（図3）。また，そのシステムはシンプルに構築されており，経験の少ない町民であっても，どのように振る舞えばよいのかわかりやすいシステム設計になっている。

　①三層構造による支援（丁寧な対応と専門的対応の両立）──被災者の生活支援は，三層構造で進められている。一層目には，一般町民を雇用した生活支援員を据えている。生活者の視点で応急仮設住宅を巡回しながらきめ細かな見守りを行う，被災者生活支援の主力である。二層目は，看護師2人，歯科衛生士およびコミュニティ・ソーシャル・ワーカー（社会福祉協議会職員）の4人を配置し，一層目から上がってくる情報や問題点を整理もしくは専門的な視点で確認を行い，三層目の町や地域の社会資源へつなぐ橋渡しを行っている。三層目は，町の保健師等の専門職員や関係各課の担当者である。応急仮設住宅か

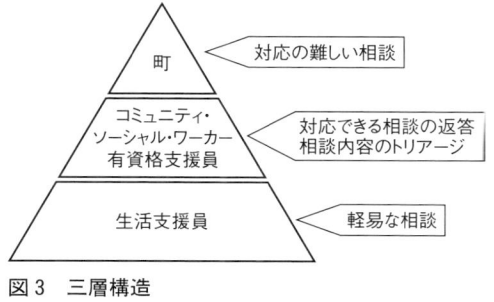

図3　三層構造

ら上がってくるさまざまな課題で困難な事案は，三層目が引き受け，自ら又は関係機関等との協働で解決を図ることにしている。

　②高齢者の活用（地縁力を活かす）――高齢者の活用は，滞在型支援員制度に象徴される。高齢者の持つ豊富な経験や地域事情に精通した知識や関係性[注5]は，地域や家族を巻き込んだ支援活動を展開する際に貴重な情報になっている。

　③活動目標の設定（マンネリ化やブレの防止）――地道で丁寧な活動は，時としてマンネリ化に陥る恐れを内包している。こうしたマンネリ化を防ぐために，自らが活動目標を設定して1ヶ月毎に達成度を評価することにしている。毎日繰り返される見守り訪問に，こうした仕掛けを盛り込むことによって，マンネリ化や活動目的を見失って起きるブレを防ごうとしているのである。

　④名ばかりの協働連携はしない（地道な地域密着の事業展開）――さまざまな支援団体が支援を名目に関わってくる。しかし，支援活動がそれぞれの団体に任せきりになり，結果として一貫性のない支援となって住民に混乱を与えてしまう例をしばしば見かける。南三陸町では，こうしたことを防ぐために，むやみに手を広げるのではなく，被災者生活支援センターとして目が届き，確実に協働できる範囲内で地道に事業を展開している。

　これらは混乱する被災地の現場であることや日々状況が変化していく中での事業であることを考慮し，事業展開は迅速かつ柔軟に対応できることに主眼をすえ，シンプルなシステム設計を目指した考え方である。

3-2　持続可能性を持たせる

　復旧復興には長い時間と多くの労力を必要とする。被災直後は多くの団体や公的機関からの支援が期待できる。しかし，こうした状況が長く続かないことは容易に想像できる。このため，地域住民による自立的事業運営が持続的に行われるように配慮する必要がある。こうした課題に対応するため，次の点に注意している。

・知識ではなく智慧を求める（できることを活かす）
・工夫／結果を科学で整理（素材を引立る調味料に理論を用いる）

第 11 章　住民主体の福祉コミュニティづくり　　227

・ハウツー指導ではなく意味の解説（目的の目的を問う）

・会議・打合せの活用（カンファレンス化）

・多くを求めない（選択と集中・パレートの法則）

　これらの事柄は，自ら考えながら地道に取り組むことを求めるための仕掛けで，地道な実践の積み重ねが，被災住民の安全安心を築いていくとの考えに基づいている。

3-3　3 段階の支援

　南三陸町被災者生活支援センターは，事業の開始当初から被災者支援を一時的／臨時的制度であることおよび元の生活に戻すための支援であることを心がけている。また，被災者の生活環境や他者との関わりの様子を見ながら，生活支援員の人数や支援内容を変えている。

　支援内容は，大きく三段階に分けている。

　突然の震災で茫然自失として立ちすくんでいる被災者，応急仮設住宅で慣れない避難生活を始めたばかりの被災者には，100 名を超える大量の生活支援員が積極的に関わり，彼らの手足となり，生きるための日々を支える必要があった。こうした状況から，この時の支援を「手偏」の"支援"と呼んでいた。この段階では，さらに滞在型支援員（後述，写真 2）100 人を加え，重層的な見守り体制を敷いている。身近な場所で日々の細々とした生活ニーズを把握するとともに，巡回型支援員による支援時間帯で空白となる朝と夕の時間帯の見守り強化の為に配置した。その後，応急仮設住宅での生活に慣れ始め，落ち着きを取り戻してきた頃からは，隣近所や応急仮設住宅の自治会による「お互いさま」を醸成することに重きを置く支援に移行していった。この過程で，生活支援員が行っていた応急仮設住宅集会所／談話室でのお茶会は，住民相互による自主開催や自治会主催への移行を積極的に勧めた。この段階での支援は，住民相互の関わり（「縁」）を活かした支援を意識して行うことから，「糸偏」の"支縁"と呼んだ。さらに時が進み，応急仮設住宅での生活が長期にわたり，仮の時間ではすまなくなってきた。また，生活再建が進み新たな住まいや新たな仕事など，避難生活からの脱却を図り，新たな生活に向けた取り組みが進め

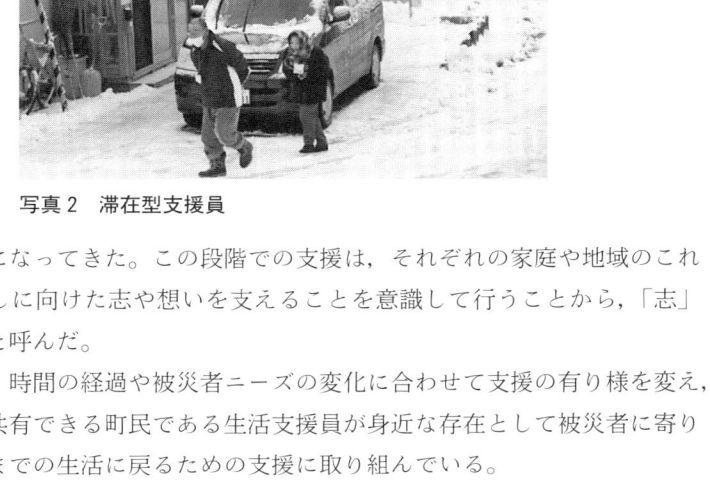

写真 2　滞在型支援員

られるようになってきた。この段階での支援は，それぞれの家庭や地域のこれからの暮らしに向けた志や想いを支えることを意識して行うことから，「志」の“志援”と呼んだ。

　こうした，時間の経過や被災者ニーズの変化に合わせて支援の有り様を変え，被災体験を共有できる町民である生活支援員が身近な存在として被災者に寄り添い，これまでの生活に戻るための支援に取り組んでいる。

3-4　高齢者が活躍する滞在型支援員

　南三陸町で行っている被災者支援制度でもっとも特筆すべき事業は，滞在型支援員制度である。福祉コミュニティづくりには欠かせない人財であることから，この制度について少し詳しく見ることにしたい。滞在型支援員制度は，2011 年 11 月 1 日から数ヶ所で試行し，その結果をもとにして翌月 12 月 1 日から 48 応急仮設住宅団地に 100 名を配置して本格稼働した。個別具体の生活課題への対応は巡回型支援員に任せ，もっぱら孤独死防止のための安否確認を任務としている。これまでの 3 年 5 ヶ月間で延べ 56 万 6066 回の訪問実績を積み上げ，応急仮設住宅での孤独死ゼロを続けている。

　滞在型支援員（写真 2）は，応急仮設住宅団地の自治会長と相談して人選し，高齢である，外に出る機会が少ない（出不精），他者との関わりが不得意等々，

ややもすると見守りの対象になりそうな人を意図的に選ぶようにした。このため，滞在型支援員の平均年齢は 74 歳（最高齢 87 歳）である。

南三陸町の応急仮設住宅団地は，入居方法で大きく 2 つの形がある。小中学校校庭等の公共用地に建設して抽選で入居者を決めた一般型応急仮設住宅団地（抽選入居）と民有地を提供してもらう代わりに入居者の選定を地域住民にゆだねた地域優先型応急仮設住宅団地（地域優先入居）だ。一般型応急仮設住宅団地は 29 ヶ所に 1558 戸（4011 人），地域優先型応急仮設住宅団地は 30 ヶ所に 618 戸（1814 人）が整備された。地域優先の入居者選定方式を採った地域優先型応急仮設住宅は，もとからの地域住民で構成された小規模少人数の住宅団地である。

こうした事情を背景に，見守り開始時，ほぼ全応急仮設住宅団地に配置した滞在型支援員は，1 年を経過したあたりから「みんな顔見知りだから自分たちでやる」との声が出始め，地域優先型応急仮設住宅団地を中心に配置を終了した。こうして 2 年 3 ヶ月を経過した 2013 年 11 月現在では，一般型応急仮設住宅団地に 40 人，地域優先型応急仮設住宅団地に 7 人，抽選入居と地域入選入居が合わさった混合型応急仮設住宅団地に 2 人を配置し，さらに時が経ち，2015 年 3 月末には全員がその任務を終えている。

しかし，ほとんどの人々は，滞在型支援員を辞めたあとでも，何か気になったことがあると生活支援員に連絡を入れるなど，定期巡回の形ではないが，日常的生活行為の中で見守りを続けており，見守りが地域内の日常的な他者との関わりとして根付いていることをうかがわせる。

南三陸町の滞在型支援員配置の主たる狙いは孤独死防止にあった。巡回型生活支援員による訪問見守り活動は，日中に限られており朝・夕および夜までは目が届かない。そこで，朝と夕の時間帯をカバーするため新たに配置されたのが滞在型支援員である。その際，巡回型生活支援員の訪問時間帯を広げるやり方ではなく，応急仮設住宅団地に住んでいる高齢者を朝と夕の時間帯をカバーする担い手にしたところに，南三陸町の被災者支援への細やかさと先を見る見識の高さをうかがい知ることができる。

滞在型支援員の多くは高齢者である。これは，彼らの持つ地縁力に着目し，日常的な生活行為の中に見守り機能を見いだそうと考えたからである。彼らの

地縁力を活かすことで地域による見守り機能の醸成を期待し，自らの日常生活の場で展開することで，時間的制約を越えたきめ細やかな見守りの日常化を期待した。また，この活動を高齢者の社会的役割獲得の場として活用することで，住民自らが関わっていく地域福祉推進の学びの場に据えようとしている。さらには，閉じこもり気味の高齢者の社会性の拡大や運動の機会をつくり出すことも意図している。

　このように，本事業は単に被災者支援活動だけにとどまるのではなく，社会的な役割獲得の場，健康づくり，そして今後の地域づくりへの視点をも併せ持つ事業として進められているところに大きな特徴がある。

4.　あたりまえの生活に戻るために

　各戸を定期的に巡回して生活の困りごとの相談にのり，コミュニティづくりの手伝いをするというのは，被災前の地域生活においてはなかった制度である。大震災で被災したという特別な環境下でできた一時的・臨時的支援システムである。これらの一時的・臨時的システムは，復興期・発展期に合わせて消えていってしかるべきで，支援の終着点は普通の生活に戻ることである。普通の生活とは，既存の制度の中でつつがなく暮らせることと言い換えることができる。現在の被災者支援に関わるさまざまなシステムは，不要になって初めて支援を終えることになる。南三陸町被災者生活支援センターが掲げた支援の目標の一つに「要なしになること」がある。これは，普通の生活の実現を最終目的にしていることを意味している。こうしたことを踏まえ，南三陸町では被災者支援の先にある地域生活を見据えた取り組みが行われている。

4-1　生活支援員数を減らしていく

　生活支援員は，震災から4ヶ月後の7月19日に設置された被災者生活支援センターに配置された。最大時の生活支援員数は，訪問型支援員と巡回型支援員合わせて132人（16戸に1人の割合で配置）及び滞在型支援員109人の241

第 11 章　住民主体の福祉コミュニティづくり　　　231

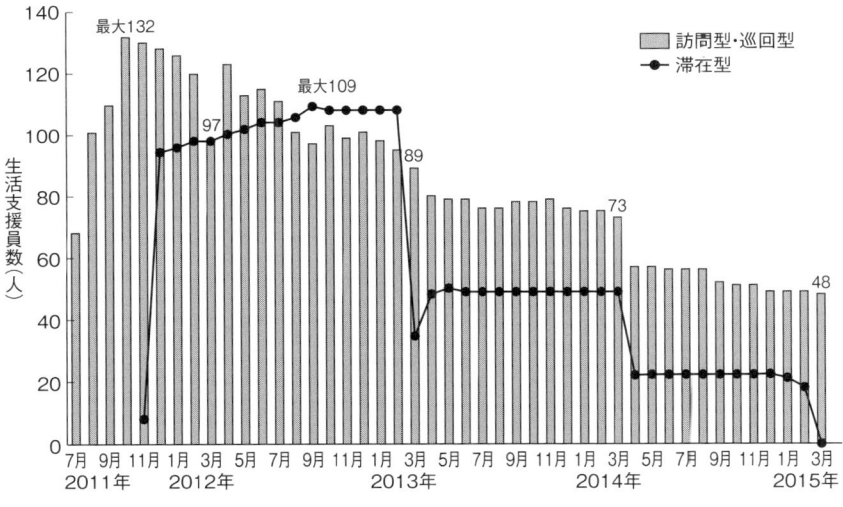

図 4　生活支援員数の推移

人である（図 4）。こうした配置人数は，30 戸に 1 人というシルバーハウジングの標準的な配置数の倍以上に当たる[注6]。また，巡回型支援員に加えて滞在型支援員を重ねて配置するなど，手厚い見守り体制で行われている。

　こうした手厚い配置も，震災から 5 年目に入った 2015 年 4 月には，訪問型支援員と巡回型支援員合わせて 48 人までに減らし，滞在型支援員は配置しないこととした。まだまだ支援が必要といわれる中で支援員数を減らすことは，一見矛盾するかのようにみえる。しかし，こうした生活支援員の削減は，緊急雇用創出事業等の一時的な補助事業に依存せず，地域の力を基盤にした相互見守り体制の整備など，これまであたりまえにあった地域生活の中での相互見守りの再構築を地道に進めてきた結果であって，南三陸町被災者生活支援センターが開設当初から目指してきた姿でもある。

　5 年目に入った今は，応急仮設住宅から自立再建や災害公営住宅への移行期にある。現在の応急仮設住宅での過ごし方やコミュニティとの関わり方は，これから住む災害公営住宅でのコミュニティづくりの事前学習になる。この為，この時期の関わり方は，これまで行ってきた生活支援員と被災住民との直接的な関わり方ではなく，被災者同士の中で，いかにして新たな暮らしを築いてい

232

くか，そのお手伝いが中心的な支援内容となる。日々の支援活動は，きめ細かに一人ひとりと関わっていくというのではなく，隣近所との関わりや地域内での組織的な関わりの構築や問題解決の手伝いに主眼を置いている。生活支援員の頭数による見守り（個別支援）からコミュニティ・ソーシャル・ワーク（地域支援）への大転換である。

4-2　人財を地域で活かす

これまで，生活支援員（巡回型・訪問型・滞在型）として被災者支援に関わった町民は，延べ351人（2015年8月末現在）を数える。この人たちが生活支援員を辞めたとしても，今後，被災者生活支援センターがなくなったとしても，この時の経験や地域への想いは，彼らがここに住み続ける限り生きていく。この人たちが，地域に戻り一町民として地域福祉の担い手になってくれれば，地域福祉の推進に大きな役割を果たしてくれるであろう。

こうした考えをもとにして進めているのが，町民ボランティアの登録制度「ほっとバンク」だ。担当者は，人様へのちょっとしたお手伝いが自分自身も豊かにするといい，これを「心のちょきん」と表現している。事の発端は，滞在型支援員の言葉だった。滞在型支援員を縮小していく過程で，「（滞在型支援員の）名札を返しても心配いらないよ，気になることがあったら（その方の家に）寄って声をかけるから」という言葉を聞くことができた。また，何らかの

図5　身分証明書

役割をもらえると声がけしやすい，との話もあった。こうした声や，被災者生活支援センターの設置目的でもあった「町民を人財にする」という考え方を基に，2015年3月中旬から広報・募集を始め，同年5月13日町民ボランティア登録制度「ほっとバンク」がスタートした。辞令に相当する「ほっとバンク登録証」を受け取り，身分証明書に相当する「ほっとバンクメンバー」の名札（図5）を着けた50代から80代の74人（平成27年8月末現在）が，近隣の高齢者の見守りや話し相手，お茶っこサロンの手伝い，障害児の夏期休業中の見守り等々，日常生活の中にある些細なできごとのお手伝いをしている。この中には，生活支援員経験者が34人もいる。元生活支援員だった大友さん（65歳）は，毎月地域サロンを開き高齢者の見守り活動を行い，また，芳賀さん（74歳）は「体が動く限り，地域の皆さんに声をかけて歩く」と語っている（2015年5月16日付け『河北新報』）。6月の活動開始から9月までで，行事関係のお手伝いには，延べ132人が駆けつけ，これとは別に一人暮らし高齢者の見守りや話し相手は，南三陸町のあちこちで日常的に行われている。

　「ほっとバンク」を制度化した南三陸町社会福祉協議会は，年3回程度の活動報告を兼ねた研修会を行い，更なる普及拡大を予定している。今回の「ほっとバンクメンバー」の活動が，多くの町民の目に触れることによって，「お互い様」を具体的な行動に移す機会となり，さらに広がっていくことが期待される。ここに，地域福祉へのすり付けを意図して制度設計した被災者生活支援センターの最終到達地点の姿を見ることができる。

　南三陸町には，被災地支援としてこれまで14万5000人のボランティアが来てくれた。その人数からすれば比較にならない数だが，自分の町を自分たちで支えるというお互いさまを基底にした「ほっとバンク」の取り組みは，身の丈に合った持続可能性を持った地域福祉推進の仕組みだと言えよう。

4-3　経験を仕事に活かす

　南三陸町被災者生活支援員は，多くの町民がその役割を担っている。2011年7月から2015年8月末までの間に，巡回型及び訪問型支援員は，延べ212人が採用され，延べ171人が退職し地域に戻った。また滞在型支援員は，

延べ139人が採用され，2015年3月までに全員がその役割を終えている。東日本大震災を機に，延べ351人の南三陸町民が被災者支援の役割を担い，長期にわたる仮設住宅での暮らしの安心安全を見守ってきた。

　復旧が進むにつれ，多くの生活支援員は職場復帰を果たし，海を生業の場とする家業に戻っていった。そうした中で，生活支援員の経験を活かし新たな仕事に就いている例も出ている。担い手不足が深刻な福祉業界で，18人の生活支援員経験者が，地元にある高齢者福祉施設などの介護職員や相談員および訪問介護事業所のホームヘルパーとして働いている。特別養護老人ホームで働く元生活支援員は，「研修で学んだことや人との関わりなどの経験が，すべて今の仕事に活きている」といい，常に目標をたてて活動し，課題を見つけては見直しをしながら進むという繰り返しは，無駄な学びはひとつもないことを実感する機会だったとも語っている。

　被災者の生活に寄り添う経験は，それ自体が貴重だということだけではなく，地元の人財として活かされていることも見逃せない。南三陸町の被災者支援システムは，当初の設計段階から被災者支援を経験した者が普段の生活に戻った後までを想定し，地域の人財となることを狙って，地元町民にこだわった担い手確保を行ってきた。被災者支援としてだけではなく，復旧・復興後の地域生活においても，その経験を活かしてもらいたいという意図から生まれた取り組みである。

　生活支援員を経験した町民は，高齢者福祉事業や相談支援事業に従事するだけではない。仮設住宅自治会長，民生児童委員，人権擁護委員及び社会教育委員に委嘱されて福祉行政や教育行政に関わる者など，生活支援員を辞めたあとも，その経験を地域福祉の推進に活かしている。こうしたことは，被災者支援という一時的・臨時的なことであっても，その関わり方如何により，地域福祉の推進に一役買う人財に育つことを示している事例と読み取れる。

　まとめにかえて

　南三陸町がこのような支援システムを構築できたのは，この地域に根強く残

る「結い」の文化や「講」の習慣に着目し，これらの地域文化やこの地で形成された価値観によって醸成された社会関係資本（ソーシャル・キャピタル）を活かすことを考えたからである。町はこれまで，各地区の公民館に地域振興センターを置き，地域主体の町づくりを図ってきた。地域振興センターには，地域にある伝統的な自治組織やボランティア団体等をはじめとするありとあらゆる団体が加わり，地域での協働連携の機会を創り出す場になっていた。しかし，この取り組みは緒についたばかりであった。

　そんな中で被災した南三陸町は，町民を主たる担い手とする被災者生活支援センターを設置した。社会関係資本と社会的役割付与との組み合わせは，町民自身の生きがいや町の将来に関わる役割を持つことで，被災者の見守り活動を主体的に行う自己実現の場になった。従来の専門職ありきの支援体制に代えて住民を生活支援員に据え，被災町民自らが被災者支援の担い手となったことの意味は大きい。

　現在の被災地は，自立再建，災害公営住宅，防災集団移転と，震災前のコミュニティがいやおうなく分断されていく過程にある。越山健治は，もっとも支援を必要する人々は，被災地の復旧復興過程で地域コミュニティという従前の生活を支えたネットワーク資源が奪われてしまう，これこそ，日本の復興施策が有するもっとも大きな課題であると指摘する（越山，2007：96-97）。また，エドワード・レルフによれば，住まいは，人間存在の基礎でアイデンティティを与え，居住地に対する愛着は，単なる物質的なことではなくて，個人的な相互関係がとても大事であるという（レルフ，1991）。まさしく，現場にいると，この指摘を痛感せざるを得ない現実を見せつけられる。

　まだまだ続く被災地支援のありようは，支援者側に対して語られることが多い。また，支援を受ける側に対する場合であっても，「防災ボランティアの力を生かすには，受け入れる被災地側の『受援力』が大事」，「ボランティアを地域で受け入れる環境・知恵などのことを『受援力』（支援を受ける力）という」と内閣府が説明しているように，被災地での上手なボランティア（支援）の受け入れ方として語られている。しかし，圧倒的力で押しつぶされ，なす術もなく立ちすくんでいた被災直後とは異なり，長い復興期にあっては，支援をするものと受ける者の双方に持続可能性を持った新たな力が必要である。

今，被災地に関わる者に求められる新たな力として，国が説明している「受援力」とは視点の異なる「受縁力」があると考えている。この受縁力とは，外からの力すなわち「支援力」と，もともと地元にある力「地域力」とを縦糸と横糸にし，「縁」（非合理的な力）を編み棒にして編む力と考えている。受縁力は，支援する側と地域側の双方に求められる力である。支援する者と支援される者が，互いにさまざまな縁を受け取り合いながら，強い布に仕上げていくかのように関わり合うことが，今の被災地には必要なのではないかと考えている。長い復興過程における支援の姿は，双方の力（資源／人財）を活かし合うことによって成り立つ。そして何より受縁力に期待するのは，「支援」という一時的・臨時的行為が，時間の経過とともに，なにがしかの縁で結ばれた社会関係に変化し，一般化していくことを暗示するからである。受縁力を身につけた先には，特別の補助や支援という形を取らずに成り立つ地域社会／地域経済が見えてくる。このことこそが，私たちの目指す復興の姿なのであろう。

　津波被災地を多く見てきた山口弥一郎は，いろいろ震災の大変なことについていうのもいいのだが，日本人の力というものに着目し，それで復興を考えていくことが大切なのではないかといっている（山口，1943）。今，町民自らが被災者支援の主たる担い手となって町の復興を支えていることを，ことさらに取り上げ記述するのは，南三陸町の取り組みが山口のいう「日本人の力というものに着目し，それで復興を考えていく」ことの具体的な実例と考えているからである。

　今，日本各地で大規模震災が予測されている。高い確率で発生が懸念されている南海トラフ巨大地震では，東日本大震災と同様に巨大津波が発生すると予測されている。これに対して減災対策はもちろんであるが，長く辛い避難生活をいかにして支えるかに関する施策も重要である。こうした視点に立ったとき，町民を被災者支援の担い手とするという南三陸町の被災者生活支援手法は，今後の備えを考えていくに際して，検討に値する施策となるのではないだろうか。また，このような町民を社会資源・人財として活かすシステムは，過疎化の進行による限界集落化が懸念される地域での一人暮らし高齢者等の見守り支援手法への応用も可能であり，人口減少社会にあっての新たな福祉コミュニティづくりに一石を投じる施策になることであろう。

第 11 章　住民主体の福祉コミュニティづくり　　237

［注 1］2013 年 10 月，生活支援員数が少なくなったことから，入谷地区および横山地区に設置したサテライトセンターを志津川および戸倉サテライトセンターに統合し，6 ヶ所から 4 ヶ所に規模を縮小している。

［注 2］①見守り訪問件数は延べ 95 万 3822 件，巡回型支援員は延べ 37 万 4821 件（対象世帯数 1835 世帯，2013 年 8 月現在），訪問型支援員は延べ 1 万 2935 件（世帯数 667 世帯，2013 年 3 月現在），滞在型支援員は延べ 56 万 6066 件（世帯数 378 世帯（最大時），2014 年 8 月から 2015 年 2 月）。②ミニコミ誌は 338 回発行（延べ 14 万 8429 部）。③「お茶っこ会」は 675 回開催（延べ 7226 人参加，2012 年 4 年 10 月から 6 ヶ月かけて自主開催への移行支援，2013 年 6 月からほぼ全地域で自主開催（統計は 2013 年 5 月まで）。④朝のラジオ体操は 8 万 2622 人参加（2012 年 6 月から統計）。

［注 3］南三陸町の場合は保健福祉課および地域包括支援センターである。その中で保健衛生分野を専門的視点で担っているのが，数少ない専門職の保健師である。

［注 4］被災前の南三陸町は，風光明媚な地理的条件だけでなく，地域住民も貴重な観光資源と考える取り組みを進めていた。このような土壌があったことから，町民を地域福祉の人財／資源と考える提案が受け入れられたものと考えられる。

［注 5］本章ではこれを「地縁力」と名付けた。

［注 6］1987（昭和 62）年，厚生省と建設省（当時）のモデル事業として行われたシルバーハウジング・プロジェクトに基づく数値。生活援助員（LSA: Life Support Adviser）の人数は，30 世帯に 1 人としている。

参考文献

越山健治（2007）「都市の復興と新たなコミュニティの形成」『震災と社会──復興コミュニティ論』弘文社。

志津川町誌編さん室（1989）『生活の歓　志津川町誌 II』。

平野隆之（2008）『地域福祉推進の理論と方法』有斐閣。

本間照雄（2014）「これ以上尊い命を失いたくない──町民が取り組む被災者支援」『環境と公害』43 巻 3 号，岩波書店，13–18 頁。

本間照雄（2015）「これ以上尊い命を失いたくない」『人間情報学研究』20 巻，1–9 頁。

南三陸町危機管理（2015）「東日本大震災における被害の状況について」。

（http://www.town.minamisanriku.miyagi.jp/index.cfm/17,0,21,html 2015 年 1 月 26 日取得）

南三陸町復興事業推進課（2015）「今後の住まいについて」。

（http://www.town.minamisanriku.miyagi.jp/index.cfm/7,0,24,html　2015 年 5 月
　26 日取得）

南三陸町被災者生活支援センター（2015）「第 45 回月例総括会議資料」。

山口弥一郎（1943）『津波と村』三弥井書店。

吉村昭（2004）『三陸海岸大津波』文藝春秋社（文春文庫）。

レルフ，エドワード，高野岳彦・阿部隆・石山美也子訳（1991）『場所の現象学』筑
　摩書房。

第12章　被災生活における健康支援と保健活動
—— 岩手県大槌町から転出した高齢者の事例を中心に

板 倉 有 紀

はじめに

　本章では，地域・地区，地域住民を「よく知る」行政保健師が持つ健康面での災害対応力，そうした保健師が行う健康支援の特徴について取り上げる。東日本大震災では制度的支援の担い手としての行政機関が壊滅状態に陥った。つまり，個人情報の基礎となる住民基本台帳が失われ，地域についての情報を持つ人々もまた被災した。本章で主に取り上げる岩手県大槌町でも，町長が行方不明になり副町長も震災直後に任期が切れ，保健師を含めて140人の行政職員のうち40名が死亡，または行方不明になり，被災直後の保健福祉面での災害対応や個別の健康支援には大きな困難をきたした。さらに，死者・行方不明者数の対人口割合と人口流出率も，大槌町は岩手県内で最も高い[注1]。被災自治体から転出しみなし仮設等の形態で他都市での被災生活を送る人々は，馴染みの少ない土地，自分のことを「知っている人」が少ない中で新たな人間関係・社会資源にアクセスしていくことを強いられている。被災生活の中で年を重ねていくことは，見知らぬ場所での介護や疾病等の新たな老いをめぐる健康課題に直面することでもある。それでは誰がこうした人々へのより良い健康支援を担うことができるのだろうか。本章では，自然災害時の被災者支援・ケアに関する社会学関連領域での先行研究の論点を概観し，本章における「保健活動」という視角を提示した上で（第1節），東日本大震災を経ての保健活動の現状と課題を述べ（第2節），主に岩手県大槌町のベテランの保健師の健康支援活動の特徴を参与観察と聞き取り調査から「保健師と地域・地区との関係」に焦点化して検討し（第3節），被災者支援における保健師の「地区担当制」の意

義を展望する（第4節）。

1. 自然災害と「支援の社会学」

1-1 被災の個別具体性と健康支援

　自然災害が健康に及ぼす影響を考えた場合に，特に高齢である場合には，ADL（日常生活動作）の低下や，うつ病等の心の健康の悪化，認知症の進行，既往症の悪化，生活習慣病の発生といった健康面でのリスクが高まることが予測される。これらは震災関連死にもつながるリスクである。WHO（世界保健機構）が定義するように，人の健康とは「身体的，精神的，社会的なウェルビーイング」である。つまり身体的にも精神的にも社会的にも包括的に「良い状態」にあることだ。単に病気がないことや単に虚弱ではないことではない。QOL（生活の質）をも含めた健康の問題は一人一人の心身において個別具体的に現れる。そのため，これらの被災生活の健康の問題も，医療費の無料化という一律的な支援としてだけではなく，対面的で個別的な健康支援を長期的に誰が担えるかという問題として考えていく必要がある。

　自然災害が，個人や集団ごとに，その人の社会的な属性を強く反映しながら，健康面でも異なる被害を及ぼすことは，東日本大震災以降に新たにつきつけられた課題ではない。学術面では，すでに災害研究者のヒューイット（Hewitt, 1995）が，マクロな理工学的な災害対応という議論が主流であった災害研究の領域において，個人によって災害の被害状況やその後の生活復興のあり方が異なるという意味での「ヴァルネラビリティ」概念に注目した議論が1960年代以降蓄積されてきたことを指摘している。開発途上国の自然災害のフィールドワークに基づいて，個人や集団の災害の被害の受けやすさを，それぞれの社会資源へのアクセス可能性の差異という点から包括的に図式化したワイズナー（Wisner, 1994＝2010）らの研究もまた，被災が個人の社会的属性とその都度の状況を反映しながら，個別具体的に現れてくることへの着目を促すものである。たとえば日常的な母子家庭の相対的貧困率の高さや，視覚・聴覚障害者のメデ

ィア環境へのアクセスのしづらさ等を考えてみても，その個人やその集団ごとに，災害直後や被災生活においてアクセス可能な保健医療福祉資源は異なると予想できる。個人や集団ごとの被害状況や被災生活の差異に注目した調査研究も見られる。たとえば，あり得るべき支援への問題提起や提言を含むものとしては，災害と女性についての研究（池田，2010），災害と障がい者についての研究（佐藤，2008；土屋，2014），災害と「外国人」についての研究（金，2014），災害と貧困についての研究（いのうえ，2008），災害と高齢者についての研究（田中ほか，2012）などがある。本章の課題に関するかぎりでは，被災生活における健康リスク軽減に向けた支援という角度からのさらなる展開の余地が指摘できる。

　すでに，健康リスクに対する「個別具体的な支援」という観点，および，保健医療専門職が担う支援という観点からは，阪神・淡路大震災についての三井さよの一連の研究がある。三井（2004：26）は，「生の固有性」に着目して，対人専門職である看護師が行うケアの過程を取り上げている。「生の固有性」とは，三井によれば，その人，一人一人の「身体的・経済的状況，その人のそれまでの『生』のあり方，それへの意味づけの仕方などが混然一体となって」形成されたものだ。本章における「個別具体性」と同義のものとして捉えることができよう。そうした「生の固有性」に志向したケアのあり方を，看護師の黒田裕子さんがボランティアで行う被災者支援活動，特に孤独死防止の活動の調査研究を通して論じ，「看護師として」ではなく「人として」の支援だと，黒田さんが自らの活動を言語化する過程とその意味を考察している。そうすることで，「人として」と表現されるような非制度的なきめ細やかな支援への着目の意義を学術面でも指摘する。阪神・淡路大震災は，保健福祉領域に関する社会学のなかでも，こうした支援（ないし，ケア）のあり方についての議論を誘発した災害であった。

　ただし，その人の社会的属性や個別的な状況に応じた「健康支援」に，議論をより限定してみると，東日本大震災の特徴は，1つの自治体全体を含む「地域」全体が被害に遭ったこと，そうした地域・地区を基盤とした人々や諸社会資源の日常的な関係性からなる平時の健康支援の土台さえ奪われたことである。制度的な災害対応すらも大きな困難をきたした。さらに，みなし仮設等の形態

で，被災自治体外で被災生活を送る人々は多く，馴染みの少ない土地，自分のことを「知っている人」が少ない中で新たな健康問題を抱えている。本章では，これらの困難に対する「健康支援」という限定された角度からではあるが，行政保健師による災害対応・被災者支援における「保健師として」の専門的知識について，保健師と地域・地区との関わりという側面から，目を向けてみたい。

1-2　本章の視角としての保健活動

最初に，保健師とは，地域住民が「健康になるため」に働く職種である[注2]。法的には，「保健師助産師看護師法」において「保健指導を業とする者」と規定とされ，看護師と保健師の両方の国家資格を要する。就業中の保健師4万8452人のうち，7割以上が市町村または保健所の行政機関に勤務している「行政保健師」であり[注3]，東日本大震災のような大規模な自然災害や感染症，および公害等に伴う健康危機管理への対応を担う。平常時に行う「保健指導」とは，たとえば，地域・地区（都道府県，政令指定都市，市町村等）に住む母子の保健，高齢者の保健，生活習慣病予防，介護・認知症予防，障害者への生活支援，難病者・在宅療養者への健康支援を指す。行政保健師の仕事の特徴としては，乳幼児のいる家庭やその他支援を要する人々の住む家庭に出向いての健康相談（「家庭訪問」）といった「個別支援」も行うが，他方で，地域の食生活改善推進員や民生委員，婦人会，自治会といった住民と協働しながらの健康教室の実施といった「地域住民全体に向けた健康支援」も行うことだ。そのため，その地域・地区の情報を地域把握・地区診断という仕方で熟知し，福祉行政や医療機関，民間NPO，住民団体と平常時よりネットワークを構築していくことが通常業務では重要になるし，緊急時の災害対応のためにも役立つことになる。

次に，保健師が，地域・地区とかかわっていく形態には，地区担当制，業務分担制，この2つの重層型の三形態があり，東日本大震災以降に再評価されている形態が，地区担当制である。地区担当制とは，たとえばA町のなかのB地区の担当というふうに，保健師が1つの地区を包括的に担当する形態である。これに対し，業務分担制とは，A町（場合によってはA町を含むC市）全体

の母子保健の担当，精神保健の担当というふうに，保健師がそれぞれ細分化された業務を担当する形態である。保健活動の中でも得意分野を持ち専門化を進めていくことができる。重層型には，それぞれの自治体ごとに多様なバリエーションがあり得るが，A町のなかのB地区を地区担当として受け持ちながら，業務分担としてはA町全体の母子保健担当というふうに，地区担当と業務分担を併用する形態である。現在は，地区担当制のみを採る市町村は全国的には全体のおよそ1割程度で，残りの4割は業務分担制，5割が重層型である[注4]。市町村勤務か保健所勤務かによっても業務内容には差がみられる。老人保健法や介護保険導入後の保健師業務の変化，保健師が配属される部門の合併や再編に伴い，地区担当制に代わり，業務分担制および重層型が主流となっているのが現状であり，業務内容も母子保健や生活習慣病に関するものは多いけれども，「地域・地区」の住民組織との協働は減少している傾向にある。

　しかし，東日本大震災後は，地区担当制に期待されるメリット，とくに，保健師が多様な住民組織と協働したり，住民組織を育成したりしながら，1つの地域・地区の住民と包括的にかかわり，健康という観点からの地域づくりの担い手になっていくことを可能とするような保健活動の見直しが行われている[注5]。行政機能に壊滅的な被害があった自治体において，その地域・地区の住民の情報を持つ人々として，しばしば保健師の重要性が認識されたことが1つの背景である。岩手県においても，行政保健師の仕事は，長年にわたりそれぞれの地域・地区と密に繋がってきた。ではそうした活動は，災害対応や被災者支援においてどのように活かされてきたのだろうか。以下に，地域・地区を「よく知る」保健師による災害対応・被災者支援の特徴から考えていく。

2. 緊急時の健康支援としての災害対応

2-1　行政保健師の自治体間派遣という災害対応

　災害対応に中心的にかかわるのは，(1) 被災自治体勤務の保健師，(2) 被災自治体が属する都道府県に勤務する保健師（応援保健師），(3) それ以外の他

都道府県に勤務する保健師（派遣保健師）等である。(3) は災害対策基本法に基づき自治体職員間の「派遣」という形態をとる。役割分担としては，(1) 被災自治体の保健師は緊急時の保健活動の指揮・統括として，住民の健康調査，避難所での健康支援，要援護者の健康支援，保健業務の平常化，震災後の緊急的な健康課題の解決に向けた各種施策の実施等々を中心となって行う。(2) の保健師は，派遣保健師の調整窓口を担ったり，その他の実質的な後方支援を行う。(3) の保健師は東日本大震災では述べ 7002 人が派遣されているが，避難所での健康支援や住民の健康調査の補助，その他の事務的な業務の補助等を行う[注6]。(3) の保健師であっても，平常時から健診業務に慣れている保健師だからこそ，健康調査等では地域性を越えて全国一律的に標準化された能力を期待しうる。緊急の支援を要する被災者を見かけた場合は適切な関係機関に繋ぐことも求められる。

　けれども，派遣先の地域・地区の事情を「よく知らない」(3) の保健師自身は，自らの活動に困難や不全感を抱えることがあり，自然災害時の保健師の派遣のあり方が東日本大震災後に各自治体レベルでも再検討されてきた。たとえば，徳島県でも，過去に被災地に派遣された保健師が「現地の事情が分からず」不全感を抱えたことや，「災害時の活動を俯瞰的に統括できる立場の保健師」が不足していたのではないかという実感を抱えたことをきっかけとして2013 年 4 月に「プラチナ保健師」制度を設立した。今後，南海トラフ地震が危惧される中で，「地域・地区をよく知る保健師」の存在は，県外からの支援を受け入れる際にも重要であると考えたためだ。保健師としてのキャリアの長い女性の中には，保健師を退職してもなお，積極的に地域活動を継続している「生涯保健師」がいる。そのようなすでに退職した保健師や離職した保健師を名簿に登録し，平常時の健康支援・災害時の被災者支援の双方においてボランティアとして活動できるようにしている。「プラチナ保健師」は平成 26 年 8 月の豪雨災害の折にも訪れたボランティアへの健康支援を行い，災害対応の後方支援を担った[注7]。自治体で働く保健師にとってもベテランの保健師による手助けの意義は大きい。特に，東日本大震災のような広域型の災害では，地域・地区に根差して活動してきた，地域のことをよく知る存在としてのベテランの保健師の意義が市町村においても再認識されているのだ。

2–2　ベテラン保健師のボランティアとしての災害対応

　実際に，被災自治体に長年勤務していたベテランの保健師が，自治体間の制度的な派遣としてではなく，ボランティアで自主的な健康調査を指揮した事例がある。岩手県大槌町である。大槌町は町長をはじめ行政職員の多数が死亡あるいは行方不明になった。そのなかで保健師の鈴木るり子さんがこの活動を指揮した。

　鈴木さんは，1948（昭和23）年に青森県の船大工の娘として生まれ，地元の看護学校から北海道の保健師養成校に進学し京都市に勤務，結婚を機に岩手県大槌町に移り保健師として入職した女性である。保健師として勤務した後も現行の看護教育のあり方への課題意識を強く持っていたことから，大槌町で後輩の中堅保健師が育ってきたころに，28年間勤務した大槌町を辞職し，岩手県内陸部の短期大学からの誘いを受け保健師養成課程の教員になった。海沿いで家族と住んでいた自宅は大槌町に残し，車で片道3時間弱をかけて頻繁に大槌町の自宅と行き来しながら単身赴任で教鞭を取る傍らで，岩手県田野畑村の開拓保健婦の岩見ヒサさんの手記の編集（岩見，2010）や，岩手県沢内村の保健医療行政に関する研究，全国保健師教育機関協議会での活躍などに取り組んできた。東日本大震災の第一報も勤務先で知り，教員としての業務を調整した後に車で3月13日に大槌町に到着したが，町全体が津波後の火災に見舞われ，後輩の保健師を含む多くの元同僚たちも行方不明であり，避難所にさえも来ることができない住民もいると考えられた。そうした光景を前にして鈴木さんは全住民の安否確認と健康調査の必要性を感じるに至った。

　そこで，2011年3月31日に一般社団法人全国保健師教育機関協議会，NPO法人公衆衛生看護研究所，全国保健師活動研究会を通して，大槌町の全戸家庭訪問調査へのボランティアでの協力を，全国の保健師たちに呼びかけた。この調査の目的は，「震災後1ヶ月半の時点で，大槌町民の健康状態を家庭訪問によって把握し，支援が必要な人を見出して支援につなげること」，「安否確認により住民基本台帳を整備すること」であった（村嶋ほか編，2012: 14）。職員が多数死亡した大槌町行政からの「正確で客観的な安否確認情報」が欲しいという

要望もあったためである。2012年4月23日から5月8日までの間に全国から集まった延べ560人の保健師および看護関連の教員によって4000件弱の家庭訪問が行われ，住民基本台帳の3分の2の住民に面接できたとある（村嶋ほか編，2012: 37）。調査項目は，子どもの有無や障がいの有無，病気，介護保険，年齢等の項目や，家屋の状態，疾病歴，自覚症状，介護保険利用の有無，日常生活の諸動作（ADL）の容易度（震災後に悪化したかどうか），心理的反応，今後の方針，QOLといった項目であり，同時に血圧測定が行われた。調査結果に基づいて，「早急に対応が必要・支援の必要あり・経過観察・支援不要」といった判断がなされ，対応が必要な者は医療関係機関につなぎ，継続的にフォローした。血圧測定からは，被災状況によらず一様に住民の高血圧が目立つことがデータとして明らかになり，減塩活動などの次の保健活動に繋げた（村嶋ほか編，2012）。人口ピラミッドの再編だけでなく，健康状況に関するデータを根拠に必要な支援を提言したのである。こうした提言は保健医療専門職だからこそ行うことができるものだ。

　鈴木さんは，上記の1）緊急時の安否確認や健康調査という災害対応活動の指揮，2）健康課題に関する復興計画の検討という活動に加えて，他の多様な活動をこれまで行ってきた。たとえば，3）大阪府の大学生が街頭募金で集めた募金を大槌町の中学生を対象とした奨学金として贈る活動の調整，4）津波被災後に大槌町から他の市町村に転居した住民が短期滞在できるような福祉施設の企画，5）自然災害時の災害看護に関する教育の一貫としての被災地実習の取り入れ，6）被災後の青少年の育成の一貫としての性教育事業への協力，7）災害時の保健師派遣チーム（DPHNT, Disaster Public Health Nursing Team）の育成の提言などである。大槌町を離れてもなおボランティアで大槌町の復興を支援し続けている。それぞれに関して，保健師として勤務していた頃のネットワークを活用し，大槌町行政や住民と連携しながら活動を進めている。こうした大槌町での活動をしながら，8）大槌町からB市に転居した「みなし仮設住宅」居住住民への健康支援，9）大槌町からB市に転居し住宅を購入した住民への健康支援もまた鈴木さんは行っている。次節では，この8）と9）の活動を事例として取り上げる。この8）と9）は，大槌町ではない場所で行われているが，鈴木さんは大槌町の元保健師として住民と接している。そこ

第12章　被災生活における健康支援と保健活動　　247

から見えてくるのは地域・地区の住民を「よく知る」保健師の姿である。保健師と地域住民との関係性に立ち入りながら，対面的な個別具体的な健康支援の特徴に関して，参与観察と聞き取り調査をもとに次節ではみていく。

3. 保健師によるボランティアでの健康支援の事例

3-1　大槌町お茶っこ飲み会の概要

　以下取り上げる「大槌町お茶っこ飲み会」（「同会」とする）に，震災後に岩手県大槌町からB市へと移動した住民が集まる場としてB市行政により開催されている[注8]。2012年10月以降，月1回，B市の中心部で行われる。B市は東北地方の平野部に寄りに位置し津波の直接被害はほとんどなかった。大槌町へは車で3時間強かかり決して近くはないものの，中規模の医療・福祉施設があることから各沿岸被災市町村からの転入者がみられる。同会には，25名から30名の大槌町から来た住民が参加し，後期高齢者にあたる参加者が多い。夫婦のみ，夫婦と子ども，単身世帯がそれぞれ同程度の割合であり性別はやや女性が多い。B市に家をすでに建てた人もいれば，将来的に関東地方の娘の家に移る見通しである人，B市のアパートに定住する予定の人，介護問題を抱えているためB市に永住するしかないと考える人，大槌町に戻ると決めている人，大槌町内や大槌町に隣接する岩手県釜石市の公営住宅入居を希望する人など，状況は千差万別だ。鈴木さんがいうには，大槌町の中でも，とくににぎやかな気質の某地区の元住民が多く，大槌町に居住していたころからお互いに顔馴染みである人々も多い。ただしB市内では住民たちの住まいは分散・点在しており，中心部まで車で20分から30分程度かかる。とくに独居の後期高齢者にとっては会いたいときに気楽に会えるという距離ではない。震災直後は，鈴木さんは同会の存在を知らなかったが，元大槌町住民の主婦のCさんからの連絡を受けて以降は欠かさず参加してきた。

　Cさんは，大槌町にいたころから鈴木さんの食を通した健康づくりに関する活動にとても協力的であった人である。2011年4月にB市に住む娘夫妻を頼

り転居し，現在も集合住宅で独居生活を送っている。Ｃさんによれば，震災前の大槌町でもかつて「大槌町お茶っこの会」が開催されていた。「Ｂ市にきて，ああ，こっちでも『お茶っこ』の会があるんだなと，大槌町のことを思い出して懐かしくなって」，Ｂ市で被災者を対象として開催されている同会に参加し始めたという[注9]。Ｃさんが懐かしがる震災前に大槌町で行われていた「大槌町お茶っこの会」は，当時現職だった鈴木さんが住民たちと一緒に作ったものだ。そのためＣさんにとっては鈴木さんのことを思い出すきっかけにもなり，鈴木さんに「来ないか」と連絡を取った。鈴木さんの同会における立ち位置は，ボランティア，かつ大槌町住民，かつ保健師というものであり，特別にＢ市から何らかの要請や招待を受けて参加しているのではない。鈴木さん自身は参加理由として「住民とつながっていたい」から[注10]と語る。参加者の多くとも大槌町にいた頃からの顔馴染みである。

3-2　同会で行われる保健指導の事例

　鈴木さんが同会で行っている典型的で，分かりやすい保健師としてのボランティア活動は，参加する住民に対する血圧・体重測定と保健指導である。その他，同会の大まかな流れのそれぞれに鈴木さんも関与し参加しながら，その合間に保健指導を行っている（表1）。同会の開始前に鈴木さんが一番乗りで到着する。誕生会のための「お誕生日おめでとう」の飾り付けや，鈴木さん宛てに大槌町住民へと送られてきた物資の陳列を，参加者にお願いする。健康体操のDVDを映すプロジェクタや，「血圧測定・体重測定」ブースも設置される。誕生会では，楽器を演奏できる住民の力を借りて，バースディソングを皆で歌う。鈴木さんが「何歳になりましたか？　自分が思う年齢でいいので」と声をかけると笑いがおき，「20歳です。そろそろ成人式です」「17です」「私は本当の年齢を答えますよ！」と住民がふざけて答えて，また笑いがおきる。鈴木さんは，物資として知人から毎月届くというコーヒーや講演のチケットなどを渡す。その後の歓談の時間において，おのおのやってくる住民に保健指導を行う。中盤に差し掛かると健康体操を皆で行い，慰問やボランティアという目的で訪れたゲストがいれば紹介する。その後，「夕焼け小焼け」を合唱[注11]し閉会す

第12章　被災生活における健康支援と保健活動　　　249

表1　「大槌町お茶っこ飲み会」の流れ

9：30	開会前	誕生会飾り，健康指導ブース設営，プロジェクタ設営，物資陳列	
10：00	開会	物資の配分，お誕生会等の歌の合唱	
10：30頃	歓談	歓談，大槌町関連の情報提供	適宜
		ゲストの紹介等（大槌町議会関連者，ボランティア，見学者）	並行して保健指導
10：50頃	健康体操	「ぴんぴんころり」体操（プロジェクタ使用）	
	歓談	歓談	
11：20	閉会	「夕焼け小焼け」の合唱	

る。

　「血圧測定・体重測定」のブースでは，鈴木さん自作の健康手帳を毎回住民に持参してもらい，数値を記入していく。歓談の合間に断続的に参加者が訪れ，手帳を開けば，体重と血圧の毎月の変化が一覧できるために，会話の糸口に役立つ。B市内で新たに通院することになった場合にも，体重や血圧を記録したデータは問診の手掛かりとなる。鈴木さんは毎回，服薬の種類や，掛かっている病院やクリニックの名前，既往症，病状のコントロール状況など，保健指導にあたって重要と思われる事柄をメモしていく。職業柄，B市の医療情報にも詳しい。大槌町にゆかりがあり現在B市で開業しているクリニックも積極的に紹介することができる。何よりも，鈴木さんの保健指導は大槌町にいた頃のその人についての思い出や情報を参照しながら行われているという特徴がある。以下は，鈴木さんが，健康相談として行っている住民とのやり取りの事例である。

（1）ペースメーカー装着への不安に関する相談事例

　Dさんは70代の女性である。B市に転居後も同会には積極的には参加してこなかった。けれども，B市に転居した後に，ペースメーカーをつけることになり，不安を感じていた。人づてに同会に鈴木さんが来ていることを知り，相談をするために同会に訪れた。鈴木さんはペースメーカーをつけた後の身体や生活の変化について説明し，「大丈夫だから」と安心させることに努めていた。Dさんはその後ペースメーカーを入れる手術を受け，同会にも毎回参加するようになった。ペースメーカーとの付き合い方やその他の健康面での不安や，

普段の食生活を通じた肥満防止について，引き続き同会の最中に鈴木さんに相談しに来ている。Ｄさんは家族と同居していることを鈴木さんは知っているが，「健康面で困ったときに助言できるのは家族ではないし，まだ彼ら達には，Ｂ市内はそういうときの相談相手が見つからない」のだと鈴木さんは考えている[注12]。Ｄさんからしてみても，かつての大槌町の保健師の鈴木さんが同会に来ているという情報を頼りに相談しに来たということは，Ｂ市行政による健康相談窓口よりも，知り合いの鈴木さんという相談相手の方が，今なお，身近であるということを示している。

（2）軽度の認知症様症状への相談・介入事例

　夫のＥさんの軽度の認知症様症状に不安を感じている 80 代のＥさん・Ｆさん夫妻に対しては，その周辺症状としての暴力等の喫緊の問題状況の確認や，デイサービスへの通所を始める手続きの説明を行っている[注13]。「あんなに穏やかな良くできたダンナなのに」「あなたが言っているのはごく些細な負担，贅沢な負担ではないのか」と思われているのではないかとＦさんが感じていることを鈴木さんは知っている。鈴木さんはそうした発言を避け，Ｆさんの悩みや困り事についてＦさんの負担が軽くなるように，具体的な助言を行っている。そのため，Ｆさんも会に来る時間を少し早めて毎回 15 分程度の相談をしている。Ｂ市の福祉施設について鈴木さんが持つ情報が活用され，デイサービスに通所するには，具体的にどこに・誰に最初に問い合わせればいいのかを，大きな字でメモして手渡している。夫妻の自宅に近居する息子のことも知っているので，どのように息子が夫妻の生活を支えているのかを，会話の中で聞いている。認知症が進行するのを防ぐのに効果的であると思われる運動や活動について，継続的な助言がなされる。必要に応じて，趣味活動のサークルを紹介したり，その趣味を始めるのに必要な道具を物資として提供してくれる知人を探し，実際に提供したりしたこともあった（たとえばウォーキングという趣味に必要なスニーカーという道具の提供）。

（3）老いへの恐怖に関する相談事例

　Ｇさんは，Ｂ市に来ての生活が 5 年目に入る 80 代の男性であり，過去に内

臓疾患の手術歴が複数回あり，アパートに独居している。ある日，尿漏れが起こったという。そのことに対する大きな戸惑いや，尿取りパッドを使うことへの困惑，認知症になっていくのではないかという恐怖があり，そういうことを考えて気分が落ち込むことがあったり，B市周辺でごく微弱な地震があったときに津波を思い出して息苦しくなっても，それを周りに理解してもらえないのではないか，笑われるのではないかと悩んだりすることがある。災害に関連した自身の経験や思いを人に話すことには気が引けてしまうということも，時々，鈴木さんに話している。それに対して鈴木さんは，「あなたは，もともととても頭の良い人で，もともとが良すぎたのだから，できることが老いによって減っていくとしても，あなたの場合は，もともと優秀だったのが単に普通のレベルになっていくってことだし，皆年取ればそうなるんだ」「大槌町に皆が滞在できるような福祉施設を作って皆を私が連れて帰るから」「順番に認知症になっていくんだ」「あなたのような人が話すことが大切だ」と励まし，Gさんに少し笑顔が戻るということがあった[注14]。Gさんもまた，鈴木さんが大槌町に勤務していたときに，その活動に大変協力的であった住民の一人だ。鈴木さんに長時間かけて健康づくりのための登山をさせられた記憶や，岩手県盛岡市まで遠出して皆で協力して行った健康増進関連のイベントについて，「るり子先生には誰もかなわないんだ」「あの人は自分のためにやってきたんじゃない，ずっと住民のためにやってきた人だから」と懐かしく語る。生活における心情を鈴木さんに打ち明けることも多い。

（4）認知症を抱える住民への対処事例

Hさんは80代の男性であり，B市内で同居する家族に対して，認知症に起因する暴言がみられる。B市に来た後の記憶は断片的であり，平日はショートステイに通っている。B市で初めて会った人のことはその日のうちに忘れるが，過去に大槌町に住んでいたころの記憶は残っており，鈴木さんのことも覚えている。大槌町に住んでいたころの近隣住民もまたB市に転居し，また，同会に参加していることから，毎回彼らと連れ立って，家族の送迎により同会に参加している。健康体操や合唱には元気に参加しており，鈴木さんが言うには，Hさんは大槌町に住んでいたころから歌などの得意な人であった。Hさんは

252

同会に来ると「大槌町にいたときのことを自分で思い出していて，他の人のこともあの人は何さんだねっていって分かっていて，ここに来ると一番楽しいということを鈴木さんに表現する」ので，そうした表現を受け止めながら「楽しく過ごしてもらうことが重要だと思っている」と鈴木さんは話す[注15]。毎回Hさんと連れだって同会を訪れる住民達からは，Hさんと家族との日常的なやり取りについて教えてもらい，必要に応じてHさんに関係する人々への助言を試みている。

　これらのやり取りは，体重測定・血圧測定を入口にして，保健指導の延長としてなされるものだが，住民の持つ不安感にその都度，その人の現在の状況や，鈴木さんの知るその人の経歴や生活背景といった，一人一人の過去から現在に至る人生・生活（前述の三井（2004）がいうところの「生の固有性」）を参照しながら行われていることに特徴がある[注16]。もちろん，B市に勤務する行政保健師も，特に支援を要するみなし仮設居住住民らに対する健康支援は行っているが，鈴木さんの行う健康支援には，過去におけるその人との思い出や，大槌町という共有の場所，その人やその人の家族についての個人的な情報を手掛かりとしながら，住民との会話を進めているという特徴がある。このような個別具体的な健康支援は，保健師一般に共通して期待できる保健指導や健康アセスメントの能力に加えて，長年にわたる「地域・地区」の住民との関係性の連続性に基づくものであると考えられる。被災生活における新たな健康問題が顕在化する直前や，顕在化し始めた直後に，月1回であれ，鈴木さんに相談できることを頼りに同会に参加することは，住民の被災生活において，1つのセーフティネットとして機能しているのである。

3-3　健康支援にみる「ポピュレーション・アプローチ」の位置

　鈴木さんのこうした活動は，地域・地区をよく知り，かつてのその人をよく知る保健師であるからこそ大槌町から離れたB市でも継続することができるものだ。これらの事例への個別的な対応を可能にしているのは，鈴木さん自身の考えでは，大槌町で鈴木さんが行ってきたいわゆる「ポピュレーション」型

第 12 章　被災生活における健康支援と保健活動　　　253

の活動の蓄積であるそうだ。

　一般に，保健師が地域・地区とかかわるさいの手法には，ハイリスク・アプローチ（ハイリスク・ストラテジー）とポピュレーション・アプローチ（ポピュレーション・ストラテジー）がある。ハイリスク・アプローチとは，「疾患を発生しやすい高いリスクを持った個人（ハイリスク者）を対象に絞り込んだ戦略」（岸ほか編，2012）である。いわゆる「困難事例」と呼ばれるような家庭への支援，健診において疾病が見つかっている人への保健指導，感染症や難病をすでに持つ人への健康相談や介入が含まれる。次に，ポピュレーション・アプローチとは，「ハイリスク者のみならず，［集団の］分布全体に働きかけ［全体の健康を］適切な方向に全体を少し移動，シフトする考え方」である（岸ほか編，2012）。つまり，地域・地区全体の健康水準の向上が目指される。たとえば，町ぐるみでの認知症予防啓発活動や，減塩のための健康教室，歴史的には乳幼児死亡率の低減のための保健活動などが含まれる。現在は正常である（ハイリスクではない）とみなされている大多数の住民のなかにも，まったくリスクがないのではなく潜在的な健康リスクがあると考え，未来においては「結果的に発症する患者の数はとても多」いという前提に立つ（Rose 1992＝1998: 15）。地域住民全体の健康リスクを軽減させるための予防的保健活動がポピュレーション・アプローチであり，「地区担当制」のように地域・地区への日常的なかかわりを通しての地域・地区の健康づくりが重視される。実際は，これらの2つのアプローチが両輪となって保健活動が行われている。

　鈴木さんによれば，同会に来ている高齢者が，いま，鈴木さんに訴えてくる健康上の困難は，鈴木さんが大槌町で保健師をしていたころと「連続的」である。昔からその人とかかわり，個人の生活や生き方を知っているからこそその人のことが分かるのであり，「そういう蓄積」を保健師は行うものであると述べる。「そういう蓄積」のためには，「地区担当制が必要で，そして地区担当制のなかで，きちんとその世帯構成，そしてどういう生き様だったのかってことを，ポピュレーション・アプローチとして」，住宅地図と世帯台帳を持ち，1軒1軒への家庭訪問を通して，自分は保健師として把握するように努めてきたと述べる[注17]。さらに，前述した大槌町での健康調査において，鈴木さんが，在宅避難の住民も含めて一軒一軒の家庭を訪問することにこだわったのは，保

健師本来の姿はポピュレーション・アプローチであると考えたためであったとも述べている（鈴木, 2011）。このように，鈴木さんの活動の背景には，「保健師として」のポピュレーション・アプローチという考えがあることが，鈴木さんの言葉からは分かる。鈴木さんは，大槌町に勤務していたころも，たとえば乳幼児を抱える家庭全てへの訪問といった「ポピュレーション・アプローチ」を行いながら，たとえばアルコール依存症者などの具体的な健康課題が顕在化しているという意味の「ハイリスク」者への対応を行ってきた。B市での現在の活動も，具体的な健康問題を抱えているという意味で「ハイリスク」になる前から，つまり大槌町に住んでいたころから，その人を知っているからこそ，その人ひとりひとりの背景と状況を考慮した健康支援ができると考えている。ここでは，「ハイリスク」というカテゴリーの相対化が，「ポピュレーション・アプローチ」という考えの導入によって，行われている。

　「ハイリスク」というカテゴリーに関して，鈴木さんは直接は述べないが，留意すべきなのは，同会の参加者は皆，大槌町での生活からの断絶により，そもそもの生きる基盤を，大幅に，意図せず変えさせられているという意味で，少なからず現在において「ハイリスク」な人々であるということだ。被災後に著しい体重減少を経験しその後なかなか体重が増加しない住民，2, 3年を経てようやく体重が増えてきたという住民，震災の避難のさいの心理的負担により平成23年の4月ごろの記憶をなくしている住民，震災後に原因不明で片足がうまく動かなくなってしまっている住民など，現在は「要介護」認定はされていなくとも，実質的には現在「要支援」に当てはまる人々，または未来において当てはまる可能性がある人々である[注18]。B市で行われている大槌町お茶っこ飲み会もまた，鈴木さんからすると，「ポピュレーション・アプローチ」という仕方で長年かかわってきた大槌町の縮小版に違いはない。ハイリスク層への介入は，そうした層を上回る程度に多い「ハイリスクではない層」への介入と並行していかないことには，適切に行うことが難しい。だが，視点をB市行政側に向けてみると，B市行政にとってはこの人々は，「お茶っこ飲み会」への参加という意味での支援には繋がっているものの，津波による凄惨な経験をして転入してきた人々，つまりはすでにハイリスクな層であるかもしれない。B市での大槌町お茶っこ飲み会に参加する人々のなかには，自分が出産したと

きに鈴木さんが家庭訪問をしてくれたという住民が参加している。さらに，B市の暮らしのなかで精神面での健康課題を抱えていることから，鈴木さんに「うちに家庭訪問に来てほしい」と依頼してくる住民に対して，鈴木さんはそれを快諾し支援している[注19]。このように，保健師としての住民との関係性の連続性に，この活動の特徴がある。

4. 被災者支援における保健師の地区担当制の意義

4-1 ポピュレーション・アプローチ型被災者支援の可能性

　ここまで，地域・地区に根差した保健活動が災害対応，被災者支援において重要な位置にあることを述べた。B市に住む大槌町住民にとって鈴木さんのような保健師とのかかわりは，B市での生活を続けていく上で自らの健康上の問題を解決していくための大きな資源である。ただし鈴木さんの活動はボランティアであるので，制度的な面からみると，B市行政の保健師との協働・連携は困難な課題である。ただ，その人をよく知り，地域・地区をよく知るベテランの保健師が災害対応において果たし得る役割は大きいと考えられる。地区担当制での保健師の働き方はポピュレーション・アプローチを基礎とし，小規模単位の地区と保健師の繋がりを作ってきた。

　こうした比較的小さな地区単位での個別具体的な健康支援のあり方は，「地域包括ケア」として近年政策的に推奨されている地域の保健医療福祉のあり方と近いものである。つまり，中学校区単位くらいの圏域で，必要な保健医療福祉サービスを提供できるような仕組みを作り，在宅医療・療養の推進や，健康寿命延伸に向けた介護予防を行っていくという政策だ。猪飼周平は，「地域包括ケアの舞台となる地域社会は，少なくともヘルスケアに関する限り，歴史的に保健師の独壇場であった」が，「地域包括ケア政策の構想段階から，保健師は積極的には位置づけられておらず，その状況は，今日においても大きな変化がない」（猪飼，2014: 942）と指摘している。まさに「保健師の独壇場」であった時代に地域で活動していたのが，鈴木さんのような保健師たちであるだろう。

他方で，津波被災地には，現役の保健師が参加しながらポピュレーション・アプローチや地区担当制とかかわりが強い仕組みが作られ，活動が行われている地域がある。たとえば，宮城県女川町[注20]では，「公衆衛生としての心のケア」の取り組みとして，地区担当制のような形で町全体を仮設住宅や行政区ごとに8つのブロックに分け，それぞれに対人援助の専門職（保健師や看護師，精神保健福祉士等）からなる「ここから専門員」を常駐させる「女川町こころとからだとくらしの相談センター」を設置している。そうすることで町全体をカバーし，センター常駐の専門職が町民と日常的にかかわっていくことを目指している。この事業を考案したのは女川町の行政保健師であり，この取り組みの根底にある課題意識について「女川町は住民全員が被災者なので，ハイリスク者だけをピックアップする仕事ばかりしていては，それ以外の層から脱落していく人が出るだろう」（藤山ほか，2012: 169）と述べている。つまり，「心のケア」という観点から，事前にハイリスクである層だけを対象とした取り組みでは盲点が生じ，潜在的なリスクをつかみ損なってしまうということだ。町の人口（ポピュレーション）全体をカバーする仕組みを作ることで，些細な心身の不調であれ，相談への敷居を低くし，町民とも日常的に関係性を構築していくことが目指されている。担い手は保健師だけに限定されず，対人援助の専門職がそれぞれのセンターに配置されているが，保健師が地域・地区を「よく知る」ためには，このような小規模ブロックからなる地区を担当することは重要となる。

　こうした取り組みは，「ハイリスク」というカテゴリーを結果的に，相対化していくものであるだろう。通常「避難行動要支援者」「災害時要援護者」とされるのは，避難における何らかのハンディキャップを経験する可能性が高い高齢者，障がい者，子ども，妊婦等である。慢性疾患および重度の在宅療養患者，外国にルーツのある住民も意味的には含まれるだろう。まだ自然災害が発生していなくても，事前にハイリスクな層を，このように予測することはできる。しかし実際に自然災害が発生すると，本章で示したような「健康リスク」という観点からみて，その後の長期的な生活において「ハイリスク」な状態になっていく人々がいる。その状態が明らかに「被災の影響」であることを誰も確実には立証できないにしてもである。このことは緊急時だけではなく，日常

の地域社会についてもあてはまる。あらかじめ，地域・地区内で事前に「要支援」や「ハイリスク」な人々を把握するように努めていても，必ず盲点が生じてくる。そうした盲点を完全に無くすことは不可能であるが，「健康リスク」という側面からは，地区担当制における保健活動の再評価を高齢者の保健福祉との関連で行う余地は大いにあるだろう。このことによって実質的には「地域包括ケア」の基盤を形成していく可能性がある。本章では，自然災害という特殊な状況下において現れた「保健師と地域・地区との関わり」からみた地区担当制という形態の持つ意義を指摘するにとどめたい。

4-2　健康支援の「岐路」——後期高齢者にとって被災が意味するもの

　最後に，「岐路」に立つ被災者支援の現状について，元大槌町住民の事例から指摘しておきたい。「最期の死に場所」に関する切実な問題である。参加者たちは自主的にB市に転居したというよりも，健康面や家族関係面の事情で否応なしに転居せざるを得なかった人々でもある。やがて老いていくことに対して「せめて大槌町から来た被災者同士が集まって暮らしていける場所がB市にもあれば……」「皆で暮らしていければお互いに（世話を）し合えるのに」という声が複数聞かれ，「最期は大槌町に帰って迎えたい」という思いを鈴木さんに打ち明けている。鈴木さんは，小規模多機能型施設に近い形で，短期間であってもこうした人々が大槌町に戻って来ることができる看取り（ターミナルケア）対応の福祉施設の建設を現在も目標としているが，そもそもの土地の購入が困難であり，土地の提供や資金面での支援を呼びかけている。

　この人々は，高齢であるという状況も強く関連して，2，3年たった現在でも新たな人間関係をB市で築くことが困難であると述べ，B市の生活環境もやがて自らの医療福祉ニーズを満たすことができなくなると予想している。つまり高齢者の社会的孤立や，医療福祉的環境からの排除といった全体社会的な問題状況が先鋭化し進行している。確かに，一般的には，初対面の「よく知らない」者同士でもよい支援を行いうることはあるだろうし，お互いに心を通い合わすことは十分可能であろう。ただし，包括的な健康への支援という角度からは，以前からのその人の生活や既往症，家族関係を「知っている」ことに加

えて，保健医療に関する専門的知識を持っているからこそ，適切な健康支援が可能である。その意味で，受入自治体としては，そうした人々を「よく知っていく」ような，保健師による支援体制を構築・継続していく必要がある。こうした課題は日本各地に点在して暮らす他の地域の津波被災者への健康支援にも通じる課題だ。現在は仮設住宅や公営住宅に居住していても，加齢に伴い医療資源の不足から止むを得ず新たに別の市町村に転出する人々は今後も出てくる。そうした人々に誰がどのように個別的なケアを行いうるかという課題である。

[注1] 岩手県大槌町では，直接死が803人，行方不明者が426人であり，直接被害により1229人の人口が失われた。2011年2月時点の人口が1万6058人であったことから，全住民の約8%に及ぶ。2015年1月の段階での人口は1万1656人であり激減している。

[注2] 以下の説明は，保健師の鈴木るり子さんからのご教示や，保健師資格取得一般に関する参考書等に基づく。

[注3] 平成26（2014）年度の厚生労働省「衛生行政報告例」より。その他は，事業所（8.3%），病院（6.3%），診療所（3.6%），看護師等学校養成所または研究機関（2.5%），社会福祉施設（1.0%），介護保険施設等（0.6%）と訪問者種ステーション（0.6%）である。

[注4] 平成26（2014）年度「保健師の活動基盤に関する基礎調査報告書」より。

[注5]「地域における保健師の保健活動に関する検討会報告書」（平成25年3月）では，「東日本大震災における被災者支援活動をきっかけとして，被災地及び派遣元の地方公共団体双方において，住民やその家族，世帯，地域特性，社会資源等地域全体を把握することが可能である地区担当制の重要性が再認識されている」とある。同じく，厚生労働省健康局長通知「地域における保健師の保健活動に関する指針」（平成25（2013）年4月19日）でも，「（4）地区活動に立脚した活動の強化」として保健師が「訪問指導，健康相談，健康教育及び地区組織等の育成等を通じて積極的に地域に出向」くことが重視されている。

[注6] 日本公衆衛生協会「被災地への保健師の派遣のあり方に関する検討会」報告書より。

[注7] 2014年10月30日，2015年3月1日の徳島県保健師への聞き取りより。

[注8] 筆者も2014年2月から毎月同会に参加している。以下の記述は会の参加を通した参与観察と聞き取りに基づく。参加者の年齢や性別等の属性は個人の特定を防ぐために内容に大きな影響のない範囲で一部修正している。

［注9］2014年4月24日および2015年3月26日のCさんへの聞き取りより。

［注10］2014年8月2日の鈴木さんへの聞き取りより。

［注11］この歌の「山のお寺の鐘がなる」という一節の「お寺」という箇所は，毎回，岩手県大槌町に実在する寺の名称に変えて歌われている。震災前4つの寺があったので，偏りが生じないように順番に歌われている。参加者の間で決められたルールだ。

［注12］2014年3月から4月にかけての参与観察より。

［注13］2015年7月23日の参与観察より。

［注14］2014年1月22日の参与観察より。

［注15］2014年8月2日の鈴木さんへの聞き取りより。

［注16］その人がどういう人なのか，その人の「人生」を尊重した支援のあり方が重視されるのは，被災生活を送る人々への支援に特有のことではない。たとえば認知症ケアにおいても，「患者の過去，特にかつて好きだったもの，馴染みのあるものあるいは人間関係」などから構成されるその人の「人生」について，しばしば家族でさえも，「家族である自分（たち）は，本当に患者の人生を知っているのか」が，患者の意思や記憶を読み取ることが困難になってくる認知症が進んだ本人へのかかわりをめぐって，戸惑い（トラブル）や葛藤（コンフリクト）の原因になるという（木下，2015: 194）。木下によるこうした指摘をみると，確かに誰かが「その人を知っている」といえる根拠づけは難しいものだろうし，その人をよく知っているはずの家族がいつでも「よいケア」ができると断言することはできない。ただし，本章の事例が示す範囲では，「B市で新たな人間関係を作ることができないなかで，自分のことを知っていてくれていると思える人と再会できる」ことの意義は，鈴木さんにとっても，元大槌町住民にとって大きい（平成26年8月2日の鈴木さんへの聞き取りより）ものである。

［注17］2014年8月2日の鈴木さんへの聞き取りより。

［注18］2014年3月26日，5月28日の参加者への聞き取りより。

［注19］2015年8月27日の参与観察より。

［注20］以下の記述は，宮城県石巻市の保健師から提供して頂いた資料に基づく。

参考文献

猪飼周平（2014）「地域包括ケアと保健師の使命」『保健師ジャーナル』70巻11号，941-946頁。

池田恵子（2010）「ジェンダーの視点を取り込んだ災害脆弱性の分析——バングラデシュの事例から」『静岡大学教育学部研究報告　人文・社会・自然科学篇』60号，

1–16 頁。

いのうえせつこ（2008）『地震は貧困に襲いかかる——「阪神・淡路大震災」死者 6437 人の叫び』花伝社。

岩見ヒサ（2010）『吾が住み処，ここより外になし——田野畑村元開拓保健師のあゆみ』萌文社。

岸玲子，吉田純典，大前和幸，小泉昭夫（2012）『NEW　予防医学・公衆衛生学（改訂第 3 版）』南江堂。

木下衆（2015）「誰が，認知症患者の人生を知っているのか？——葛藤し，戸惑う，『新しい認知症ケア』時代の家族たち」『現代思想』43 巻 6 号，192–203 頁。

金明秀（2014）「東日本大震災と外国人——マイノリティの解放をめぐる認識の衝突」，萩野昌弘，蘭信三編著『3・11 以前の社会学——阪神・淡路大震災から東日本大震災へ』生活書院，171–206 頁。

佐藤恵（2008）「自立支援のリアリティ——被災地障害者センターの実践から」，似田貝香門編『自立支援の実践知——阪神・淡路大震災と共同・市民社会』東信堂，205–248 頁。

鈴木るり子（2011）「災害時こそ保健師本来の働きを」『地域保健』42 巻 11 号，30–37 頁。

藤山明美，島香聖子，佐藤由理，斎藤恵子（2012）「座談会　地元保健師の立場から語る，被災から現在そして今後にむけて」『保健師ジャーナル』68 巻 3 号，164–176 頁。

田中幹人，丸山紀一郎，標葉隆馬（2012）『災害弱者と情報弱者——3.11 後何が見過ごされたのか』筑摩書房。

土屋葉（2014）「障害をもつ人への移動支援のあり方の検討——東日本大震災後の移動をめぐる現状に焦点化して」『愛知大学文学論叢』150 号，125–146 頁。

三井さよ（2004）『ケアの社会学——臨床現場との対話』勁草書房。

村嶋幸代，鈴木るり子，岡本玲子編（2012）『大槌町　保健師による全戸家庭訪問と被災地復興——東日本大震災後の健康調査から見えてきたこと』明石書店。

Hewitt, K. (1995) "Reaction paper: Excluded perspectives in the social construction of disaster," *International Journal of Mass Emergencies and Disasters*, 13 (3): 317–339.

Rose, G. A. (1992) *The Strategy of Preventive Medicine*. Oxford Medical Publications. (＝曽田研二・田中平三監訳（1998）『予防医学のストラテジー——生活習慣病予防対策と健康増進』医学書院。)

Wisner, B., P. Blaikie, T. Cannon, and I. Davis（2004）*At risk: Natural hazards,*

第 12 章　被災生活における健康支援と保健活動　　261

people's vulnerability and disasters, Routledge（＝岡田憲夫監訳（2010）『防災学原論』筑地書館。）

第13章 「弱者」から「地域人材」への移行は可能か
——気仙沼市在住フィリピン出身者グループによる生活再建の試み

土田久美子

はじめに

　東日本大震災は，東北地方の太平洋沿岸地域に住む人びとの生活に多大な影響を及ぼした。そのなかには，数は少ないとはいえ外国にルーツを持つ人びとも含まれている。震災発生当時，宮城県だけでも，5974名の外国籍住民が津波浸水地域に住んでいたと推定される（宮城国際化協会，2014）。震災後，そうした彼女／彼らの少なからずが，「外国人である」という社会的カテゴリーによって，ほかの住民とはときとして異なる生活再建過程を進むことになった[注1]。本章では，おもに宮城県気仙沼市在住の外国人女性たちの生活再建事例を，震災を機に（再）構築した社会的ネットワークとそれが彼女たちにもたらした影響の両方に注目することによって記述する[注2]。そのうえで，被災地で暮らし続ける外国人による生活再建の取り組みに関する可能性と課題を検討する。

　本章で検討する具体的事例は，宮城県気仙沼市を拠点とするフィリピン人女性たちによる生活再建の取り組みである。東北地方に住む外国出身者たちは，震災発生後に次々とグループを結成した（李・土田，2013）。それらグループのなかでももっとも早く組織化したのが，本章で取り上げる気仙沼市のグループBである。グループBの当初の活動は，安否確認や情報の共有，被災地に届けられた食料・衣料などの支援物資の分配であった。しかし間もなくその活動は，就労機会の拡大を目的とした，生活再建のための取り組みへとシフトしていった。彼女たちの活動は，国内外のマスメディアで取り上げられ，被災地在住の外国人による活動のモデルケースとして扱われてきた一方で，その取り組

みにいたるまでの地域社会との関係や，その取り組みが示唆する可能性と課題が十分に吟味されてきたとは言い難い。生活再建のために展開された彼女たちの取り組みは，震災後に形成されたネットワークによるところが大きい一方で，震災以前からのグループ B の問題意識によっても支えられていた。本章は，このグループ B の活動を震災以前の状況を踏まえながら，震災以後の生活再建過程を縷くものである。

　本章で分析するデータは，おもにグループ B の中心メンバーと，彼女たちを支援したアクターたちへのインタビュー，ならびにグループ B による活動を対象とした参与観察をとおして収集した[注3]。そうしたアクターたちのなかには，地域の行政担当者とボランティア団体，ならびに地域外の支援組織関係者が含まれている。これらのデータは，2011 年 9 月から 2014 年 6 月に気仙沼市を中心として収集した。これら一次資料にくわえて，宮城県をはじめとする被災三県と気仙沼市に居住する外国籍住民の全体像を把握するために，人口統計資料と，市民団体による調査票調査の集計データと調査結果を適宜参照する[注4]。

　本章は，以下の順序で，被災地に定住する外国出身者による生活再建過程を気仙沼市の事例を中心に分析する。まず次節において，災害と外国人に関する先行研究を検討する（1 節）。そのうえで，日本に暮らす外国人の特徴と東北地方における外国籍住民の特徴をそれぞれ概観する（2 節）。それを踏まえて，本章で中心的に取り上げるグループ B の設立経緯と，震災後のグループ B を中心とした生活再建に関する活動を記述する（3 節と 4 節）。最後に，本章の事例から得られた知見から，生活再建過程における可能性と課題を指摘する（5 節）。

1. 「災害弱者」と「外国人」

　外国人もしくは移民は，日本語能力が十分ではない場合や，地域社会の慣習や地理に不慣れな場合に「災害弱者」となりうる（Hilfinger Messiahs et al., 2012）。日本国内に住む外国人の被災状況の把握や災害発生後のニーズに光があてられたのは，1995 年の阪神・淡路大震災である[注5]。兵庫県では，当時

第 13 章　「弱者」から「地域人材」への移行は可能か　　265

約 10 万名いた外国人のうち 174 名が死亡した。とくに，日本語の読み書き能
力が十分ではないばかりか災害発生時にとるべき行動に不慣れであった外国人
たちは，避難命令や救援物資の入手，医療へのアクセスにいたるまで「言葉と
文化のギャップ，そして法律の壁」に直面した（外国人地震情報センター編，
1996：78）。東日本大震災発生時においても，東北地方に住んでいた外国人の少
なからずが「災害弱者」であった。津波被害が深刻であった宮城県石巻市や気
仙沼市では，地震発生直後に放送などで呼びかけられた「高台」「避難」「緊
急」などの言葉を理解できなかった外国人が多数確認されている（外国人被災
者支援センター，2012；2013）。

　阪神・淡路大震災の場合，外国人たちが被災直後の生活情報へアクセスでき
るように活動を行ったのは，当地にある既存の外国人グループと市民団体など
であった。被災外国人の出身国ならびに使用言語が多様であったにもかかわら
ず，震災発生後すぐに市民団体や個人によって，ほかの支援団体や行政との協
働関係に基づく多言語情報提供や相談が開始された（外国人地震情報センター編，
1996；金，2012）[注 6]。これら支援する側と外国人グループとのあいだに築かれ
たネットワークの一部は，それ以降の多文化共生型社会の形成を目標とする組
織的活動へと結びついていった（外国人地震情報センター編，1996；金，2012）。

　社会的ネットワークが，災害発生時ならびに復興において鍵となることは従
来から指摘されてきたが，日本では，外国出身者の生活再建過程についてはい
まだ十分に行われていない。2005 年のハリケーン・カトリーナに関する研究
は，外国人の災害後の生活再建を考える際に示唆的である（Airriess et al.,
2008）。カトリーナによってニューオリンズで多大な損失が発生した際に，ア
フリカ系アメリカ人や移民など，人種／エスニック・マイノリティ集団に属す
る人びとが被った損失がとくに深刻であったことはよく知られている（たとえ
ば Dyson 2005＝2008）。そうしたなかで，移民第一世代を含むラテン系ならびに
ベトナム系住民の避難やニューオリンズへの帰還プロセスにおいて，社会的ネ
ットワークが重要な役割を果たした（Airriess et al., 2008; Eilfinger Messias et
al., 2012）。とくにニューオリンズに集住していたベトナム系住民たちの場合，
災害発生時に比較的迅速に避難ができ，また災害発生後には，周辺のコミュニ
ティのなかでもいち早くニューオリンズへ帰還して生活再建に着手した。それ

を可能としたのが，複数の種類のネットワークであった。第一には，当該地のベトナム系住民たちの居住地域内のネットワーク，居住地域を超えたネットワークや地方レベル，さらには全国レベルの社会的ネットワークという地理空間上に伸張するネットワークである。第二にはそうした地理空間的特徴を伴いながら拡大したエスニック・ネットワークと非エスニック・ネットワークである。これらが組み合わされたことにより，迅速な避難といち早い生活再建が可能となったといわれている（Airriess et al., 2008）。

　本章が中心的に取り上げるフィリピン人女性たちもまた，複数の社会的ネットワークを組み合わすことによって生活の再建を目指した。どのようなネットワークが，彼女たちの生活再建プロセスを可能としたのか。そしてその生活再建の試みは，フィリピン人女性たちにどのような影響を及ぼし，またどのような意義があったのか。次節では，事例の詳細な分析に必要な限りにおいて，日本ならびに東北地方に住む定住外国人たちの特徴を概観する。

2.　東北地方の定住外国人たち

　東北地方は，ほかの地方の大都市圏や工業都市のような外国出身者の流入を経験してこなかった。それでも東北地方の外国出身者たちの人口は，東日大震災発生の年まで徐々に増加する傾向にあった。東北地方に住む外国出身者とは誰か。どのような経緯で東北地方に移住してきたのか。ここでは，東北地方の外国出身者たち，そのなかでも定住傾向を持つ外国出身者たちの特徴を，先行研究と統計資料から明らかにしていこう。

2-1　日本社会とニューカマー

　周知のとおり，1990 年代以降に諸外国からのいわゆるニューカマー人口が増大したことは，日本社会の様相を変化させた。渡日するニューカマーは，1970 年代にすでに増えはじめ，1990 年の出入国管理および難民認定法改正以降とくに急増した。1980 年半ば以降の外国籍人口は，86 万 7234 名（1985 年），

107万5316名（1990年），136万2370名（1995年）へと推移している（総務省統計局；鈴木，2012: 15）。90年代はじめから急増した外国籍住民の多くは，「定住者」在留資格によって来日したブラジルなどの中南米諸国から来た日系人たちであった。彼／彼女たちはおもに関東，東海，関西の大規模都市や工業都市に集中し，それぞれのコミュニティを形成していった。その過程において，生活習慣の違いや相互のコミュニケーションの不十分さなどを原因として，外国籍住民と地域社会とのあいだの対立や分離が，研究者やジャーナリストによってしばしば指摘されるようにもなっていった（たとえば都築，1998）。

これらの地域では，基礎自治体やNPO，各種ボランティア団体によって外国籍住民に関連する課題への取り組みが展開されてもきた。たとえば2001年から開催されてきた「外国人集住都市会議」は，外国人が多く居住する複数の自治体間での課題の共有や国に対する改善策の要望などを目的としたものであり，各地域で別個に取り組まれてきた問題を顕在化させ政策提言に結びつくなど，一定の効果を発揮してきた（小内，2007）。他方，ニューカマーたちへの支援を目的とした市民団体やNPOもまた次々と発足し，活動を行ってきている（武田，2002）。

2-2　東北地方とニューカマー

外国籍人口の少なさは，被災三県を含め東北地方に共通する第一の特徴である。東日本大震災発生時，東北地方全体ではおよそ4万2857名の外国人が住んでいた（法務省在留外国人統計 2010年末）。これは日本に居住する外国人の2.3%にすぎない。その背景として，東北地方には労働を目的とした外国出身者にとってのプル要因となるような大規模工業地帯がそれほどないこと，さらには，継続して外国出身者を引き寄せ，同国出身者の結びつきのうえに社会関係資本が築かれるような集住地区があまり確立していないことが考えられる。東北地方のなかで外国人登録者数が1万名を超えるのは宮城県と福島県のみであり，震災発生時には宮城県にはおよそ1万6101名，福島県には1万1331名が住んでいたと考えられる。ただしこうした数字にはすでに帰化した人は含まれないため，数字は目安でしかない。

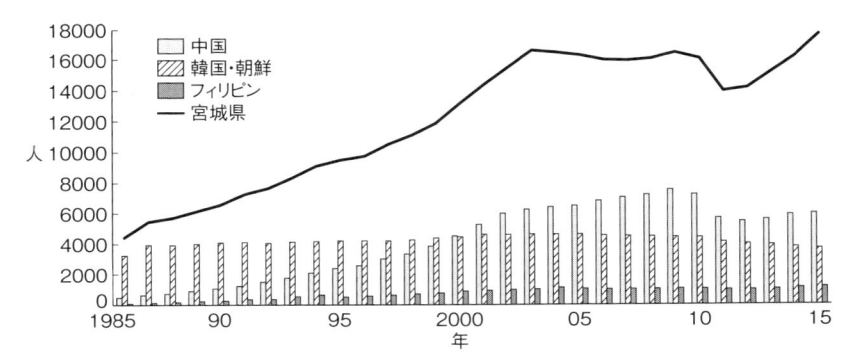

図1 宮城県の外国籍人口と主な出身国別人口の推移
出所：法務省在留外国人統計より作成。

　宮城県に居住する外国籍住民の特徴と推移を見てみよう。宮城県の外国籍人口は，1980年代後半以降に増加傾向を強めた（図1）。宮城県在住外国人の主な国籍は中国，韓国・朝鮮，フィリピンである。1980年代半ばまでは，韓国・朝鮮籍を持つ者がもっとも多かったが，その後その数はわずかに増えたにとどまった。それに対して大きく増加したのが，中国とフィリピン出身者である。両者ともに，1980年代後半から大きく増加し，2000年には中国出身者が韓国・朝鮮籍を上回って最多となった。フィリピン出身者数もまた，1984年から20年のあいだに約12倍に増加した。なお東海，関東地方のように宮城県内でも，水産加工業やその他工場で就労するブラジル出身者が増加した時期があった。実際2001年から2005年までは1000名以上のブラジル出身者が居住していたものの，2006年に半減し震災発生以前から200名にも達しない状態が続いている。

　表1の在留資格別の構成を見ると，いわゆる在日コリアン（在留資格（特別永住者）をのぞけば，宮城県に居住する外国出身者はおもに日本人と結婚した者（在留資格「日本人の配偶者等」），在留資格「永住者」を取得している者，留学生（「留学・就学」），ならびに研修生・実習生である（「技能実習」「研修」「特定活動」）。そのなかで定住傾向が強いと考えられるのが，日本人の「配偶者等」または「永住者」在留資格を持つ，日本人と結婚関係にある（あった）外国出身者である[注7]。

第13章 「弱者」から「地域人材」への移行は可能か　269

表1　宮城県居住外国人の主な在留資格

	2001年	2006年	2010年	2011年	2012年	2014年
総数（宮城県）	14391	16017	16101	13973	14214	16274
特別永住者	2815 (19.6%)	2398 (15.0%)	2169 (13.5%)	2115 (15.1%)	2112 (14.9%)	2033 (12.5%)
日本人の配偶者等	2284 (15.9%)	2037 (12.7%)	1507 (9.4%)	1283 (9.1%)	1220 (8.6%)	1046 (6.4%)
永住者	1446 (10.1%)	2937 (18.3%)	3983 (24.7%)	4219 (30.2%)	4414 (31.1%)	4836 (29.7%)
留学・就学	2175 (15.1%)	2773 (17.4%)	3376 (20.1%)	2669 (19.1%)	2493 (17.6%)	3403 (20.9%)
技能実習・研修・ 特定活動	1157 (8.0%)	1744 (10.9%)	1526 (9.5%)	496 (3.5%)	836 (5.9%)	1825 (11.2%)

出所：法務省在留外国人統計より作成。2001年から5年ごと，東日本大震災発生の前
　　後年ならびに現時点（2014年）での統計結果を表示。

　実際に従来から東北地方では，日本人の配偶者として来日する東アジア，東
南アジア出身女性たちの存在が指摘されてきた。女性の割合が高いことは，宮
城県ならびに東北地方の定住外国人の第二の特徴である。被災三県の過去5年
間の資料を見ると，各県の外国籍女性は，岩手県では外国籍男性の2.2〜2.9倍，
宮城県では1.3〜1.4倍，福島県では1.9〜2.2倍である（法務省在留外国人統計
2010〜2014年）。さらに日本人の配偶者として宮城県内に居住する彼女たちのな
かには，当初の在留資格である「日本人の配偶者等」から「永住者」へと変更
もしくは帰化している場合が多い（石沢，2004；鈴木，2012）。

　東北地方における外国人登録者のなかに，日本人と婚姻関係にある（または
かつて婚姻関係にあった）東アジア，東南アジア出身者が多いという特徴は，
1970年代ないし80年代から顕著になった（武田，2011）。過疎化と少子高齢化
が進む農村・漁村において日本人男性の結婚難解消を目的としたいわゆる「仲
介型国際結婚」が行われてきただけでなく（宿谷，1988；李，2012），しばしば
「エンターテイナー」として来日した女性たちと日本人男性とが出会い結婚へ
と発展した。とくに後者には，フィリピンなどの東南アジア出身の女性たちが
多く含まれていた（鈴木2009；Aguilar, 2014: 144）。このように日本人男性と結
婚した女性たちは，仙台市などの都市部をのぞけば，外国出身者が極めて少な

270

い外国人散住地域で暮らしてきた（李，2012：58）。

2-3　外国人の組織化と〈非〉組織化

　結婚移住によって外国人散住地域に暮らす女性たちは，組織化を行わない傾向にあると言われてきた。他方，外国人集住地域では，外国出身者によるコミュニティや自助組織の形成や機能が報告されてきた（高谷，2012；高畑，2012）[注8]。そうしたコミュニティや組織は，日本で生活する外国出身者たちへの社会経済的資本の集積の場として機能する[注9]。また，外国出身者による組織が交流の機会などを設けることによって地域社会の他の組織と外国人たちとのあいだを媒介する役割を担う場合もある（武田，2002；梶田他，2005：206-237；吉富，2008）。しかし，震災前の東北地方では，こうした組織化の例は多くはなかった。本章で取り上げる気仙沼市のグループBは震災前から10名前後のグループを形成していたが，その活動は地域のイベントやお祭りへの参加など，地域社会との文化交流を主としており，自助機能を果たすほどの十分な資源は持ち合わせていなかった。

　結婚移住に関する先行研究では，外国人散在地域の結婚移住者であるということが，女性たちが組織化を行わない背景にあると報告されてきた（武田，2011；李，2012）。李（2012）は，とくに韓国と中国出身の移住女性たちのあいだでは，お互いを「差異化」し日本人との交流のなかで一個人として生活しようとする「戦略的不可視化」が見られることを指摘する（李，2012：35）。すなわち，組織化しないことは，組織化にともない「外国人であること」が強調されることや，地域社会から外国人に対して特定のステレオタイプが向けられることを回避するための戦略としてとらえられる。それに対し，震災後の生活再建過程におけるフィリピン人女性たちの場合は，組織化することによって地域社会のなかで「外国人であること」がいっそう強調されたことが，震災発生後のエスニック・ネットワーク形成のきっかけとなったともいえる。次節では，気仙沼市を中心としたフィリピン人女性たちの組織化の経緯を，東日本大震災発生以前から記述する。

表2　気仙沼市内の総人口と外国籍
人口

	気仙沼市人口	外国籍人口
1985 年	91,468	67
1990 年	87,982	61
1995 年	84,848	108
2000 年	82,343	358
2005 年	77,954	355
2010 年	73,489	425
2014 年	67,749	294

出所：国勢調査，気仙沼市統計，総務
　　省在留外国人統計より作成。

3. 気仙沼市の地域社会と外国出身者たち

3-1　気仙沼市在住の外国出身者たちの特徴

　気仙沼市は，宮城県の太平洋沿岸に位置し，水産業とそれに関連した産業を基幹産業としてきた。人口約7万名の同市では，総人口に対する外国人登録者数の構成比が0.7％を超えたことはない。2011年の東日本大震災発生以降，その数は0.3％にまで落ち込んだが，市の外国人登録者数は震災直後より増加しつつある。とはいえ気仙沼市は，唐桑町，本吉町との合併前から現在にいたるまで外国人散在地域である。

　気仙沼市の人口は，1980年はじめ以降，減少の一途をたどってきた。それに対して外国籍人口は1990年代から2010年まで増加し続けた（表2）。1990年代前半までは，「韓国・朝鮮」が多数を占め（50％から67％），その他の国籍は中国，フィリピンがそれぞれ10名以下であった[注10]。その後，1995年から2000年にかけて，気仙沼市の外国人登録者の構成と人口はそれ以前とは異なる傾向を示していく。まず，同市の外国籍人口の総数は90年から95年にかけて約2倍，95年から2000年にかけて約3倍へと増加した。この増加は，おもに研修生・技能実習生を含む中国出身者たちによるものであった[注11]。フィリピン出身者たちもこの時期に1.2〜8倍に増加したが，フィリピン出身者

のなかには研修生・技能実習生はほとんど含まれていない。2000年から2010年までは，同市の外国籍人口は300名から439名前後の間で増減を繰り返し，2010年には，中国出身者が外国籍人口の64%を，フィリピン出身者たちが16%を構成するようになった。この気仙沼市の外国人登録者の構成には，日本人男性と結婚した女性たちもまた少なからず含まれていた。実際，研修生・技能実習生たちが2, 3年で入れ替わるのに対し，定住する移住者たちの多くは，結婚移住女性たちであるという[注12]。ただし東日本大震災発生後に，気仙沼市の外国籍住民数は270名にまで減少した。これは，研修生・技能実習生が帰国したことと合わせて，それ以外の外国人たちも同市内での継続的な生活が困難であったため市外へ転出したからであると考えられる。

　ここまで見てきたように，気仙沼市の定住外国人たちは，主に東北地方のほかの地域同様に，中国，韓国，フィリピンから来日し，日本人の配偶者である（あった）女性たちによって構成されてきた。彼女たちは気仙沼市での暮らしをどのように経験してきたのか。次節では，フィリピン人女性たちによる語りから，震災前の彼女たちの生活状況とグループBの活動を見ていこう。

3-2　グループBの発足

　グループBは，95年に気仙沼市と近隣の町に住むフィリピン人女性10名によって設立された。グループBの設立メンバーたちは，1980年代後半から90年代に気仙沼市に移住してきたフィリピン出身の女性たちである。彼女たちはエンターテイナーとして，または，日本国内でその他の職業で働いていた際に気仙沼出身の男性と知り合うか，知人や業者等の仲介を経て，結婚を契機に気仙沼市に移住してきた。彼女たちは，教会や職場，日本語教室などで互いに知り合い，交流を重ねていった。彼女たちの職業は，専業主婦，水産加工やその他製造工場の従業員やパート，バーやスナック等のホステスであり，彼女たちの配偶者も，自営業や職人，船員，会社員など，さまざまであった。

　気仙沼市のなかでは0.1%にも満たない外国人である彼女たちは，それぞれに家族や近隣住民，職場などで日本人との関係に戸惑いを感じていた。たとえばグループBの設立メンバーであるダイアンさんの体験を見てみよう。彼女

は1980年代に日本国内の別の場所で働いたのち，結婚を機に1990年代前半から気仙沼市に住みはじめた。彼女は，配偶者の親族や近隣住民から好意的に受け入れてもらえないと感じることがしばしばあった。たとえば近隣住民には「挨拶をしても，見なかったふりをされた」り，近所の子どもに英語を教えたりすると行政に苦情をいわれるなどの体験をしていた[注13]。グループBは，ダイアンさんのようなフィリピン人女性たちにとっては，日本で暮らしていくうえでの戸惑いや育児の悩み，情報交換や相談事を自分たちの母語で語り合う場であった。

　他方でグループBは，フィリピン人女性に対して地域社会から向けられる負のステレオタイプの変更を目標に掲げていた。そうしたステレオタイプの根本には，フィリピン人女性に対する偏見があると，彼女たちは考えていた。

> 「フィリピン人っていったら，すぐに『夜の仕事（＝スナックやバー）』をしている人，って思われることがあって……『夜の仕事』がね，『お店』［で働くこと］がね，悪いとは思わない。ただ，子どもも…そのせいで，なのかな，［親が］フィリピン人だから，学校でいじめられたり……だから［子どもが］そう思われない仕事をしたほうがいいって……『お店』［で働くこと］は悪くない。けど年とって働けるかなって。」[注14]

この問題意識のもとに彼女たちが行った主な活動は，気仙沼市内や近隣地区で開かれるさまざまなイベントに参加することであった。国際交流イベントや地域の祭り，老人介護施設などでフィリピンの伝統舞踊を披露し，市からの要請を受けて指定箇所の清掃・緑化活動に参加するなど，可能な限り地域社会との接触機会を得ようとしていた。こうした活動はすべて，自分たちの存在を地域社会に対して肯定的に提示するための手段でもあった。

　結局のところグループBは，彼女たちが家庭内や職場で直面する困難や，周囲から向けられる排他的な対応，経済的な不安などの改善や解決につながるような社会的資源を持ってはいなかった。彼女たちが相談できるのは，市役所の一部の職員やグループBメンバーの協力的な配偶者，ならびにほかの外国籍住民のみであった。ダイアンさんは，メンバーの誰かが問題を抱えると「自分たちでなんとかしようと思っていた」とはいえ，「どこに聞いたらいいかわからないこともたくさん」あった[注15]。

この時点でのグループ B がアクセスできるネットワークは極めて限定的で
あった。地域のボランティアによって運営される日本語教室や市の担当者との
あいだとはネットワークを確立していたが，そうしたネットワークが気仙沼市
外に拡大していくこともなかった。

3–3　東日本大震災とグループ B

2011 年 3 月 11 日の東日本大震災によって，気仙沼市でも多くの人命が失わ
れ，中核産業に甚大な損害が発生した。震災発生直後の避難所での生活や情報
と物資の不足は，外国出身者にとっても多大な困難であった。しかしより大き
な不安は，生活の立て直しであった。

　グループ B メンバーも，震災によってそれぞれに被害を受けた。ある者は
働いていた飲食店や工場を津波に流された。自宅や車を失った者もいれば，本
人のみならず配偶者の職場も流失するというケースもあった。生活基盤の多く
を失った状態で，彼女たちもまた家族とともに避難所で避難生活を送るか，近
隣の教会で救援物資を受け取った。とくに救援物資の分配は，気仙沼市内の同
国出身者同士のエスニック・ネットワークを拡大させた。当初はわずか 10 名
程度のフィリピン出身者グループにすぎなかったグループ B は，救援物資の
分配を機にそれまでは互いに知り得なかった気仙沼市在住の同国出身者や他国
出身の外国人たちと連絡を取り合うようになっていった。その結果グループ B
を中心としたこのネットワークは，ピーク時には気仙沼市およびその周辺地域
に居住する約 70 名のフィリピン出身者へと拡大した。グループ B 設立メンバ
ーは，このときになって初めて気仙沼市と周辺にこれほどのフィリピン出身者
が暮らしていることを知ったという。

　震災から数週間が経つと，地域社会の課題も，安全の確保から今後の生活再
建へとシフトしていった。生活再建は，当然ながら外国籍住民にとっても重要
な関心事であった。震災発生前，グループ B のメンバーたちは中小規模の工
場やスナックなどの飲食業に従事していた。とくにメンバーの少なからずが勤
務していた水産加工業の工場は，津波によって操業不能となっていた。グルー
プ B 主要メンバーであるダイアンさんによれば，その結果相当数のメンバー

がこのときに失業したという。

　グループ B の他の主要メンバーであるエレンさんのケースを見てみよう。彼女もまた，震災前は水産加工の工場で働いていた[注16]。仲介型結婚によって 14 年前に気仙沼市に移住してきた彼女の配偶者は，彼女とは年が離れていた。気仙沼市に住み始めた数ヶ月後には，配偶者の知り合いから紹介されて水産加工場で働き始めた。最初はパートとして始めた仕事ではあったが，約 3 ヶ月後にエレンさんは社員になることができた。それ以降震災が発生するまで，彼女はずっと同じ工場で働き続けた。工場では，「お刺身を切ってパックに入れたり，缶詰つくったり，［作業中は］ずっと下を向いて」働き続けなくてはならなかったが，彼女にとって，「お昼の休憩はおんなじフィリピン出身の人たちと一緒になって，楽し」い職場でもあった。しかし職場は津波によって流失した。震災発生後エレンさんの周囲が落ち着いてくると，彼女にとっての不安は今後の仕事のことであった。配偶者が病気を患っていたため，彼女が働いて得る収入が生活の維持には不可欠であった。彼女は，経済的な不安から「すぐに［仕事を］探さなきゃ」という焦りを感じていたものの，震災後の気仙沼で，それまでと同様の水産加工業の仕事を見つけることはもはや困難であった。とはいえ，日本に来てからずっと水産加工場で働いてきたエレンさんは，それ以外の仕事をする「自信が全然なかった」という。

　エレンさんのように，気仙沼市および周辺地域の外国人女性の多くは日本人を配偶者としていたが，彼女たちの失職が世帯の経済状況を悪化させる可能性は十分にあった。第一には，彼女たちはしばしば，日本での家庭を経済的に支える担い手であったからである。2013 年に実施された気仙沼市の外国籍住民を対象とした調査によれば，既婚の回答者の多くは 30 歳代から 40 歳代であったが，その配偶者の多くは回答者より 10 から 20 歳上であった（外国人被災者支援センター，2013）。震災の影響で比較的高齢の配偶者もまた失職した場合，配偶者の再就職が難しいことが推察された。そもそも震災以前から，日本語の運用能力が決して高くない場合に，外国人女性たちにとっての職業の選択肢は極めて限定的であった。そうした彼女たちが働いてきたのが，水産加工場やその他製造業などの単純労働作業であった。くわえて第二に，多くの先行研究で紹介されているように，彼女たちのなかにも送金することによって出身国の家

族の生活を支えている場合があった（たとえば，高谷，2012: 560-561 など）。つまり，グループ B を構成した移住女性のなかには，日本での家庭を経済的な側面からも維持し，同時に自らの出身国の家族の生活をも支えるという，二重の役割を担う人びとが含まれている可能性があった。

それまで勤務していた水産加工場での仕事が失われると，彼女たちが就くことができる仕事はいっそう限定された。残された選択肢は，知り合いの紹介を経て気仙沼を離れたほかの地域で仕事に就くか，それとも気仙沼市内のスナックなどの飲食業に就くかであった。実際に，震災後まもなく，それまで水産加工場などで働いていた女性たちの何名かが仕事を求めて他の地方へと移動したり，スナックやバーなどの飲食業に勤めていた。

4. ネットワークの拡大

フィリピン人女性に対するステレオタイプの変更という従来からの目標を持ちながらも震災後に職業の選択がより限定された状況で，グループ B の主要メンバーがたどり着いたのが，就労機会拡大を目指した活動であった。この活動は，二種類のネットワークを介して実現された。第一のネットワークは，東北以外の地方に住む同国出身者とのあいだに，第二は被災地の外国人支援を目的とした団体とのあいだに作られた。

4-1 拡大するエスニック・ネットワーク

東日本大震災は，グループ B のメンバーにとって自分たちの居住地域を超えたネットワークを形成する契機となった。震災後まもなく，関東や東海地方のフィリピン人グループから支援の申し出を受けた。それらの支援のひとつとして提案されたのが，英語講師の養成であった。

そもそも震災前まで，グループ B が気仙沼市や近接の市町村を超えたほかの地域の同国出身者たちと交流する機会は非常に少なかった[注17]。震災をきっかけとした同国出身者による組織との接触は，さらにほかの同国出身者によ

る組織との接触へと結びついていった。英語講師養成プログラムは，このように同国出身者同士のエスニック・ネットワークへとグループ B メンバーが参加したことによって実現された。

この英語講師要請プログラムは，約 10 年前から東京を拠点とするフィリピン人活動家によって関東地方で行われており，フィリピン出身の女性たちを主な対象とした職業訓練とエンパワーメントの両面を持っていた。このプログラムの主眼は，非熟練労働や風俗業に従事せざるを得ないフィリピン人女性たちに社会的・経済的に自立する機会を提供することに置かれていた。具体的にこのプログラムは，フィリピン人女性たちが英語講師養成講座を修了し，英会話学校や教育機関の英語補助教員として働くことを支援してきた。気仙沼市でこの英語講師養成講座が開催されたのは，準備段階を経た 2012 年後半からであった[注18]。

マリアさんは，この講習を受けたひとりである[注19]。彼女もまた，グループ B 創設時からのメンバーである。1986 年に「エンターテイナー」として来日した彼女は，結婚を機に 23 年前から気仙沼市に住みはじめた。当時は，現在よりも外国出身者の数はかなり少なく，ときおり東南アジア出身の船員たちが寄港する際に一時的に外国出身者と交流がある程度だったという。マリアさんは，前述のダイアンさんやほかのフィリピン人女性と共に，市内の商工会議所による国際交流プログラムに参加していた。マリアさんも，ほかの一部のフィリピン人女性のように夜はスナックで働きながら，家計を支え子どもを育てた。その一方で彼女は，地域の人びとに頼まれてボランティアで英語を教えてもいた。彼女は，周囲からのすすめもあり，英語を教える仕事をしたいと思ったこともあった。しかしながら英語の教授法について勉強したことも，正式な研修を受けたこともなかったマリアさんは，「［英語教育についての］資格がなければ教えられないだろう」と考え，半ばあきらめていた。

マリアさんはそれまで，市の国際交流プログラムに参加していたという点では地域社会との接点を持っていたが，彼女の生活圏で彼女の存在が受入れられているという感覚を十分に持てないことがあったという。子どもが通う学校で，ほかの生徒の親の輪の中から疎外されているような気持ちを感じたこともあった。また，同様の経験を持つ中国人女性からの相談を受けたこともあったとい

う。マリアさんも「外国人であること」，さらには「フィリピン人であること」が，周囲の日本人からどう見られるのかを常に気にしていた。「どうしたら［地域の人びとが］受け入れてくれるんだろう」と悩んだ時期もあった。その結果として，近隣の学校で国際理解を目的としてフィリピンについて紹介するという活動も行ってきた。

　震災後に気仙沼市で英語講師養成プログラムが開始されたことは，マリアさんにとって大きな転機となった。英語講師養成講座は，東京から講師が派遣され，市内の公民館を借りて何回かに分けて行われた。数十名のフィリピン人女性とともに研修を修了したマリアさんは，現在11名の生徒に英語を教えている。彼女にとって，英語講師養成プログラムを受講しその修了書を持って地域において英語を教えるということは，これまでに従事してきた仕事とは異なる意味を持っていた。マリアさんにとって，「［スナックなどの］お店の仕事も楽しい」とはいえ，英語を教えるという仕事は「自分に対しての尊厳」となった。それはすなわち，彼女にとっての誇りの回復であり，フィリピン人と「夜のお店の人」とを同一視するようなステレオタイプから解放されたことを意味した[注20]。

　英語講師として働くことが，マリアさんが希望した「地域社会での受け入れ」への道筋を保障するものでは必ずしもない。さらにはマリアさんと同時期に養成プログラムを修了した女性たちがすぐに英語講師として就職したり，英語教室を開くことができたわけではない。しかしながら，マリアさんの経験は次のことを示唆する。気仙沼市の外国人女性たちが働く際には，水産加工場での単純労働か，「お店」での仕事のいずれか，というように就業構造が固定化されてきた。そのことが彼女たちへの周囲からの排他的なまなざしを補強し続けてきたなかで，従来とは異なる専門性を持つ職業へと就くことは，彼女たちにとっての自己イメージの回復となりえた。

4-2　東北外と気仙沼市内をつなぐネットワークの形成

　英語講師養成講座と並行して，グループ B は外国人女性たち向けのホームヘルパー 2 級取得講座の開講にも取り組んだ。これは，英語講師養成講座がエ

スニック・ネットワークを介して実施されたのとは異なり，地域と，超地域的なネットワークとが組み合わされたことで実現された。ホームヘルパー2級資格取得講座は，気仙沼市で被災地支援活動に従事していた東京のNGOとグループBのメンバーとが避難所で知り合ったことが端緒となって2011年から2012年まで行われた。このNGOは東京を拠点として来日する外国人の支援を行ってきた団体であり，東北地方の外国人支援をも目的として被災地で支援活動を展開していた[注21]。

　ホームヘルパー2級取得講座は，グループBのメンバーが，このNGOに気仙沼市および周辺での老人養護施設で働くための支援を要請したことに基づいていた。同時に，NGOもまたグループBメンバーを含めた外国出身者たちへのニーズ調査を実施したうえで就労支援の必要性を認識した。NGOによる調査上で散見されたのは，「配偶者が高齢で，幼い子どもを抱える」女性たちであった。

　日本在住の外国出身者による介護労働への参入は決して新しい現象ではない。鈴木（2009）は2005年より前から，介護労働の現場で働くフィリピン人女性たちの増加を確認している。彼女たちのなかにはすでに，ケア・マネージャー役割を担う者やヘルパー派遣会社の営業を担当するものも現れていた。その後，フィリピン人女性を対象としたヘルパー養成講座も設けられるようになり，首都圏や東海地方で開講されるようになっていった（鈴木，2009）。

　気仙沼市で暮らしてきた外国人女性たちも，震災以前から介護労働に関心を持っていた。たとえばエレンさんは，市内や周辺地区の老人養護施設が頻繁に職員を募集していることを知っていた。またダイアンさんによれば，それまでもフィリピン人女性が老人養護施設で働こうとした例があったという。しかしそれらは，フィリピンで介護職員としての経験を持っていたものの日本語運用能力の不十分さを理由として不採用となるか，採用されたとしても日本語の運用能力があまり必要とされない清掃スタッフとしての採用であった。他方で，地域のボランティアグループによる日本語教室だけでは，介護施設で働くために充分な日本語能力を向上させることは難しかった上，彼女たちもまた，仕事や家事などのために教室に通い続けられない状況が続いていた。そうした彼女たちにとって，介護職に関連する資格を日本で取得することは彼女たちの介護

施設への就職を後押しすることになりえた。

　2011年6月，移住女性を対象としてホームヘルパー2級合格に向けた講座が開始された。この講座は，グループBの中心メンバーと，NGO，気仙沼市の担当者ならびに地域ボランティアが連携し，それぞれの役割を担うことによって実施された。

　この連携はNGOのコーディネイトによって行われた。ここではこの連携構造を確認しよう。まずNGOは，医療・介護資格の教育を行う企業に対して講師派遣やテキストに関する協力を要請し，また講座の開講と受講料に関する経済的な支援を提供した。くわえて，NGOと地域ボランティアの一部は，気仙沼市および周辺地域の老人養護施設に実習の受け入れを依頼した。その上で外国人女性たちが講座を修了した後は，各施設に老人養護施設外国人の採用可能性について働きかけると同時に，外国人女性たちには履歴書の書き方をも指導した。

　他方，それまで相談業務のかたわらボランティアとしても関わってきた気仙沼市職員と地域ボランティアは，NGOとグループBからの協力要請に応えて日本語指導を行った。そのなかには，講座のための場所の確保やテキストの漢字にフリガナをふるというような細かな作業も含まれていた。グループBの主要メンバーたちは，受講者たちが講座に参加し続けられるように交通の手配や受講者の子どもの世話を担当した。受講生による提出物のチェックも可能な範囲内で主要メンバーたちが行った。またグループBの主要メンバーは，震災によって職を失った女性たち以外にもスナックやバーで働いている女性たちにも講座への参加を呼びかけた。

　参加した外国人女性たちはいくつかのグループごとに分けられ，それぞれが3ヶ月から6ヶ月をかけて受講した[注22]。受講者の多くがフィリピン出身者の女性たちによって占められたが，少数とはいえ中国およびその他の国出身者らによる参加も見られた。この講座は，NGOによる支援活動終了後に他団体によっても引き継がれ，約2年間続けられた[注23]。気仙沼市のケースを先駆的事例として，同時期に石巻市や南三陸町や岩手県大船渡や陸前高田市でも同様の養成講座が開講されることとなった[注24]。

　2年間にわたって講座が続けられた結果，30名余りがホームヘルパー2級の

資格を取得した。2014 年の時点で，気仙沼市では 8 名が介護の現場で働いている。あるフィリピン人女性は，他の職員同様に早番・遅番のシフトをこなし，ほかのフィリピン人女性は，デイサービスを受ける高齢者の送迎をも行っている。またそのなかから，社会福祉士の資格取得を目指して自発的に勉強会を開催する者たちも現れるようになった。しかしその一方で，受講者全員が資格取得後に介護職に就いたわけではない。育児など当人たちの事情により働くことができない場合もあれば，介護施設に採用されないケースもある。介護施設に電話で問い合わせをした際に「外国人」を雇用することに難色を示された例もあり，ホームヘルパーの資格が即時的に就労に結びついたわけではなかった。また，緊急事態の対応能力などについて外国人を雇用することへの不安を払拭できない施設もある。

ここまで見てきたグループ B による就労に関わる取り組みは，仕事の確保という経済的な理由だけで推進されたわけではない。この点は，中心メンバーであるマリアさんの語りに示されている。

> 「日本人とフィリピン人は，ちがうところがたくさんある。言葉も違うし，考え方も。外国人だから，できないことがある。外国人だからできることが限られているって［地域社会から］見られていると思う。こういうの［＝資格取得と老人養護施設での就労］をやったらね，［外国人も］『こういうことができるんだね』って日本人からの見え方が変わるかもしれない。」

グループ B による就労に向けた活動は，そもそも彼女たちが就ける仕事が限られていた上に，それすら震災によって失われたなかで，他の仕事を見つけなくてはならないという動機によるものであった。しかし同時に，日本社会において日本語で講座を受講することによって，日本社会で認められる資格を取得し，その資格を用いて就労することが，彼女たちに向けられてきた否定的なステレオタイプを肯定的なそれへと書き換えうると考えられていたことが指摘できる。

4-3　拡大するネットワーク・更新されるネットワーク

気仙沼では，ホームヘルパー 2 級養成講座と英語講師養成講座の両方が

2013 年に終了した。受講希望者はまだいたものの，養成講座の開講を可能とした資源にはすべて時間の制約があった。

　これらの就労に向けた取り組みは，複数のネットワークを介して実施された。そのネットワークの一方は，日本在住のフィリピン人組織や個人同士によるエスニック・ネットワークであった。グループ B は，被災地の復興に関する報道のなかでしばしば国内外のメディアから取り上げられるようになり，彼女たちの出身国でも知られるようになった。2014 年は，フィリピン国外で暮らす個人や団体に与えられる賞を受賞するなど，トランスナショナル・ネットワークへとも拡大した。

　もう一方のネットワークは，非エスニック・ネットワークであると同時に，災害発生時に弱者となりやすい「外国人」の支援に特化したものであった。この非エスニック・ネットワークは，既存の地域ボランティアに資格取得のための日本語サポートという新たな役割を付加することによって更新し，そのうえで最終的に外国人女性たちを地域内の老人介護施設へと新たに結びつけた。

結論──「弱者」から「地域人材」へのシフトは可能か？

　ここまで宮城県気仙沼市のフィリピン出身者グループ B を中心とした，外国人女性たちの生活再建過程を検討してきた。生活の再建という意味では，これらの成果を検討するにはまだ少し早いだろう。ここでは，このプロセスから読み取れる論点を指摘し，課題と展望を提示したい。

　気仙沼市のグループ B を中心として行われた新たな就労機会拡大を目的とした活動は，災害発生時ならびに生活再建時に外国出身者は弱者となりやすいという前提のもとに行われた支援のネットワークに基づいていた。しかしこのネットワークをとおして編成された一連の就労支援は，もともと就労の機会が極めて限定的な状況にあり，かつ否定的なステレオタイプを向けられていた外国人女性たちが，介護や教育という側面で地域に「貢献できる人材」となる可能性を地域社会に示すものであった[注25]。各養成講座を受講した女性たちにとっても，地域社会との関係の再形成という象徴的な成果を示した。

しかしながら，気仙沼では2013年以降，外国人女性たちの就労に結びつくような試みは確認されていない。宮城県内の他の地域でも，支援組織の撤退とともに同様の試みはほとんどが終了したといわれている。震災発生直後のような外部からの支援が今後いっそう減少していくことに鑑みると，居住地域内，地方内，全国レベルのネットワークを維持しながら同時に，「被災地支援」フレームから脱却したネットワークと資源の確保が今後必要とされるだろう。その際に，外国人女性たちにはどのようなネットワークと資源へのアクセスがありうるのか。また，外国人女性たちにとって支援─被支援という関係性はどの程度維持されるべきなのか。復興支援という名目で被災地に投下されたさまざまなインプットをいかに吸収し，使いこなすことができるのか。被災地の復興という文脈を超え，外国人散在地域における共生を考えるうえでも中長期的な観察と検証が必要とされる。

[注1] 本章は，『社会学研究』95号（2015年1月）に掲載された拙稿「東北地方における国際移住者の組織化プロセス──宮城県A市のフィリピン人女性グループを事例として」に修正・加筆したものである。

[注2] 本章では，基本的に「ニューカマー」と呼ばれる外国出身者を取り上げる。ただし，本章で「外国籍住民」と表記した場合には，そのなかに在日コリアンも含まれる。

[注3] とくにグループBの中心メンバーに対しては，約2時間のインタビューをそれぞれに2回以上行った。本章では個人の特定を回避するために，すべて仮名で表記している。

[注4] 本章で用いる市民団体による調査票調査のデータは，仙台市に拠点を置いた外国人被災者支援センターによるものである。この調査は震災発生時の避難行動，被災状況，ならびに調査実施時点における生活再建の程度についてたずねたものである。同団体の調査の一部には，筆者も参加している。

[注5] 阪神・淡路大震災より以前の大災害と外国人の状況については，1923年の関東大震災がしばしば言及される。しかし関東大震災の際は，被災地在住の多くの朝鮮人が「暴徒化」した，もしくはその他の犯罪行為を行ったというデマが広がった結果殺害された事件が取り上げられる一方で，そうした外国出身者の被害状況や生活再建についてはあまり報告されていない（佐々木，2012：132）。

[注6] たとえば震災後に多言語での情報提供活動が維持されて今日にいたるなど，

外国出身者と地域とのあいだの協働関係の構築へとつながっている（金，2012）。ただし，阪神・淡路大震災の文脈においても，「外国人であること」は日本人とは異なる被災体験を生じさせた。義援金やその他の支援金申請の手続きが困難なケースもあれば，在留資格によって必要な治療を受けることができなかったり，ボランティアがオーバーステイの被災外国人との接触を避けるなどのケースが報告されている（外国人地震情報センター編，1996）。

［注7］各年12月末の数字である（法務省在留外国人統計）。ただし在留資格別の構成比は今後変化が予想される。というのは，宮城県および岩手県では，水産加工業などの特定の産業分野での労働者不足を解消するために，外国人技能実習生の受け入れ枠の拡大が計画されているからである（『朝日新聞』2015年1月29日付け）。また，日本の留学生政策の変化を反映し，仙台市内の大学を中心として留学生が大幅に増加してはきたとはいえ，こうした留学生のなかで卒業・修了後に宮城県内にとどまる数は決して高くはない（土田・竹中，2012）。

［注8］本章の対象でもあるフィリピン出身者による組織についていえば，出身国文化の世代継承を促進する活動からエンパワーメント，配偶者による暴力行為からの移住女性の保護，さらには地域のまちづくり事業への組織的な参画などが報告されている（高谷，2012；高畑，2012）。

［注9］たとえば日系ブラジル人や日系ペルー人によるコミュニティは，職の斡旋や自営に必要な資本獲得のためのアクセスを提供するなど，さまざまな相互扶助的活動を展開してきた（梶田他，2005：206–237；吉富　2008）。

［注10］ここでいう「韓国・朝鮮」籍の多くは在日コリアンを指している。

［注11］気仙沼市では在留資格別のデータを公開していないため，本節における気仙沼市の外国籍住民の概要は，筆者による気仙沼市役所での聴き取り（2012年5月23日）と，気仙沼市の統計資料に基づく。

［注12］筆者による気仙沼市職員との聴き取りに基づく（2012年5月23日）。

［注13］本節で取り上げるダイアンさんの語りは，筆者による聴き取り（2012年9月20日，2014年6月19日）に基づく。本章では，以下，聴き取りデータのトランスクリプトから引用した箇所における［　］内は，筆者による補足を示している。

［注14］ダイアンさんへの聴き取り（2012年9月20日）に基づく。

［注15］たとえば，日本人配偶者と離婚しシングルマザーとなったメンバーが，「外国人」ということを理由に賃貸住宅への入居を断られたケースがあったが，グループBとしては何もできなかったという。

［注16］エレンさんによる語りについては，筆者による聴き取り（2012年10月13日）に基づく。

第 13 章　「弱者」から「地域人材」への移行は可能か　　285

[注17]　現在，彼女たちは SNS 上でフィリピン出身者同士の超地域的ないしトランスナショナルなネットワークに参加している，震災前はそうした SNS に参加している者は多くなかった。

[注18]　この英語講師養成プログラムは，宮城県，岩手県，福島県内の複数の地域でも行われている。英語講師養成プログラムについては，筆者による主催団体代表者への聴き取り（2014 年 5 月 23 日）と，代表者から提供いただいた資料に基づいている。

[注19]　マリアさんによる語りについては，筆者による聴き取り（2014 年 6 月 3 日）に基づく。

[注20]　同様の語りは他のフィリピン人女性とのインタビューにおいても確認された。彼女もまた，英語講師養成講座を修了し，自宅で英語教室を行っている（2013 年時点）。それまで近隣を含めて地域の人びとと関わる機会もあまりなかったばかりか，人びとから避けられていると感じてきた。英語教室を開始した結果，地域の人びとから「先生」と呼ばれたことで彼女は「［地域に］受け入れられた」と感じたという（外国人被災者支援センター，2013）。

[注21]　以下，この NGO の活動については，グループ B の主要メンバーにくわえて NGO の担当者からの聞き取り（2012 年 6 月 12 日）にも基づいている。

[注22]　ただし，受講希望者すべてが講座を受けられたわけではない。基礎的な日本語能力を備えていることと，受講期間はすべてのクラスに出席することが条件とされた。

[注23]　2 年間続けられたこの講座は，NGO による支援活動終了後はキリスト教系の組織によって引き継がれた。

[注24]　それぞれの市町村で実施されたヘルパー養成講座とその後の就労支援は，気仙沼とは異なるアクターたちによって行われていた。たとえば大船渡市では，キリスト教会関係者がヘルパー資格取得後の就労に関するコーディネイトを行っていた。この点は大船渡市のフィリピン人グループの代表者ならびに教会関係者のインタビュー（2013 年 11 月 22 日）に基づいている。

[注25]　もちろん外国人女性たちがケアワークへと参入することが，地域社会との関係を肯定的に更新するものとして単純化することには慎重であるべきである。たとえば，鈴木（2009）は在日フィリピン女性たちが，それまでのエンターテイナーや「夜のお店」従業員から，仕事内容は異なってもケアというやはりジェンダー化された労働市場に組み込まれていくという点で，社会の周縁に配置されるにとどまる可能性を指摘する。また一方で，地域への「貢献」を強調することなく，ただの一個人として地域のなかで暮らしていく選択肢も用意されるべきであろう。しかしな

がら，彼女たちにとって解決すべき問題のひとつが負のステレオタイプの払拭にあるのであれば，「貢献」可能性を強調することも問題解決のためのひとつの戦略となりうるのではないだろうか。

参考文献

石沢真貴（2004）「定住外国人の現状と地域コミュニティの課題　秋田県——羽後町の外国人妻に関する聴き取り調査を事例にして」『秋田大学教育文化学部研究紀要人文科学・社会科学部門』59 号，63-72 頁。

小内透（2007）「外国人集住地域の現実と共生の視点」小内透編『調査と社会理論・研究報告書 24 日系ブラジル人の労働——生活世界と地域住民』北海道大学大学院教育学研究科教育社会学研究室，1-14 頁。

外国人地震情報センター編（1996）『阪神大震災と外国人——「多文化共生社会」の現状と可能性』明石書店。

外国人被災者支援センター（2012）「石巻市『外国人被災者』調査報告書」。

外国人被災者支援センター（2013）「気仙沼市『外国人被災者』調査報告書」。

梶田孝道，丹野清人，樋口直人（2005）『顔の見えない定住化——日系ブラジル人と国家・市場・移民ネットワーク』名古屋大学出版会。

金千秋（2012）「阪神・淡路大震災から東日本大震災へ多文化共生の経験をつなぐ——地域における多言語放送が多文化共生社会構築に果たせる可能性」『GEMC ジャーナル』7 号，36-47。

佐々木てる（2012）「東日本大震災と在日コリアン——エスニック・マイノリティの視点を通じて見る震災と日本社会」，駒井洋監修，鈴木江理子編著『東日本大震災と外国人移住者たち』明石書店，123-137 頁。

鈴木江理子（2012）「東日本大震災が問う多文化社会・日本」，駒井洋監修，鈴木江理子編著『東日本大震災と外国人移住者たち』明石書店，9-32 頁。

鈴木伸枝（2009）「フィリピン人の移動・ケア労働・アイデンティティ——移動労働政策，ジェンダー化，自己実現のはざまで」『立命館言語文化研究』20 巻 4 号，3-17 頁。

宿谷京子（1988）『アジアから来た花嫁——迎える側の論理』明石書店。

高畑幸（2012）「大都市の繁華街と移民女性——名古屋市中区栄東地区のフィリピンコミュニティは何を変えたか」『社会学評論』62 巻 4 号，504-519 頁。

高谷幸（2012）「〈親密権の構築〉——在日フィリピン人女性支援 NGO を事例として」『社会学評論』62 巻 4 号，554-570 頁。

武田里子（2011）『ムラの国際結婚再考——結婚移住女性と農村の社会変容』めこん。

武田丈（2002）「エスニック・コミュニティ・ベースド・ソーシャルワーク・プラクティスの可能性——兵庫県下の３つのエスニック・コミュニティに関するケーススタディからの提言」『関西学院大学社会学部紀要』92 号，89-101 頁。

土田久美子・竹中歩（2012）「日本留学は学生の『人間開発』に寄与するか——留学生の選択プロセス」大西仁・吉原直樹監修，李善姫他編『移動の時代を生きる——人・権力・コミュニティ』東信堂，91-119 頁。

都築くるみ（1998）「エスニック・コミュニティの形成と「共生」豊田市 H 団地の近年の展開から」『日本都市社会学会年報』16 号，89-102 頁。

法務省「在留外国人統計（旧登録外国人統計）統計表」。
（http://www.moj.go.jp/housei/toukei/toukei_ichiran_touroku.html,2014 年 6 月 14 日閲覧）

宮城県国際化協会（2014）「被災地に暮らす海外出身者のあの日，あのとき　直筆記録」。（http://mia-miyagi.jp/pdf/furikaeru3.11.pdf 2015 年 6 月閲覧）

李善姫（2012）「多文化ファミリー」における震災体験と新たな課題——結婚移民女性のトランスナショナル性をどう捉えるか」，駒井洋監修，鈴木江理子編著『東日本大震災と外国人移住者たち』明石書店，56-74 頁。

李善姫（2013）「多文化共生——自らを可視化する被災地の結婚移住女性」，荻原久美子・皆川満寿美・大沢真理編『復興を取り戻す　発信する東北の女たち』岩波書店，30-40 頁。

李善姫・土田久美子（2013）「東日本大震災と移民コミュニティ」，吉原和男編者代表・蘭信三ら編『人の移動事典——日本からアジアへ・アジアから日本へ』丸善出版。

吉富志津代（2008）『多文化共生社会と外国人コミュニティの力——ゲットー化しない自助組織は存在するか？』現代人文社。

Aguilar Jr., F. V. (2014) *Migration revolution: Philippine nationhood & class relations in a globalized age.* Singapore: National University of Singapore Press.

Airriess, C. A., Wei Li, K. J.. Leong, A. C.-C. Chen, and C. M. Keith (2008) "Church-based social capital, networks and geographical scale: Katrina evacuation, relocation, and recovery in a New Orleans Vietnamese American community." *Geoforum*, 39: 1333-1346.

Dyson, M. E. (2005) *Come hell or high water.* Basic Civic Books（＝藤永康政訳（2008）『カトリーナが洗い流せなかった貧困のアメリカ——格差社会で起きた最悪の災害』ブルースインターアクションズ。）

Hilfinger Messias, D. K., C. Barrington, and E. Lacy (2012) "Latino social network dynamics and the Hurricane Katrina disaster," *disaster*: 101-121.

謝辞　調査にご協力いただいたみなさん，そしてなによりも，長時間にわたる複数回の聴き取りと参与観察にご対応いただいたグループ B のみなさんにこの場を借りて深謝いたします。

付記　本章は，日本学術振興会特別研究員奨励費（平成 24 年度～26 年度）の一部である。

あ と が き

長谷川公一

　東日本大震災から丸5年が経過し，国の集中復興期間が終わろうとしている。今，津波被災地は防潮堤の建設工事，かさ上げ工事，高台の防災移転事業などの進捗により，日々急速に変化しようとしている。突然新しい付け替え道路が出来，通いなれた被災地の光景が一変していることも珍しくはない。

　ハードの工事はずんずん進行しているものの，宮城県・岩手県の被災地域において，街づくりや生業の復興はなかなか見えにくい。震災前の町のにぎわいは，本当に取り戻せるのか。子どもたちの遊び声は消えたまま，新しい付け替え道路とかさ上げされた空間，新しい公共施設や農漁村に不似合いな集合住宅，万里の長城のような防潮堤等々，コンクリートの無機質な空間だけがいたずらにひろがりつつある。

　本当に被災地域は再生しうるのか。町の生業やにぎわいが回復することはあるのか。10年後，20年後，30年後の被災地ははたしてどうなるのか。

　私たちは，2014年9月，1993年7月12日の北海道南西沖地震で200人あまりの死者を出した北海道の奥尻島の被災地域を訪ねてみた。聞き取り調査に応じて下さった関係者らのこれまでの必死の努力に敬意を表しつつも，20年後の被災地域の現実の姿が痛々しく感じられてならなかった。

　東日本大震災の場合には，被災地域は，千葉県沖から八戸沖まで拡がっている。浸水区域には居住施設の建設を認めない原則だから，具体的な利用計画のない広大な空き地が沿岸部に拡がっている。

　地域の再生か消滅か，という本書の副題は決して大げさではない，震災から丸5年を経た東日本大震災の被災地域がまさに直面している現実である。

　震災復興は，被災地域は，今大きな岐路に立っている。それがどのような岐路なのか，本書は総合的かつ学際的な観点から，それぞれの岐路を詳らかにし

ようとした試みである。

　編者による第1章から第3章までは，現状の震災復興過程に対する総論的な評価とあるべき復興の姿をめぐる総括的な提言である。人口減少と高齢化に長年悩んで来た沿岸被災地は，震災によって，それらが一段と加速し，現代日本が抱える社会問題の最先端に押し出されることになった。「選択と集中」路線を批判し，制度的な硬直性からの脱却と閉鎖性からの脱却を説く（第1章）。被災地域の復興は，本当に政府が掲げるような「地方創生のモデル」たり得るのか。到達目標としての地域像が不明確であることを批判し，今後5年間の「復興・創生期間」を迎えるにあたって，集落・コミュニティを基礎単位とする，住民参加型の復興計画を提言する（第2章）。カギを握っているのは，外とのつながりによる農村の暮らしの再評価であり，外部からの移住者（よそ者）としての復興ボランティアの受け入れである。よそ者を積極的に受け入れ成功した島根県海士町の事例などから学ぶべき知見を分析する（第3章）。

　本書の特徴の一つは，環境社会学（第1章・第6章），行財政学（第2章・第4章），コミュニティ福祉論（第3章・第11章），水産資源学（第5章），農業経済学（第7章），農村社会学（第8章），林学（第9章），エネルギー工学（第10章），保健社会学（第12章），国際社会学（第13章）という文系・理系双方の研究者を含む学際的な共同研究という点にある。第4章以下は，これらの専門的な視点からの各論的な展開である。

　第4章は，現場から見た復興行財政制度を詳細に分析し，制度的な硬直性や会計年度と，じっくりと復興に取り組みたい住民との間の時間軸の齟齬を指摘し，弾力的な運用を拡大する復興基金制度の拡充の必要性を説き，地元の中間支援組織のファシリテート機能とコーディネート機能に期待する。

　第5章から第9章はおもに生業の復興に焦点をあてる。第5章は被災地漁業復興のあるべき姿と現状を比較し，宮城県主導の「創造的復興」を批判し，漁村集落とコミュニティが存続の危機にあることを詳論する。第6章は「森は海の恋人」で有名な気仙沼市唐桑地区を事例に，住民主体の復興活動がもつ可能性と課題を，震災前後の社会的ネットワークの変化とその役割に着目して論じている。第7章では被災地における農業被害と復興状況を総括し，南三陸町，気仙沼・本吉地域，仙台市沿岸部での農業復興の具体的な取り組みを紹介し，

あ　と　が　き

それぞれの問題点と課題点を分析する。第8章では，宮城県における地域支援型農業の取り組みは原発事故の影響をどう乗り越ええたのかを事例にもとづいて考察する。有機野菜生産者自身による自主的な放射線測定活動と無店舗型生活協同組合の取り組みを事例としている。ともに測定結果の徹底的な開示に努め，消費者からの信頼回復に成功した。第8章は森林や林業における被害の状況を総括し，南三陸町を事例に，大都市の企業との協働による森林整備事業が，山村コミュニティの維持・復興にはたしうる役割を論じている。

　第10章から第13章は特定のトピックスおよびイシューに焦点をあてた論考からなる。第10章は供給重点でトップダウン型の既存のエネルギー政策を批判し，被災地を主体とする自律・分散型エネルギーシステムをデザインすべきことを説く。エネルギー・リテラシーの向上や市町村単位でのエネルギーデータの整備の必要性を提言している。被災地や被災者をめぐる喫緊の大きな課題は，被災者の心身を健康に保ち，孤独感・孤立感を和らげ，「孤独死」を防ぐことにある。第11章は，南三陸町の被災者生活支援センターの仕組みと機能の分析である。同町では，被災した住民自身を生活支援員としてトレーニングし，見守り支援事業を行ってきた。この章では，あわせて住民主体の福祉コミュニティづくりの課題を論じている。第12章は，岩手県大槌町からB市に移動した高齢の被災地住民が集まるサロン的な場がはたす多面的な役割とそこでの元保健師の活動と意義に関する分析である。東日本大震災の沿岸被災地にも，少数ではあるが，結婚を契機に移住してきた東アジア・東南アジア出身の女性が住んでいる。第13章は，これらの外国出身女性が組織化することで震災を乗り越え，就労機会の拡大をめざして生活再建に取り組む過程の分析である。弱者とのみ見られがちな彼女らが，介護や英語教育という側面で，地域の人材となりうる可能性と課題を検討している。

　本書は，「被災地域コミュニティの復興と再生——自治体・NGOとの協働によるボトムアップ型政策提言」（2012〜14年度，日本生命財団学際的総合研究，研究代表者・長谷川公一）にもとづく研究成果をまとめたものである。公益財団法人日本生命財団助成事業部長の藤原康廣さん，助成事務局の広瀬浩平さんには，南三陸町まで，また仙台まで何度も起こしいただき，その都度，本研究について励ましていただいた。本書の刊行が可能になったのも，同財団の

助成によるものである。あわせて深く御礼申し上げたい。

東京大学出版会には本書の出版をお引き受けいただき，とくに編集担当の後藤健介さん，薄志保さんには大変お世話になった。本書がこのような形でまとまったのは，お二人の辛抱強い励ましの賜物である。深謝申し上げる。

宮本憲一先生，淡路剛久先生，寺西俊一先生をはじめとする日本環境会議の先生方からも，研究会の折などに貴重なご助言を得た。

最後に，民俗研究家の結城登美雄さん，主な調査対象地である宮城県南三陸町の佐藤仁町長をはじめ，役場職員の方々，地域リーダーや住民の方々，とくに南三陸さんさん商店街の山内正文さん，復興支援員で語り部の後藤一磨さん，一般社団法人南三陸復興推進ネットワークの及川博通さん，南三陸ホテル観洋女将の阿部憲子さんからは何度もお話をうかがい，ひとかたならぬお世話になった。困難な状況の中で，復旧・復興にいちはやく立ち上がられ，それぞれの立場から，地域での合意形成などに尽力してこられた方々のひたむきさ，不撓不屈の精神には何度も感嘆を禁じ得なかった。調査にご協力いただいたことに深く感謝申し上げたい。

「自由への長い道のりには終わりがない」。アパルトヘイト政策撤廃運動の闘士で，南アフリカ共和国の大統領となったネルソン・マンデラの言葉である。自伝『自由への長い道』は，この言葉で締めくくられている。私たちは今後も，南三陸町や気仙沼市，宮城県，岩手県，福島県の被災地域が，どのように復興し，地域再生の過程を歩み続けるのか，注意深く見守り続けたい。マンデラの言葉のように「復興への長い道のりには終わりがない」のだから。

2016 年 2 月

索　　引

あ　行

RQ 市民災害救援センター唐桑ボランティア
　　センター（RQ 唐桑）　120, 121
あいコープみやぎ　154, 155, 162–167, 169
I ターン・U ターン（者）　22, 36, 51–55,
　　115, 118, 149
あぐり第一復興組合（南三陸町）　139–141
海士町（島根県）　19, 36, 51–55
荒浜プロジェクト（仙台市）　149
アルドリッチ，D.　109
石巻市震災復興基本計画　101
入谷生産森林組合　184, 186, 188, 189, 191
インフラ（整備，復興）　27, 28, 31, 69, 84,
　　215
宇沢弘文　32, 35
歌津ライスセンター（南三陸町）　139
浦野正樹　108
英語講師養成　277, 278, 281
営農再開（経営体）　137, 145
エスニック・ネットワーク　266, 270, 274,
　　276–278, 282
NTT ドコモ（の森林協働事業）　187
NPO・NGO　42, 44–46, 109, 116–118, 242,
　　267, 279, 280
エネルギーアクセス　194, 195
エネルギー教育（リテラシー）　211
エネルギー空間センシング　208
エネルギーデータ　211
エネルギーシステム　194, 198, 208
エネルギー問題　19, 169
塩害木　174, 185, 190
エンパワーメント　117, 118
応急仮設住宅　　→仮設住宅
大槌町お茶っこ飲み会　247, 248
奥尻町（北海道）　63, 82, 83, 87
小熊英二　71
小田切徳美　50

女川町こころとからだとくらしの相談センタ
　　ー　256

か　行

外国人集住都市会議　267
嵩上げ　91
ガスパイプライン　209
仮設住宅　13, 86, 100, 102, 217, 221, 222,
　　227–229, 231, 234, 252, 258
　　みなし応急――　222
過疎化　6
学校統廃合　10
唐桑創生村　107, 121–124
唐桑地区（気仙沼市）　107, 109
環境保全・創造型運動　115
がんばる漁業／養殖復興支援事業（女川町）
　　93, 98
漁業／水産業被害　7, 274, 275
漁業／水産業復興　30, 91, 145
漁港集約化　95
緊急雇用創出事業　221, 224, 231
区画整理事業　146
草地賢一　46
グリーンニューディール基金（環境省）
　　203
黒田裕子　241
KDDI（の森林協働事業）　157, 181, 186,
　　189
健康支援　240–242, 252
原発震災　5
合意形成　79
耕作放棄　144, 146, 149
合板工場　174, 178
高齢化／高齢者　6, 7, 21, 31, 39, 51, 100,
　　105, 111, 112, 131, 135, 149, 219, 229, 257
国土のグランドデザイン 2050　9
越山健治　235
後藤一磨　64

コミュニティ・ソーシャル・ワーク／ワーカ
ー　221, 225, 232

さ 行

災害救援ボランティアセンター（災害 VC）
　44–47, 58
災害公営住宅　1, 13, 14, 69, 70, 217–219,
　231, 258
災害弱者　264, 265
災害廃棄物　15
災害ボランティア　40, 42, 43, 47, 57, 58,
　116, 117, 122, 123, 245
財源不足　74
再生可能エネルギー　149, 200, 204
栄村（長野県）　50
サケ資源減少　104
JA 仙台　142, 143, 148
支援／支縁／志縁　227, 228
システムデザイン　208
持続可能性（地域／コミュニティの）　56,
　57, 146
自治会　87, 218, 219, 242
自治体広域合併（平成の大合併）　7, 10, 35,
　110
志津川集出荷施設　139
志津川地区まちづくり協議会　87
社会関係資本　235, 267, →ソーシャル・キ
　ャピタル
社会的共通資本　32
集会所（災害公営住宅の）　219
住宅再建　27
集中復興期間　79, 80
住民参加（の復興行政）　84, 88
集落（住民意思の基礎としての）　85
集落支援員制度（総務省）　43, 60
受援力　119, 124, 235
職員不足（自治体の）　72
植林運動　114
自立（自力）再建　14, 69
自律・分散型エネルギーシステム　194,
　200
人口流出（減少）　2, 31, 39, 40, 57, 70, 102,
　111, 193, 239

人財（育成）　224, 236
震災復興特別交付税　67, 75
新全国総合開発計画　5
森林整備（植林運動）　21, 198
森林セラピー基地　190, 191
水産業集積拠点漁港　10
水産業復興特区（構想）　20, 30, 94, 95
鈴木るりこ　245, 246, 248, 249–255, 257
スマートコミュニティ導入促進事業（経済産
　業省）　202, 207
生活支援員（南三陸町）　230–233
製紙工場　178
仙台東部地区農業災害復興連絡会　142,
　148
全日空（ANA，の森林整備）　181, 185,
　186, 189
「創造的復興」　18, 19, 28, 59, 63, 92, 94, 100,
　103
ソーシャル・キャピタル　107–110, 114,
　120, 123–125, 235, →社会関係資本
　「結束型」と「橋渡し型」の──　110,
　120
損害賠償請求　156

た 行

滞在型支援員制度（南三陸町）　228, 229,
　232, 233
高台移転　29, 32, 119, 145, 217, →防災集団
　移転
地域エネルギーシステム　194
地域おこし協力隊（総務省）　43
地域支援型農業・漁業　21, 153
地域復興支援員制度（新潟県）　42
地域包括ケア　255
地縁組織／地縁力　86, 226, 229
地産地消　164
秩序化（ボランティアの）　46, 47
地方消滅　39, 40
地方創生　25, 31, 33, 34
中越地震　48, 81
直轄災害関連区画整理事業　134
定住外国人　269
てとてと　　→みんなの放射線測定室てとて

と

田園回帰　149
東芝（の森林協働事業）　186
十日市町（新潟県）　49
取崩し型復興基金制度　75, 76, 83, →復興
　基金制度

な　行

内発的発展　19
なりわい（の復興）　7, 19, 145
担い手（産業）の減少　98, 105, 131, 144,
　149
日本エコツーリーセンター　117
ニューカマー　266, 267
「人間の復興」（岩手県）　65
熱エネルギー　194
年度会計　80, 81
農業・農村モデル創出特区　20
農業被害　131
農業復興（再建）　29, 131
農地・農業用施設災害復旧事業　134

は　行

バイオガス　209
ハイリスク　254, 256, 257
ハイリスク・アプローチ（保健師の）　253
「浜」（集落）　11, 86
林春男　109
原口弥生　108
ハリケーン・カトリーナ　265
阪神・淡路大震災　5, 28, 42, 44, 48, 56, 83,
　94, 125, 146, 241, 264, 265
伴走型支援　47, 57
「東日本大震災からの復興の基本方針」　26,
　31
東日本大震災農業生産対策交付金　135,
　139, 142
東日本大震災復興構想会議　30-32
東日本大震災復興交付金　134, 135
被災者支援センター　14
被災地域農業復興総合支援事業　135
被災農家経営再開支援事業　134
避難者（数）　2, 27

ヒューイット, K.　240
フィリピン出身者　263, 268-274
風評被害　97, 145, 150, 153, 156
福祉コミュニティづくり　215
福島第一原子力発電所事故　2, 5, 16, 17, 26,
　133, 135, 151, 153, 164
ふくしま農林水産業新生プラン　103
復興格差　69
復興基金制度　18, 80-84, →取崩し型——
復興組合　134
復興組合（南三陸町の農業の）　139, 140
復興交付金　63, 65, 67, 73-76, 78
「復興災害」　1, 64, 125, 146
復興推進会議（復興庁）　26
「復興・創生期間」　33, 34
復興庁　18, 25, 26, 63, 74, 78, 193, 200
復興の「遅れ」　71, 77
復興行財政　63
分散型エネルギーインフラプロジェクト（総
　務省）　205
防災集団移転（事業）　1, 14, 69, 76, 119,
　125, 146, 219, →高台移転
放射性物質問題（農水産物の）　96-98, 154
放射能測定（食品の）
　行政安全検査　154, 155, 157, 169
　市民持込測定　154, 155, 157-160, 169
　民間安全検査　154, 155, 157, 162, 164,
　　169
防潮堤　1, 17, 32, 39, 103, 125, 216
ホームヘルパー（資格）　278-281
保健師（行政保健師）　239, 242, 248, 252,
　253, 255-258
　——の自治体間派遣　243, 244
　プラチナ——（徳島県）　244
ほっとバンク（南三陸町）　232, 233
ポピュレーション・アプローチ（保健師の）
　253-256
ボランティア　→災害ボランティア

ま　行

舞根森里海研究所　118
マイノリティ　22
「増田レポート」　40, 41

松尾眞　50
三井さよ　241
南三陸応縁団　58
南三陸材利用促進事業　184
南三陸森林組合　187, 188, 191
南三陸町 ANA こころの森　186
南三陸町被災者生活支援センター　215,
　　220–222, 227, 230, 231
　　サテライトセンター　221, 222
南三陸町復興推進ネットワーク　85, 87
宮入興一　65
みやぎ・環境と暮らし・ネットワーク
　　（MELON）　19
宮城県震災遺構有識者会議　12
宮城県震災復興会議／計画　11, 12
みやぎの里山林協働再生支援事業　180–
　　182, 186
みんなの放射線測定室てとてと（大河原町）
　　154, 155, 157–162, 168
本吉地域（気仙沼市）　138, 139, 144
桃浦かき生産者合同会社（LLC）　95

「森は海の恋人」運動　21, 107, 114, 119,
　　124

や　行

山内道雄　52
山口弥一郎　236
山下祐介　84, 85
結城登美雄　18
有機農業　156, 158–161, 168
要介護高齢者　15
養殖業　104, 112–114, 118, 122
よそ者　5, 40, 42, 49, 53

ら　行

林野関係被害　173, 174
レジリエンス（回復力）　21, 108, 114, 194
レルフ，E.　235

わ　行

ワイズナー，B.　240

執筆者一覧(執筆順)

長谷川公一(はせがわ・こういち)[編者,第1章,あとがき]東北大学大学院文学研究科教授。社会変動論,環境社会学,社会運動論など。1954年山形県生まれ。『気候変動政策の社会学——日本は変われるのか』(共編,昭和堂,2016年),『脱原子力社会へ——電力をグリーン化する』(岩波新書,2011年)ほか。環境問題をめぐる紛争,環境政策の転換とNGO/NPOの役割などを研究。

保母武彦(ほぼ・たけひこ)[編者,第2章]島根大学名誉教授,元島根大学副学長。経済学,財政学。1942年岐阜県生まれ。日本財政学会顧問。寧夏大学(中国)客座教授。『「平成の大合併」後の地域をどう立て直すか』(岩波ブックレット,2007年),『どうする地域間「不平等」社会——島根発地方再生への提言』(監修,自治体研究社,2007)ほか。

尾崎寛直(おざき・ひろなお)[編者,第3章]東京経済大学経済学部准教授。環境政策,環境福祉論,コミュニティ福祉論。1975年長崎県生まれ。『原発災害はなぜ不均等な復興をもたらすのか——福島事故から「人間の復興」,地域再生へ』(分担執筆,ミネルヴァ書房,2015年),『西淀川公害の40年——維持可能な環境都市をめざして』(分担執筆,ミネルヴァ書房,2013年)ほか。

関　耕平(せき・こうへい)[第4章]島根大学法文学部准教授
片山知史(かたやま・さとし)[第5章]東北大学大学院農学研究科教授
帯谷博明(おびたに・ひろあき)[第6章]甲南大学文学部准教授
石田信隆(いしだ・のぶたか)[第7章]株式会社農林中金総合研究所客員研究員,一橋大学大学院経済学研究科客員教授
中川　恵(なかがわ・めぐみ)[第8章]山形県立米沢女子短期大学講師,三友堂看護専門学校非常勤講師
立花　敏(たちばな・さとし)[第9章]筑波大学生命環境系准教授
中田俊彦(なかた・としひこ)[第10章]東北大学大学院工学研究科教授
本間照雄(ほんま・てるお)[第11章]東北学院大学地域共生推進機構特任教授,南三陸町福祉アドバイザー
板倉有紀(いたくら・ゆき)[第12章]日本学術振興会特別研究員
土田久美子(つちだ・くみこ)[第13章]東京外国語大学世界言語社会教育センター特任講師

岐路に立つ震災復興
地域の再生か消滅か

2016 年 6 月 23 日　初　　版

［検印廃止］

編　者　長谷川公一・保母武彦・尾崎寛直

発行所　一般財団法人　東京大学出版会
　　　　代表者　古田元夫
　　　　153-0041　東京都目黒区駒場 4-5-29
　　　　http://www.utp.or.jp/
　　　　電話 03-6407-1069　Fax 03-6407-1991
　　　　振替 00160-6-59964

印刷所　株式会社理想社
製本所　牧製本印刷株式会社

© 2016 Koichi Hasegawa, Takehiko Hobo and
　Hironao Ozaki, Editors
ISBN 978-4-13-056110-5　Printed in Japan

JCOPY 〈(社)出版者著作権管理機構　委託出版物〉
本書の無断複写は著作権法上での例外を除き禁じられています．複写される場合は，そのつど事前に，(社)出版者著作権管理機構（電話 03-3513-6969，FAX 03-3513-6979, e-mail: info@jcopy.or.jp）の許諾を得てください．

似田貝香門 編 吉原直樹	震災と市民〈全2巻〉 ①連帯経済とコミュニティ再生 ②支援とケア	A5・各2,600円
伊藤　滋 奥野正寛　編 大西　隆 花崎正晴	東日本大震災　復興への提言 持続可能な経済社会の構築	4/6・1,800円
岡本雅美　監修 寺西俊一 井上　真　編 山下英俊	自立と連携の農村再生論	A5・3,600円
淡路剛久　監修 寺西俊一　編 西村幸夫	地域再生の環境学	A5・3,500円
武内和彦 鷲谷いづみ編 恒川篤史	里山の環境学	A5・2,800円
泉　桂子　著	近代水源林の誕生とその軌跡 森林と都市の環境史	A5・5,800円
武内和彦　著	環境時代の構想	4/6・2,300円
石　弘之　編	環境学の技法	A5・3,200円

ここに表示された価格は本体価格です．御購入の際には消費税が加算されますので御了承ください．